KB064812

공간이미지 경영

공간이미지 경영

1판 1쇄 인쇄 2024년 6월 5일
1판 1쇄 발행 2024년 6월 14일

지은이 오선미
펴낸이 안광욱
펴낸곳 도서출판 비엠케이

편집 이호준
디자인 아르떼203
마케팅 채성모
제작 (주)재원프린팅

출판등록 2006년 5월 29일(제313-2006-000117호)
주소 121-841 서울시 마포구 성미산로10길 12 화이트빌 101
전화 (02) 323-4894 **팩스** (070) 4157-4893
이메일 arteahn@naver.com

ⓒ 2024 오선미
저작권자의 사전동의 없이 이 책의 전재나 복제를 금합니다.

값은 표지에 있습니다.
ISBN 979-11-89703-74-5 03320

사람이 쭉쭉 모이고, 매출도 쑥쑥 올라가는

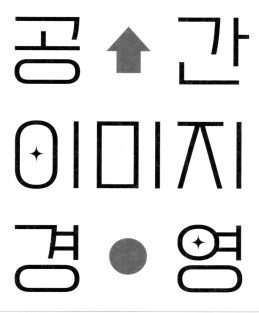

공간 이미지 경영

How to Manage the Image of Space

오선미 지음

Book

오프라인 비즈니스 바이블

오랜만에 미국에서 온 친구와 우리나라 곳곳을 여행한 적이 있다. 마침 그 친구의 딸이 BTS팬인 ARMY여서 BTS의 뮤직비디오 촬영지인 용인 대장금파크를 비롯해 '지민'의 아빠가 운영하는 부산의 카페와 'RM'이 방문한 서촌의 오래된 서점까지 둘러보게 되었다. 뮤직비디오에서 잠시 스쳐 지나간 배경이었지만, SNS로만 접하던 공간과 마주하며 뛸 듯이 기뻐하던 친구의 딸과 그곳을 찾은 수많은 외국인들이 환호하는 모습을 보며 미소가 절로 나왔다.

영화나 SNS 등 다양한 채널에서 잠시잠깐 등장한 공간이지만 직관하고 싶어 하는 것이 사람들의 심리이다. 사람들은 누군가에게 이야기하고 자랑하고 싶어 하는 심리가 있기 때문에, 오프라인에 공간을 꾸미려면 사람들이 그곳에 가야 하는 이유와 자랑거리를 만들어 주어야 한다.

따라서 공간의 이미지는 매우 중요하다고 할 수 있는데, 이는 공간을 떠나서도 우리의 머릿속에 그 잔향이 지속적으로 남기 때문이다. 이런 강렬함으로 인하여 특별한 자극이나 감동을 받으면, 사람들은 공간을 사진이나 영상으로 담기도 하고 SNS에 공유하기도 한다. 이처럼 이미지가 한번 형성되면 그곳을 벗어난다 해도 이후의 행동을 지배하게 된다. 따라서 이미지는 공간을 방문할지 여부를 결정하는 기준이 되기도 하고, 객관적 사실에 대한 주관적 영상이지만 SNS를 통해 그 이미지들을 전파하기도 하므로 공간을 찾도록 유도하는 기능도 한다.

이미지는 경험을 통해서 형성되거나, 학습을 하거나, 정보나 커뮤니케이션에 의해서 수정되고 변화될 수 있고 직접적으로 경험하지 않아도 개인이 특정 대상에 대해 가지는

태도를 통해 형성되기도 한다.[1]

　최근 자영업자들의 폐업률이 날로 높아지고 있다고 한다. 오래된 역사를 가지고 있는 점포들도 있지만 그 공간을 지속적으로 유지하는 일은 쉽지 않다. 판매하는 제품이 완벽하다고 해도 어려운 일이고 마음을 다해 노력해도 만족할 만한 결과를 얻을 수 있다는 보장이 없다. 이렇게 급속히 변화하는 시대에서 오프라인 상업공간이 지속적으로 성장하려면 어떻게 해야 할까?

　예전에 어떤 학회 일로 여수에 갔을 때 현지에서 소개받은 바닷가의 조그만 식당을 찾은 적이 있다. 순박해 보이는 그곳 사장님이 SNS에 리뷰 좀 올려주고 "좋아요"를 눌러주면 좋아하는 음식을 더 주겠다고 했다. 그곳 사장님까지도 SNS의 효과를 알고 있었는데, 안타깝게도 음식이 차려지는 식탁의 비주얼에 대해서는 전혀 신경 쓰지 못한 듯했다.

　집이 아닌 외부에서 다른 사람과 식사를 하려고 할 때 기준이 되는 것은 무엇일까? 나는 대상이 누군지에 따라 혹은 메뉴에 따라 장소를 검색하는데, 이왕이면 음식도 맛있고 분위기도 좋은 곳을 선택한다.

　예전에는 주인공인 음식이 맛이 있으면 다른 것은 별로 문제가 되지 않았다. 하지만 시대가 바뀌었다. 음식에 대한 정보가 SNS를 통해 실시간으로 소개되지만 정작 음식의 맛은 전해지지 않는다. 미각보다는 오히려 음식의 시각적 요소가 먼저 전달되는 등 리뷰로 평가를 받는 게 현실이다.

　나에게 SNS 리뷰를 요청했던 식당 사장님은 한 장의 사진과 한 줄의 리뷰에 대한 중요성은 인지하고 있었지만, 정작 자기 식당이 어떻게 보여질지에 대해서는 전혀 고려하지 못하고 있었다. 테이블에 차려지는 음식과 그릇, 수저 등과 그 주변 공간까지 사람들이 세심하게 살펴본다는 사실은 모르는 것 같았다. 한마디로 노출되는 게 오히려 홍보 효과를 떨어뜨릴 수도 있기에 너무 아쉬웠던 기억이 난다.

공간을 통해 원하는 이미지를 만드는 일은 쉽지만은 않다. 특히 공간의 이미지를 만드는 일은 어느 정도의 비용을 고려해야 하기에 간단한 작업이 아니다. 이 분야 전문가나 많은 경험을 쌓은 사람들은 자기만의 성공과 실패 노하우를 갖고 있겠지만, 처음으로 오프라인 공간을 기획하거나 비즈니스를 시작하는 사람들이 공간에 대해 학습하려고 할 때는 어디서부터 어떻게 해야 하는지 감을 잡기가 어렵다. 또한 예쁘고 멋진 공간을 만들었다고 해도 이것이 사업성과로 이어지는 것은 또 다른 문제다.

너무나 많은 정보가 있음에도 자신에게 꼭 필요한 게 어떤 것인지 가려내기란 생각보다 쉽지 않다. 하고자 하는 비즈니스를 다른 곳에서 경험하고 학습했다 해도 본인이 직접 기획하려고 하면 막막할 때가 많다. 또한 비즈니스에서 이미 실패한 경우에도 뭐가 잘못되었는지 파악하기란 쉽지 않다.

나는 패션 분야의 비주얼 머천다이징을 해오다 대전 EXPO를 비롯한 기업들의 마케팅을 위한 전시분야에 발을 들여 패션·IT·통신·의료기기·방송·주류·장비·공예를 비롯한 다양한 아이템들을 마케팅하기 위한 공간에서 역할을 해왔고, 오피스 인테리어를 비롯한 다양한 분야의 상업공간 인테리어 및 공간 기획과 디자인을 해오고 있다.

이렇게 이 분야에서 오랫동안 일하며 수많은 공간들을 만나왔기 때문일까? 이 책을 쓰고 있는 지금도 이런저런 이유로 사라지는 많은 상업공간들을 보며 안타까운 생각이 든다. 나도 사업 초기에 패션 분야의 복합문화공간을 시도했다가 1년 만에 문을 닫은 적이 있기 때문에, 작은 매장부터 큰 기업에 이르기까지 유통 공간을 지속적으로 경영하는 것이 얼마나 어려운지 알고 있다. 이런 이유로 나는 가치 있는 오프라인 공간들이 오랫동안 사람들을 만날 수 있는 방법이 무엇인지 치열하게 고민하게 되었다. 이 책은 바로 그 결과물로서, 내가 30여 년간 공간에 대하여 경험하거나 연구해온 내용을 공간이미지 경영이라는 테마를 중심으로 정리한 것이다.

세상에는 멋지고 아름답고 훌륭한 공간이 너무도 많다. 하지만 여기서는 멋지고 훌륭한 공간만을 소개하려는 게 아니다. 그런 공간은 TV나 영화, 드라마와 SNS 등에서 너무도 쉽게 접할 수 있기에, 공간이미지 경영자로서 필자는 공간을 기획하고자 하는 이들에게 실질적인 도움을 주고 싶었다. 다시 말해 필자는 이 책을 통해 상업공간을 기획할 때 어떻게 이미지를 만들고 잘 경영할 수 있는지 다양한 사례를 중심으로 살펴보려 한다. 그 사례들 중에는 이미 사라진 공간들도 있고 지금까지 핫한 공간들도 있는데, 이 책에는 공간들이 오랫동안 살아남은 비결을 이해하는 데 필요하다면 과거의 스토리도 포함시켰다.

사례 또한 어느 한 분야에 집중하기보다는 자기만의 독특한 꿈을 공간에 반영하려는 공간 기획자들을 위해 여러 업종의 이야기들을 함께 담아냈다. 바라건대 새롭게 창업을 하거나 상업공간을 기획하거나 디자인해야 하는 사람들이 다양한 사례를 담은 이 책을 통해 공간이미지 경영을 어떻게 해야 할지 확인하는 계기가 되었으면 좋겠다.

이 책은 공간이미지 경영이 무엇이며 왜 필요한지 먼저 생각해 보고, 제1부를 통해 상업공간들이 어떤 전략으로 기업을 지속적으로 성장시켜 왔는지 그 흐름을 테마별 사례를 통해 살펴보고자 한다.

제2부에서는 공간이미지 경영을 위해 고려해야 할 요소들을 사례별로 확인하고, 이어지는 제3부에서는 공간이미지 연출에 필요한 요소들을 이해하기 위해 상업공간의 구성요소와 이미지연출에 필요한 세부사항을 살펴보며 점검할 수 있도록 했다.

비즈니스의 시작점에서 가장 중요한 것은 제품이나 사업 아이템이겠지만 굉장히 주관적인 부분이기 때문에 제외했고, 공간이미지 경영이라는 주제에 집중할 필요가 있었기에 광고나 마케팅에 관한 것들도 제외했다. 또한 이 책은 디자인에 대한 구체적인 방향이나 솔루션을 제시하는 것이 아니고 필자가 작업한 내용을 보여주는 디자인 노트도 아니다. 필자가 기대하는 것은 제품이나 아이템을 오프라인에서 전개하려는 이들이 무엇을 어떻게 해야 할지 막막하게 느낄 때 이 책을 통해 자신의 공간에 대한 이미지를 기획하고 경영하는 법을 찾았으면 하는 것이다.

이 책이 마침표를 찍는 그 순간까지 필자는 독자들과 다양한 공간을 넘나들며 수없이 많은 사례를 접할 것이다. 그중에는 독자이자 공간 기획자들이 꿈꾸는 사례와 비슷한 것도 있을 것이고 창의적 공간 기획을 위한 아이디어를 제공하는 사례들도 있을 것이다. 바라기는 이 책에 등장하는 성공적인 브랜딩Branding을 전개하는 기업들이 그동안 어떻게 공간이미지 경영을 해왔으며 어떤 공간을 통해 마케팅을 전개하고 있는지 사례를 통해 독자들이 상업공간을 역동적으로 키워가는 데 조금이라도 도움이 되기를 바란다.

공간이미지 경영이란?

세계적인 인문지리학자 이-푸 투안Yi-Fu Tuan은 《공간과 장소》에서 '공간'은 "개방감, 끝없이 펼쳐짐, 그 어떤 제한도 받지 않는 자유로운 공간"을 말하고 '장소'에 대해 "고유한 정체성과 분위기를 부여해 허기, 갈증, 휴식, 출산 같은 생물학적 욕구가 충족되는 가치의 중심지"라고 했다. 결국 공간은 움직이는 곳이고 장소는 멈추는 곳을 말하는데, 공간을 움직임 Movement이 허용되는 곳으로 간주할 때 장소는 멈춤 Pause이 일어나는 곳으로서 움직이다가 멈추게 되면 그 위치는 바로 장소로 바뀔 수 있다고 한다. 다시 말해 '공간'을 가치의 중심지인 '장소'로 바꾸는 일이 바로 공간이미지 경영이라고 할 수 있다.[2]

현대사회는 많은 부분이 이미지에 영향을 받고 있다. 개인적인 이미지부터 기업이미지, 그리고 국가이미지에 이르기까지 이미지는 우리 행동의 모든 부분에 영향을 끼치고 있기에 이미지를 관리하는 것은 점점 더 중요해지고 있다.

일상생활에서 우리는 이미지 Image라는 말을 많이 사용하고 있는데, 특히 개인의 이미지는 학문적으로도 많이 연구되고 있다. 이때 이미지 대신 인상이라는 말로도 연구되고 있는데, 오늘날 이미지는 개인을 넘어 국가나 기업, 브랜드 등 전 분야에 걸쳐 중요하게 되었다. 공간 분야에서도 이미지는 가장 많이 사용하고 있는 용어로서 이미지가 좋다·나쁘다·단순하다·복잡하다 등 다양한 방법으로 표현되는데, 양식, 즉 스타일Style과 함께 분위기를 나타내기도 한다.

Image는 '모방, 흉내'라는 뜻을 지니고 있는 라틴어 'Imago'가 어원으로 이미지 Image의 사전적 의미는 인간이 느끼는 감각에 의하여 획득한 현상이 마음속에 재생된 것으로 시각, 청각, 미각, 후각 및 촉감의 다섯 가지 감각을 통해 경험한 어떤 대상에 대해 인간이 가지고 있는 인상의 총합이라고 할 수 있다.[3]

오늘날 이미지가 중요성을 갖게 되는 이유는 이미지가 행동을 일으키는 잠재적인 힘을 가지고 있기 때문으로 이미지는 추상적이고 관념적인 것 같이 보이지만 실제에 있어서는 행동을 좌우하는 요인이 된다. 이는 태도, 선입관, 가치관 등에 영향을 미친다.[4]

결국 이미지는 개인이 어떤 대상에 대해 가지는 일련의 신념이나 태도, 인상이라고 할 수 있다.[5]

따라서 이미지는 받거나 느낄 대상이 있다면 그 이미지를 만들어갈 수도 있다는 말이지만 한 번만으로 인식되기는 어렵다. 첫인상만으로 모든 것을 전달하기는 어려운 것처럼 여러 번의 경험이 쌓여 이미지로 인식된다고 할 수 있다. 그렇다면 원하는 이미지를 만든 뒤 그것을 지속적으로 유지하려면 어떻게 해야 할까? 여기에 대하여 필자는 그 이미지를 총체적이고 지속적으로 잘 경영해야 한다고 답하고 싶다.

경영 Management이란 일정한 목적을 달성하기 위하여 인적·물적 자원을 결합한 조직이나 그 활동을 말한다.[6] 경영이라는 말은 주로 기업과 관련된 곳에서 많이 사용하고 있지만 공간에서도 이미지를 지속적으로 관리하고 경영하는 일이 필요하기 때문에 필자는 이 책을 통해 '공간이미지 경영'이라는 화두를 꺼내들었다. 결국 공간이미지 경영이란 그 공간의 목적에 따라 원하는 이미지를 현실화하기 위해 그 공간에서 보여줄 수 있는 모든 요소를 통해 표현함으로써 그 공간에서 얻어낼 수 있는 효용을 최대화하는 것이라 할 수 있다.

그렇다면 어떤 공간이 이미지 경영을 필요로 할까? 물론 개인이 소유한 주거공간에도 상업적 목적이 있다면 이미지 연출이 필요할 수도 있고 그 이미지를 관리하는 경영이 필요할 수도 있다. 예를 들어 유튜버나 인플루언서가 자기 집에서 촬영을 할 경우 주인공의 배경이 되는 그 공간은 이미지 경영이 필요하다고 할 수 있다. 하지만 편안하고 안락한 일상의 공간이 되어야 하는 일반적 주거공간보다 목적이 분명하게 있는 상업공간이 이미지 경영을 더욱 필요로 한다고 볼 수 있다. 그렇다면 우리는 왜 상업공간의 이미지를 경영해야 하는 걸까?

최근 상업 공간은 엄청나게 변화하고 있다. 사람들은 COVID-19가 우리의 라이프스타일을 크게 변화시켰고 이로 인해 유통환경이 어려워졌다고 한다. 하지만 그 이전부터 유통환경의 변화는 일어나고 있었고 변화하는 유통환경에 COVID-19가 기름을 부은 격이라고 하는 게 맞을 것 같다.

2015년경부터 학자들은 인공지능, 머신 러닝 등 ICT Information and Communications Technology, 정보통신기술산업의 발전에 대해 제4차 산업혁명으로 분류해 주장하고 있었다. 이미 ICT의 발전은 라이프스타일의 변화를 요구하고 있었지만 급격하게 변화하기를 꺼려하는 사람들로 인해 변화는 천천히 진행되고 있었다.

2020년 미국 라스베이거스에서 열린 CES International Consumer Electronics Show, 세계가전전시회에 참관한 적이 있는데 앞으로 다가올 미래 산업에 대해 기업들은 혁신적인 아이디어들을 선보였다. 그때까지만 해도 우리의 라이프스타일이나 환경이 급격하게 변화할 것이라고는 생각하지 못했고 단지 미래의 일이라고만 생각했다. 그런데

COVID-19로 인하여 갑작스럽게 비대면 Un-tact 세상으로 바뀌면서 온라인 대면 On-tact 세상으로 급격한 변화를 맞게 되었고 정보통신기술을 더욱 급하게 받아들일 수밖에 없는 환경으로 바뀌게 되었다. 이렇게 급변하는 상황 속에서 오프라인 공간들은 사람들이 그곳을 방문해야 할 이유를 만들어 주어야 할 과제를 부여받게 되었고 이는 공간이미지 경영을 해야 할 이유가 되었다.

　최근 상업용 부동산이 위기라고 한다. 거리를 다니다 보면 비어있는 공간들을 많이 마주치게 된다. 그동안 유통환경의 변화로 인해 사라진 공간들이 많은 반면, 살아남은 공간들은 다양한 전략과 마케팅을 통해 진화해 왔다. 그렇다면 그들은 도대체 어떻게 살아남았으며 우리 각자가 오프라인 공간을 지속해서 유지하고 성장시키려면 어떻게 해야 할까?

　최근에는 전 세계적으로 형식이나 기본 틀에 얽매이지 않은 참신한 공간들이 각광받고 있으며 힙한 공간으로 평가받고 있다. MZ세대들은 재미있는 공간을 찾아 열심히 움직이고 하루에도 수많은 공간들의 이미지들이 온라인에 소개되고 있다. 트렌드가 너무나 빠르게 움직이고 있는 것이다.

　기업 경영에서 생소했던 '마케팅'의 개념을 확산시킨 필립 코틀러 Philip Kotler는 비즈니스가 바뀌면 전략도 바뀌어야 한다고 했다. 즉《필립 코틀러의 마켓 4.0》에서 그는 디지털경제에서는 디지털 상호작용만으로는 충분하지 않다면서 "오히려 오프라인 접촉이 강력한 차별화요소가 된다"라고 하였다.[7]

　2021년《필립 코틀러 마켓 5.0》에서 그는 마케팅을 "고객 여정 내내 가치를 창출,

전달, 제공, 강화하기 위해 인간을 모방한 기술을 적용하는 것"이라고 정의하고, "AI, NLP, 센서, 로봇공학, 증강현실, 가상현실, IoT, 블록체인 등 차세대 기술의 조합이 마켓 5.0을 가능하게 해준다."라고 했다.

이제 기업은 제품 자체보다도 제품과 상호작용하는 새로운 방식에 더 주목할 수밖에 없다. 경쟁에서 이길 수 있는 방법은 제품이 아니라 고객이 제품을 어떻게 평가하고, 구매하고, 사용하고, 추천 하느냐로 바뀌었기 때문이고 "고객 경험은 기업이 본질적으로 더 많은 고객 가치를 창출하고 제공할 수 있는 효과적인 방법이 되었다"라고 하면서 고객 경험을 강조하고 있다.[8]

고객경험에 대해서 《최고의 서비스기업은 어떻게 가치를 전달하는가》에서 완벽한 고객 경험의 구성은 제품이 주인공이라면 서비스는 스토리를 생산하고 그 배경은 공간 경험이 된다고 했다.[9]

어디서든 배경 없이 주인공이 빛나기는 어렵다. 그것이 온라인이든 오프라인이든 주인공을 잘 빛내기 위한 배경, 즉 공간 경험을 잘 만드는 것은 중요한 일이고 그것이 바로 공간이미지 경영이라고 할 수 있다.

2023년도의 가장 큰 화두는 오픈AI가 출시한 생성형 인공지능 AI 챗지피티 Chat GPT, Chat Generated Pre-trained Transformer라고 할 수 있는데, 앞으로 우리의 라이프스타일과 상업공간에 AI가 얼마나 영향을 끼칠지 모르지만 과거에 인터넷이 그러했듯이 챗지피티 또한 우리의 일상이 되어가고 있다.

오프라인 상업공간은 한 번 디자인해서 잘 만들어 놓으면 계속 유지되는 것이 아니라 변화하는 시대의 흐름을 읽고 소비자 심리와 트렌드를 지속적으로 연구해서 그 공간의 목적에 따른 효용을 유지하고 성장시키고 경험의 가치를 높이기 위해 공간이미지 경영을 잘 하는 것은 중요하고 꼭 필요한 일이라고 할 수 있다.

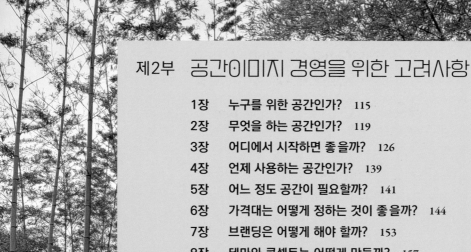

제 1 부

How to Manage the Image of Space

공간의 이미지를 경영하다

온라인이든 오프라인이든 날마다 새로운 브랜드가 생겨나고 있다. 무언가는 사라지지만 다른 무언가는 기존의 자리를 대신해 새롭게 탄생한다. 1990년대 초 인터넷이 등장하고 온라인쇼핑몰이 나타났을 때만 해도 사람들은 물건을 직접 보거나 만져보지 않고 구매가 가능하다고 생각하지 않았는데 패션 제품에 대해서는 더욱 그러했다. 그런데 30년 만에 세상이 완전히 뒤바뀌었다. 주문하면 몇 시간 내에 물건을 받아볼 수 있는 로켓배송과 반품 시스템이 생겨났고, 최첨단 신기술들은 우리가 오프라인 매장으로 가지 않아도 물건을 구매할 수 있도록 해준다. 하지만 온라인 매장이든 오프라인 매장이든 백화점에 입점하든 쇼핑몰에 입점하든 어떤 경우에도 마찬가지겠지만, 비즈니스를 지속적으로 유지하고 성공을 이어가려면 차별화된 획기적 마케팅 기법들이 필요하다.

상업공간은 더 이상 상품을 판매하는 공간만이 아니다. 이제는 상품과 서비스 자체도 문화라는 인식이 자리 잡으면서 고차원적 판매 전략의 하나로 예술과 문화를 매장으로 끌어들여 활성화시켜 판매 공간 자체가 문화공간의 역할을 하고 있다.

사람들은 미술관이나 박물관에 가면 위로와 공감을 받는다고 한다. 하지만 여러 가지 이유로 일부러 시간을 내서 가기에는 힘들고 번거로울 수 있다. 이런 상황에서 자신이 머무는 일상의 공간에서도 박물관이나 미술관에서 가졌던 감흥이나 감동을 느낄 수 있다면 어떨까?

기업들은 이런 점을 마케팅에 활용하고 있는데, 예술을 판매 공간에 들여놓아 문화

공간화하고 있는 기업들은 대부분 럭셔리 브랜드나 럭셔리 브랜드를 지향하는 브랜드들이라고 할 수 있다. 값어치를 따지기 힘든 문화나 예술을 상업공간에 들여놓아 같은 공간에 놓여 있는 제품들의 가치를 올리고 그들의 기업이미지에 입혀 브랜드의 위치를 더욱더 공고히 하고 있다.

　우리나라에서 럭셔리 브랜드가 가장 많이 모여 있는 곳은 주로 백화점이나 서울 강남 도산대로 주변이나 청담동이 아닐까 싶다. 청담사거리에서 압구정동 방향으로 걷다 보면 직선으로 쭉쭉 뻗은 건물들 사이로 곡선미가 돋보이는 하얀색의 독특한 건물을 마주하게 된다. 일반적인 건물들은 법적인 규제 내에서 공간의 효용적 가치를 위해 최대한 사각형으로 반듯하게 짓는 경우가 많다. 하지만 이런 부분을 전혀 고려하지 않은 것처럼 지어진 이 독특한 건물은 바로 '하우스 오브 디올 House of Dior'이다.

House of Dior _
서울

디올은 1946년 파리 몽테뉴 거리 30번지에 디올 하우스를 오픈해서 우아함과 과감한 변화, 최고의 창의력을 보여주고 있는 럭셔리 브랜드로서, 국내에서는 패션을 대표하는 거리인 청담동에 2015년에 6층 규모로 플래그십 스토어를 오픈했다.

프랑스 건축가 크리스티앙 드 포잠박 Christian de Portzamparc이 설계하고 피터 마리노 Peter Marino가 인테리어 디자인을 맡았다고 하는데, 외관부터 내부까지 쉽게 따라하기 어려울 정도로 독특하게 연출했다.

하우스 오브 디올의 1층으로 들어서면 국내 아티스트 '이불' 작가의 샹들리에가 천장에서 맞이하고, '롭 윈Rob Wynne'이 완성한 천장의 액화 미러 글라스 장식을 비롯하여 프랑스 조각가 '클로드 라란 Claude Lalanne'이 디자인한 나뭇가지와 은행잎을 엮은 듯한 벤치가 놓여 있다. 층을 연결하는 계단도 영상과 어우러지게 구성해 하나의 오브제처럼 연출되어 있다.

지하1층부터 3층까지 매장 내부 곳곳에 연출된 작가들의 작품이 제품과 어우러져 제품 또한 예술품으로 착각하게 만든다. 4층에는 VIP라운지와 갤러리가 있었는데 홈 컬렉션 공간으로 사용된다. 특히 이곳 5층 카페 인테리어는 편안하면서도 깜찍한 컬러를 사용한 의자와 기다란 바Bar를 설치했는데 파티시에(pâtissier, 과자를 만드는 사람) 업계의 피카소로 불리는 피에르 에르메Pierre Herme의 마카롱과 초콜릿 등 다채로운 디저트와 계절 음료를 즐길 수 있도록 했고, 이곳에서 사용하는 그릇들과 소품 등 모든 제품과 경험하는 것들이 럭셔리한 이미지로 연출되어 있다.

카페와 연결된 테라스의 가구나 파라솔도 독특한 디자인을 사용해 SNS에 사진을 올리기 좋은 공간으로 꾸며져 있는데, 이처럼 건축·인테리어·소품 그리고 디저트에 이르기까지 디올의 감각으로 예술작품을 활용해 젊은 세대들을 위한 리치한 공간으로 만들어져 있다.

세계 3대 컨설팅 업체로 꼽히는 베인 앤드 컴퍼니 Bain & Company에 따르면 세계 개인명품(패션·잡화·보석 등)시장에서 20~30대가 주축인 밀레니얼 세대의 비중은 2019년에 36퍼센트에 불과했지만 2021년에는 46퍼센트로 거의 절반에 육박한다고 했다.[10]

디올을 비롯한 많은 기업들이 상업공간에 예술품을 활용해 이미지 경영을 하는 이유는 이러한 트렌디한 젊은 감각과 새로운 경험과 체험의 공간, 문화공간으로 만들어야 브랜드 가치를 올리거나 지속적으로 성장시킬 수 있다고 생각했기 때문일 것이다. 이렇게 자체 플래그십 스토어 Flagship store나 판매 공간은 물론이고 아예 문화기업으로 탈바꿈하여 브랜드에 예술의 옷을 입히는 이미지 경영 방법을 시도하는 경우도 있는데 바로 프랑스를 대표하는 기업인 LVMH그룹의 루이비통 Louis Vuitton이다.

다른 오프라인 유통기업이나 브랜드들은 사라지거나 힘들어하고 있는데 LVMH그룹은 꾸준히 성장하고 있고 2024년 2월 말 현재 유로넥스트 시가총액 1위 기업이다. LVMH그룹은 Louis Vuitton, Moët & Chandon, Hennessy의 약자를 합친 것으로 모엣 앤드 샹동과 헤네시가 합병한 뒤 루이비통까지 합병하여 현재의 그룹 형태를 갖추었으며 디올도 LVMH그룹에 속한다.

2017년 여름 동대문디자인플라자 DDP에서 열린 루이비통의 전시를 찾았는데, 기대했던 대로 루이비통의 역사를 한눈에 볼 수 있었다. 루이비통을 대표하는 앤틱 Antique 트렁크를 비롯해 다양한 오브제와 문서, 파리 의상장식박물관 팔레 갈리에라 Palais Galliera와 프랑스 필하모니 드 파리 Philharmonie de Paris 산하 음악박물관의 소장품 및 개인 컬렉션 등 약 1,000점에 달하는 브랜드 유산을 모아 총 10가지 테마로 전시했다.[11]

평소에 해외에 나가면 박물관이나 미술관을 꼭 찾게 되지만 한 기업의 역사를 마주하기는 어렵기에 이런 전시는 무척 반갑다. 160여 년이나 되는 브랜드의 역사를 한눈에 볼 수 있도록 기획되었는데, "비행하라 · 항해하라 · 여행하라"라는 주제로 당시 그 시대의 역사나 교통수단 등을 떠올리며 '그 당시 저런 제품을 만들었구나' 그리고 '영화에서 보던 그 가방이 저거였구나'라고 떠올리며 너무 재미있게 관람했다.

루이비통의 최초 완판 제품인 초대형 트렁크인 '트리아농 Gris Trianon'이 가장 먼저 전시되었다. 산업혁명 이후 신흥 부르주아들이 이 트리아농에 옷과 잡다한 여행용품을 싣고 신세계 탐험을 했다고 하는데, 나무로 된 컨테이너 박스 위에 다양한 기능을 가진 트렁크들을 전시해서 여행을 떠나는 것처럼 연출했다.

루이비통의 역사는 1854년 시작된 유럽 철도여행의 역사와 궤적을 같이한다고 한다. 그 역사를 표현하기 위해 레드 컬러의 패브릭과 진한 색상의 나무로 만들어진 오래된 역의 대합실과 기차를 형상화한 전시공간이 있었는데, 기차가 달리는 것을 연출하기 위해 스크린을 활용해 영상이 계속 움직이게 해서 외부의 풍경이 마치 기차에서 밖을 내다보는 것 같은 착각이 들도록 했다.

Louis Vuitton전시(2017) _ 서울 DDP

"비행하라"라는 주제의 전시공간에는 주제와 어울리도록 하늘을 실사 프린트한 벽면에 비행기와 그 위에 비행기용으로 만들었던 가방들을 연출하였다. "항해하라" 라는 주제의 전시공간은 배의 형태로 꾸며 항해용으로 개발하고 사용되었던 제품들을 전시하였으며, 사막까지 연출해서 낙타 등에 올려서 운반했을 트렁크를 전시하였다. 전시를 보다가 문득 든 생각은 예전에 만들었던 제품들을 너무 잘 보관하고 있다는 것이었다.

내가 패션 분야의 일을 할 때 해외 전시를 위해 디자이너들에게 패션쇼에 사용했던 의상을 요청한 적이 있었다. 당시 우리나라 디자이너들은 보통 한 벌씩 만드는데 그중에 이미 판매된 제품들도 있어서 보관하고 있는 작품이 별로 없다고 했다. 자신의 브랜드를 알릴 수 있는 좋은 기회인데 아쉬운 일이었다. 하지만 럭셔리 브랜드들은 제품을 보관용으로도 만드는 것 같다. 브랜드가 성공해서 유명해지면 디자인한 제품들이 박물관에 갈 수도 있고 이렇게 루이비통 전시처럼 활용될 수도 있으니, 특별한 제품의 경우 처음부터 판매용만이 아닌 보관용으로도 만들어 두면 어떨까?

전시 내용 가운데 관심을 끌었던 것 중 하나는 1900년 대한제국이 'COREE'라는 이름으로 파리 만국박람회에 참여했던 인연을 재조명하는 한국 전통악기 전시였다. 한지로 만든 창문과 악기를 같이 연출해서 지역 공감대를 표현하고 프랑스에서 직접 루이비통 가방을 만드는 장인이 와서 재료나 만드는 방법에 대한 것들을 설명하고 시연하는 친절한 공간도 마련하는 등 기업에 대한 스토리를 잘 기획해서 전시와 함께 보여주었다.

기업이 이미지 경영을 하기 위해 여러 가지 방법을 활용할 수 있겠지만 이렇게 예술적 공간을 만들어 제품을 보여주는 것은 보는 사람이 그 브랜드의 가치를 자연스레 높게 평가하는 데 효과적이라고 할 수 있다.

에펠탑으로 유명한 파리는 예술 및 패션의 도시로서 박물관이나 미술관이 무척이나 많다. 한 번에 다 돌아보기 힘들어서 나는 출장을 갈 때마다 몇 곳을 선택해서 관람을 한다. 이렇게 미술관이 많은 도시에 루이비통은 매장에 예술을 들여놓는 것도 모자라 아예 미술관을 만들었는데 그게 바로 프랑스정부와 파리시가 뜻을 모아 불로뉴 숲 Le Bois de Boulogne에 있는 아클리마타시옹 공원 Jardin d'Acclimatation에 건립한 루이비통 파운데이션 Louis Vuitton Foundation이다.

이 건축물은 마치 거대한 돛단배가 우뚝 서 있는 것 같은 착각을 자아내는데 12개의 거대한 돛을 상징하는 구조로 3,584개 유리 패널로 만들어졌다. 다른 방향에서 보면 마치 숲속에서 뛰어노는 곤충처럼 보이기도 한다. 이 건축물을 설계한 건축가 프랭크 게리Frank Gehry는 스페인 구겐하임 빌바오 미술관Guggenheim Museum Bilbao과 미국 LA의 월트 디즈니 콘서트홀Walt Disney Concert Hall 등을 설계했는데 특히 빌바오 구겐하임 미술관은 쇠퇴한 도시인 빌바오에 예술적인 건축 디자인의 미술관이 생기게 되면서 사람들이 그곳을 많이 찾게 되어 도시경쟁력을 높여 '빌바오 효과Bilbao effect'라는 말까지 생겨났다.[12]

Louis Vuitton
Foundation
_ Paris

루이비통 파운데이션은 크기가 다른 11개의 갤러리·사무실·교육공간·다목적 공간 등으로 구성되어 있는데, 출입구와 인접하고 있는 대형 다목적 공간은 구성에 따라 350명에서 최대 1,000명까지 수용할 수 있는 강당이나 전시공간으로 사용할 수 있다. 이곳은 1960년대부터 현재까지의 예술작품으로 2024년 2월 현재 120명의 아티스트의 작품 330점을 전시하고 있다.

이 미술관은 해질녘 파리의 모습과 라데팡스La Défense 빌딩들과 불로뉴 숲까지 한눈에 담을 수 있는 멋진 곳이다.

루이비통은 프랑스를 대표하는 브랜드답게 파리에 가면 이 미술관을 볼 수가 있는데, 파리를 방문하지 못하는 사람들을 위해 세계 주요 도시에 순회전시까지 하고 있다. 서울·도쿄·베이징·뮌헨·오사카·베네치아 등 유명 도시 거점에 마련된 루이비통 플래그십 스토어에 '에스파스Espace'라는 문화공간을 마련해 "미술관 벽 너머Hors-les-murs"라는 프로젝트 일환으로 재단이 보유한 작품부터 다양한 문화 및 예술작품 전시를 선보이고 있다.

루이비통은 최근 생존하는 가장 영향력 있는 여성 예술가인 쿠사마 야요이Kusama Yayoi와 다시 손을 잡고 콜라보 컬렉션을 선보이고 있는데, 항상 핫한 아티스트들과의 협업을 통해 브랜드에 예술이라는 이미지를 입히는 이미지 경영을 전개하며 브랜드 가치를 높이고 있다.

우리나라의 경우에도 삼성그룹의 창립자 이병철 회장의 수집품에서 출발한 삼성문화재단의 호암미술관Hoam Museum of Art과 리움미술관Leeum Museum of Art이 있다. 호암미술관은 용인에 있어 아무래도 접근성이 떨어지는데 리움미술관은 서울 한남동에 자리 잡아 이곳에서 소장품과 다양한 기획전시 및 행사를 열어 시민들과 소통을 하고 있다.

리움미술관은 국내 고미술부터 세계 현대미술까지 아우르는 미술작품을 한 공간에서 감상할 수 있고 스위스 건축가 마리오 보타Mario Botta가 작업한 뮤지엄1과 프랑스 건축가 장 누벨Jean Nouvel이 작업한 뮤지엄2가 있고 렘 쿨하스Rem Koolhass가 작업한 아동교육문화센터가 어우러져 복합미술공간으로 자리하고 있다.

리움미술관 개관 시 화제가 되었던 거대한 거미 작가인 루이즈 부르주아Louise Bourgeois의 '마망'이라는 작품은 주차장 위에 펼쳐진 광장에 자리하다가 현재는 호암 미술관으로 옮겨져 야외에 전시되고 있다.

또한 "세기의 기증"이라 불린 이건희 컬렉션도 주목할 만하다. 이는 2021년 이건희 회장이 개인적으로 소장하던 작품들을 유족들이 국가에 기증한 문화재와 미술품 2만 3,000점을 말한다. 미술사적으로나 경제적으로 매우 큰 가치를 지니고 있는 이 작품들은 현재 전국 각지의 미술관에서 순회전시를 통해 관람객들에게 선을 보이고 있다.

서울특별시 종로구 송현동 부지가 2022년 10월 '열린송현녹지광장'으로 시민들에게 개방되었는데 2년간 임시개방 후 이건희 기증관(가칭)이 들어서고 공원이 조성될 예정이다.[13] 주변에 궁궐이 있고 박물관과 미술관이 많은 장소에 자리 잡게 되는데, 초일류 기업을 외치며 삼성의 도약을 일궜던 이건희 회장의 컬렉션을 통해 많은 사람들이 훌륭한 예술과 만나게 될 것으로 기대된다.

열린송현녹지광장 _
서울

리움미술관이 있는 한남동 대로변을 걷다 보면 외관이 검은 색조로 예사롭지 않은 건물을 만날 수 있는데, 건물 외부에 숲을 형상화한 '구찌 가옥 Gucci Gaok'이다. 구찌가 한국적인 요소와 이탈리안 럭셔리의 만남이라는 콘셉트로 2021년 오픈한 플래그십 스토어다. 외관 작업에는 한국의 조각가 박승모 작가가 참여했는데 상상의 숲에서 영감을 얻은 '환幻·헛보임'을 주제로 실재와 허상의 경계가 무너지는 찰나를 스테인리스 스틸 와이어를 활용해서 명암의 대비로 표현했다. 숲과 나무를 모티브로 한 것은 인간의 의지와 노력이 없다면 사라져 버릴 수 있는 환경의 소중함을 표현하려 했다고 한다. 어쩌면 가장 한국적인 요소와 모두가 공감하는 주제를 선택해 이에 어울리는 작업을 하고 있던 박승모 작가를 찾아내 함께 외관에 표현했다고 할 수 있다.[14]

이런 구찌 가옥은 건너편에서 바라보아야 온전히 볼 수 있고 특히 내용을 알고 보면 더 잘 보인다. 내용을 모르고 보면 그냥 검정색 와이어로 둘러싸인 건물로만 인식될 수 있는데 어두워진 저녁에 조명이 켜지면 조금 더 자세히 보인다.

GUCCI GAOK _
서울

1층으로 들어서면 메탈 느낌의 모자이크 타일로 마감된 계단과 하얀 동그라미가 반복된 패턴을 이루고 있는 바닥과 천장이 일체감을 준다. 이어 2층으로 오르면 남성용 제품들이 자연스레 눈을 사로잡는다. 일반적인 매장이나 백화점의 경우 남성용 제품은 지하나 여성용 제품보다 동선이 안 좋은 곳에 위치하기 마련인데 이곳은 오히려 2층에 적극적으로 남성용 제품을 배치한 것이 특징이다. 3층에서는 파인 주얼리 Fine Jewelry를, 4층에서는 여성 제품과 테이블 웨어를 판매하는데 가옥에서 제품을 구입하면 보자기와 노리개를 이용한 특별 포장 서비스까지 해준다.

이곳의 VIP공간은 피팅룸 Fitting Room인데 중앙의 공간을 이용해 거울도어를 사용하여 오픈하는 방식으로 만들어져 있다. 그곳에 그런 특별한 공간이 숨어 있을 것이라고 예상하지 못하게 배치해 놓았는데 내부의 룸 카펫과 가구들도 클래식한 느낌으로 자리잡고 있어서 전체적으로 따뜻하면서도 럭셔리한 느낌을 연출하고 있다.

3층과 4층 여성제품 공간에는 메탈 느낌의 모자이크 타일에 핑크색 소파를 사용하여 모던한 느낌과 소프트한 느낌이 어우러지게 했고 진열용 집기 디자인도 제품을 돋보이도록 했다.

오픈 당시 디지털 고사 체험코너는 디지털 강국인 한국의 특징을 살린 것인데, 미디어를 이용하여 원하는 음식을 담아 상 위에 올려놓으면 그 이미지를 문자나 메일로 보내주는 서비스로서 MZ세대에 맞춘 체험서비스였다.

구찌는 구찌 가옥에서만 구매할 수 있는 스페셜 제품을 기획했는데 우리나라 전통 한복인 색동저고리를 연상시키는 색색의 줄무늬 디자인을 선보여 이른바 "한국판 구찌 제품"을 만든 것이다. 이는 한 국가, 더욱이 한 매장에서만 판매하는 제품을 내놓은 마케팅을 전개한 것인데, 한국적 요소와 우리나라 고객이 좋아하는 특징들을 잘 뽑아 구성된 공간과 서비스들이 구찌 가옥이라는 이름과 더불어 구찌라는 브랜드를 더욱 특별하게 만들었다. 이렇게 현지 마케팅 전략들을 펼치는데 사람들이 어찌 그 브랜드에 대한 충성심을 갖지 않을 수 있을까?

구찌는 1921년 피렌체에서 승마 가죽제품으로 시작해 혁신적이고 진취적인 자세로 패션의 현대적 감성을 극대화하는 브랜드로서 현재는 케링 그룹 Kering Group에 속한다.

구찌 가옥을 오픈하기 이전인 2018년 1월 구찌는 구찌 뮤제오 Gucci Museo가 위치한 피렌체의 유서 깊은 메르칸지아 궁전 Palazzo della Mercanzia에서 '구찌 가든 Gucci Garden'

을 선보였다.

당시 구찌 크리에이티브 디렉터인 알레산드로 미켈레 Alessandro Michele의 연출로 새롭게 디자인된 이 공간은 독특한 아이템들을 비롯하여 미슐랭 3스타 셰프인 마시모 보투라 Massimo Bottura가 선보이는 레스토랑과 이탈리아 큐레이터 겸 평론가 마리아 루이사 프리자 Maria Luisa Frisa가 기획한 전시공간인 구찌 갤러리아 Gucci Galleria 등으로 구성되었다.

테마별 공간으로 나누어진 '구찌 가든 갤러리아 Gucci Garden Galleria'는 브랜드의 예전 광고 캠페인, 아티스트들, 레트로 오브제 등이 포함된 아카이브를 기념하며 구찌 하우스의 새로운 비전을 제시한 역사적인 제품들을 한자리에 모아 놓은 구찌의 박물관과 같은 전시공간이다.

트레버 앤드류 Trevor Andrew, 히구치 유코 Yuko Higuchi, 도메니코 인두노 Domenico Induno, 제이드 피쉬 Jayde Fish, 코코 카피탄 Coco Capitan, 알렉스 메리 Alex Merry 등의 작품이 곳곳에 배치되어 어우러져 있는데 이렇게 많은 아티스트들을 한곳에 모아 마치 미술관처럼 구찌 가든을 완성시켰다.

이곳 2층에는 레드 벨벳 소재로 꾸며진 30명이 관람할 수 있는 소규모 영화관이 있는데 이곳에서는 제프루더 필름 Zapruder Film에서 제작한 '제우스 머신 피닉스 Zeus Machine Phoenix'를 볼 수 있는데 5개 정도의 영상을 돌아가며 보여주었다.

미슐랭 3스타 셰프인 '마시모 보투라'가 선보이는 레스토랑은 구찌가 판매하고 있는 그릇들을 사용한다. 마시모 보투라의 키친은 "세상을 여행하면서 주방은 우리가 보고 듣고 맛보는 모든 것과 상호 작용한다"라고 하며 다양한 국적의 영향을 이탈리아 전통에 응용하는 음식을 제공하고 있는데 서울 구찌 가옥 5층에서도 '구찌 오스테리아 서울 Gucci Osteria Seoul'로 문을 열어 개발한 메뉴를 선보이고 있다.

구찌 가든의 사례에서 보면 플래그십 스토어의 특징을 잘 살려서 전개했다고 볼 수 있는데 플래그십 스토어는 일반 매장과 어떻게 다를까?

플래그십 스토어의 '플래그 Flag'는 "깃발"을 의미하며, 브랜드 정체성을 가지고 브랜드를 대표하는 매장에 깃발을 꽂는다는 것을 비유한 용어라고 할 수 있다.[15]

플래그십 스토어는 명품 기업들이 세계 주요 도시에 만든 안테나 숍 Antenna Shop이 시초이며, 일종의 파일럿 숍 Pilot Shop으로 실제 판매에 앞서서 신제품에 대한 시장조사 및 수요조사 등을 하기 위하여 만드는 매장인데 지금은 발전하여 안테나 숍의 개념에서 확장된 기능을 포함하여 운영되고 있다.

온라인으로 구매하는 것이 일상화된 요즘, 플래그십 스토어는 소비자 경험이나 체험을 중요하게 생각하여 체험을 통한 마케팅 및 브랜드 활동을 하며, 브랜드의 이미지를 극대화하기 위한 상업 공간이라고 할 수 있다. 즉 체험과 문화적 요소를 접목하여 브랜드 정체성을 부여하고 감성을 자극하는 공간, 고객과 상호 소통하는 공간이라는 점이 일반 매장과의 차별점이라고 할 수 있다. 이 특별한 스토어는 기업의 브랜드 정체성을 구축하기 위해 주로 단독 공간으로 이루어져 있으며, 판매시설 이외에 복합적인 공간으로 구성되어 있다. 따라서 유명 건축가를 기용해서 설계하거나 크리에이티브 디렉터가 건축디자인 전반에 참여하는 등 보다 전략적으로 만들어지게 된다.

대부분의 럭셔리 브랜드들이 이런 플래그십 스토어를 통해 공간이미지 경영을 하고 있는데, 서울의 구찌 가옥도 이탈리아의 구찌 가든과 같은 느낌으로 플래그십 스토어에서 중요한 요소를 전부 고려한 공간이미지를 연출했다고 볼 수 있다. 이처럼 패션 분야의 럭셔리 브랜드들이 선도적으로 시도한 플래그십 스토어는 점차 다양한 업종으로 확대되고 있다. 특히 최근에는 뷰티 브랜드들이 많이 시도하고 있고 가구나 가전 등 다양한 분야로 확장되었다.

국내기업 가운데 아모레퍼시픽 그룹은 설화수·헤라·라네즈 등 많은 브랜드를 가지고 있는 국내 1위 화장품 기업이다. 아모레퍼시픽은 2017년 지하 7층 ~ 지상 22층 규모의 용산 신사옥으로 본사를 이전했다. 세계적인 건축가 데이비드 치퍼필드 David Cipperfield가 이 건물의 설계를 맡았는데 백자 달항아리에서 영감을 얻어 '연결 Connectivity' 이라는 키워드로 자연과 도시, 지역사회와 회사, 고객과 임직원 사이에 자연스러운 교감과 소통이 이뤄질 수 있는 공간으로 만들었다.[16]

일반인들에게는 공개되지 않은 5층 테라스 정원에 가볼 기회가 있었는데, 이곳의 뻥 뚫린 사각 공간에서 위를 올려다보면 사각프레임 안에 하늘이 보인다. 바닥에는 물이 있는 모던한 정원이 있는데 그곳에서 멀리 바라보는 용산과 남산 등 외부 공간의 모습도 너무 아름답다.

특히 지하 1층부터 지상 3층까지는 지역사회와 소통하기 위한 공용 문화공간으로 만들어 일반인들에게 오픈했다. 이 건물의 1층으로 들어서면 광장처럼 넓은 로비가 나오는데, 이 공간은 열린 공간으로 다양한 행사나 팝업공간으로 사용되기도 한다.

이곳 1층 공간에는 미술관, 전시도록 라이브러리인 에이피랩apLAP이 있고 지하 1층에는 아모레퍼시픽미술관APMA이 있는데 이 미술관에서 진행한 전시 가운데 가장 기억에 남는 것은 조선시대에 제작된 병풍을 한자리에 모은 '조선, 병풍의 나라'였다. 그 엄청난 규모에 놀랐는데, 특히 조명연출에 신경을 써서 병풍 한 폭 한 폭을 자세히 볼 수 있어 조선시대 생활상을 알 수 있는 흥미로운 전시였다. 이곳에서는 지금도 다양한 기획전시가 열리고 있다.

아모레퍼시픽 용산
본사 _ 서울

❶ 1층 열린 광장

❷ 5층 테라스 정원

❸ 지하 1층
  아모레퍼시픽
  미술관

아모레퍼시픽 브랜드 가운데 한국적인 아름다움을 내세우는 '설화수'는 2016년 도산공원에 아시안 뷰티의 정수를 담은 시그너처 공간인 플래그십 스토어를 오픈해서 운영해 오고 있는데, 2021년에는 북촌에도 설화수 플래그십 스토어를 오픈했다. 서울 지하철 3호선 안국역에서 내려 헌법재판소길을 따라 걷다 보면 왼쪽으로 한옥 건물이 눈에 들어온다. 벽이 투명 유리로 만들어진 공간에는 마치 매장의 쇼윈도처럼 작가의 작품이 전시되어 있다. 전시된 작품을 보기 위해 들어가면 한옥의 기둥과 천장, 서까래를 살리고 벽을 투명유리로 만들어 좁은 공간이라는 생각이 들지 않는다. 북촌의 특성상 평지가 아니라서 더 즐거운 느낌이 드는데, 디딤돌을 따라 몇 채의 한옥을 넘나들며 작품들을 구경하도록 연출되어 있다. 또한 내부에는 도자기로 만들어진 테이블 위에 설화수 제품을 배치하여 테스트해볼 수 있도록 해놓았으며, 한옥과 양옥이 만나는 지점에는 구매 공간도 마련되어 있다. 판매를 위한 오설록 티하우스를 보고 한 층을 더 올라가면 카페가 나오는데, 이곳에서는 음료뿐 아니라 떡 같은 디저트가 음료와 세트메뉴로 되어 있어 시각적 즐거움과 한국적인 맛까지도 느낄 수 있다.

설화수 북촌
플래그십 스토어
전경 _ 서울

이곳은 1930년대와 1960년대에 지어진 건물을 리모델링해서 설화수와 오설록을 '설화수 북촌 플래그십 스토어'와 '오설록 티하우스 북촌점'으로 재탄생시킨 것이다. 양옥의 경우에는 예전의 느낌을 잘 살린 데다 깔끔하게 정돈해 독특한 공간으로 연출했고 정원 또한 사계절을 느낄 수 있게 만들어가고 있다.

이 한옥에는 전통 가구와 우리나라 작가들이 참여한 작품이 어우러져 있고, 정원까지 연결시켜 다양한 퍼포먼스가 펼쳐져 방문객들은 한옥의 아름다움도 같이 느껴볼 수 있다. 기획전시에서는 도슨트를 배치해 운영하기도 하는데 미리 예약을 해야 할 정도로 외국인들에게 꼭 보여주고 싶은 공간이 되었다.

설화수 북촌
플래그십
스토어_서울

영종도에 있는 파라다이스시티는 2017년 오픈하면서 예술Art과 오락Entertainment 의 합성어인 아트테인먼트Arttainment 리조트를 내세운 호텔을 선보였는데, 곳곳에 유명한 예술작품이 전시되어 있는 미술관 같은 특별함이 있는 호텔이다.

호텔 입구에서부터 최정화 작가의 'Golden Crown' 조각 작품을 만날 수 있고 로비에 자리 잡은 거대한 쿠사마 야요이의 작품인 'Great Gigantic Pumpkin', 그 위로 천장에 설치된 뮌(김민선, 최문선) 작가의 샹들리에 작품인 'Your crystal'을 만날 수 있다. 라운지에는 데미언 허스트Damien Hirst의 'Golden Legend' 작품이 자리해 있고 조명컬러가 계속 바뀌는 Paradise Walk를 통해 Plaza로 나가면 이름처럼 넓은 광장이 펼쳐진다.

영종도
파라다이스시티

❶ Kusama Yayoi의
'Great Gigantic
Pumpkin'

❷ Damien Hirst의
'Golden
Legend'

❸ Robert Indiana의
'Nine'

❹ Paradise Walk

　　2018년 아트스페이스를 개관하면서 상설전시실에서 세계적으로 유명한 제프 쿤스 Jeff Koons의 'Gazing Ball-Farnese Hercules' 조각 작품과 데미언 허스트의 'Aurous Cyanide' 대형 평면 작품을 선보였는데, 그 공간으로 들어가기 전에 박승모 작가의 'Venus'와 'Nike' 조각이 좌우로 설치되어 있다. 1층과 2층으로 나뉜 기획전시실에서는 다양한 전시가 열리고 있다.

　　플라자의 넓은 광장에서는 다양한 행사가 펼쳐지는데 주변에 레스토랑과 카페 편집숍들이 있고 다양한 아트작품들도 볼 수 있다. 특히 카우스 KAWS 작가의 6미터에 달하는 거대한 작품 'Together'가 먼저 눈에 띈다. 광장 1층에는 미국 출신의 팝아트 작가 로버트 인디애나 Robert Indiana의 'Love'라는 작품을 비롯해 'NUMBERS, ONE through

영종도
파라다이스시티

❶ PLAZA의 떡
만들기 체험코너

❷ KAWS의
'Together'

❸ Robert Indiana의
'Love'

❹ Jeff Koons의
'Gazing
Ball(Farnese
Hercules)'와
Damien
Hirst의 'Aurous
cyanide'

박승모의
'Nike'(왼쪽)와
'Venus'

ZERO'라는 숫자에 의미를 부여하고 이를 조각으로 제작한 작품이 풀바셋 매장과 일 포르노 Il Forno 레스토랑을 연결해주는 공간에 있다. 광장에서는 떡 만드는 체험공간도 마련되어 있어 이곳을 찾는 외국인들에게 한국적인 체험을 제공하고 있다.

2층에도 전시관이 있어 다양한 아트작품들이 곳곳에 펼쳐진다. 이곳의 부티크호텔인 '아트파라디소 Artparadiso'에는 백남준 작가의 작품 'Hitchcocked'가 있고 컨벤션에는 알레산드로 멘디니 Alessandro Mendini의 'Paradise Proust'라는 작품이 있다. 4.5미터 높이로 가장 큰 프루스트 의자인데 특히 이 작품은 한국의 전통적인 조각보를 모티브로 삼아 특별하게 디자인한 것이라고 한다. 알레산드로 멘디니는 우리나라에서 전시를 한 적도 있어 실제로 만난 적이 있는데 여기서 작품으로 만나니 너무 반가웠다. 이외에도 유명한 작가들의 작품이 곳곳에 펼쳐지는데, 보물찾기 하듯 작품 구경을 하게 되는 이곳은 호텔이 아니라 미술관이라고 해도 과언이 아니다.

광장에서 외부로 나가면 입구가 독특한 건물을 마주하게 되는데 바로 원더박스 Wonder Box이다. 밤의 유원지를 콘셉트로 한 화려한 컬러의 각종 놀이기구들이 가득한 실내 테마파크이다. 독특한 외관을 한 클럽 크로마 Chroma와 씨메르 Cimer라는 스파 건물이 있는데 내부에는 다양한 놀거리도 있어서 가족들이 많이 찾는 공간이다.

야외를 돌아다니다 보면 인도 출신의 세계적인 두 아티스트인 아니쉬 카푸어 Anish Kapoor와 수보드 굽타 Subodh Gupta의 시그너처 조각설치 작품이 멋진 앙상블을 이루고 있는 아트정원이 펼쳐진다.

파라다이스시티는 컬렉션 전시뿐만 아니라 지속적으로 다양한 전시를 기획해 선보이고 있는데 단순한 카지노 호텔이 아니라 예술을 호텔로 불러들여 그 공간의 가치를 높이고 꼭 가봐야 하는 명소로 만들고 있다.

최근에는 호텔에서 아트페어가 열리기도 하고 아예 예술작품으로 꾸미거나 미술관을 테마로 하는 공간들이 많아지고 있다. 이처럼 기업들은 예술작품을 상업공간으로 불러들여 기업이나 브랜드를 예술적인 이미지로 연결시켜 가치를 높이고 오프라인 공간 자체를 예술작품화하고 있다. 하지만 주의해야 하는 점은 아무런 관련이 없거나 의미가 없는 작품을 설치하거나 너무 예술적으로만 보이게 해서 가치만 높인다고 목적이 다 이루어지지는 않는다는 점을 상기해야 한다. 어쩌면 예술작품은 우리가 판매해야 할 제품의 얼굴이 될 수도 있지만 처음 만날 때 상호 소통하기 위한 하나의 소재가 될 수도 있다.

❶ Wonder Box 전경
❷ Chroma
❸ Sky Park
❹ Art Garden
❺ Wonder Box의 내부
❻ Sky Park의 이용백 작품 'GOETHE'

이야기를 걸고 싶어도 너무 도도한 얼굴을 하고 있다면 말을 걸기가 어려울 수 있다. 만약 특별한 목적 없이 보여주기만 하는 공간이라면 괜찮을 수도 있겠지만, 고객과 편안하게 만나려는 전략을 갖고 있다면 공간을 무작정 예술작품화하려는 시도는 잘못된 것일 수도 있다는 얘기다. 아이템에 따라 다를 수 있겠지만 그 공간의 이미지와 어울리고 표현하고자 하는 메시지에 맞는 예술작품을 선택해야 기업의 이미지와 잘 연결되게 연출할 수 있고 제대로 된 효과를 얻을 수 있다.

다양한 아이템을 하나의 테마로 기획하여 고객의 라이프스타일을 리드해가는 공간에 다 모으는 것, 즉 다양한 상품이나 브랜드를 모아 하나의 콘셉트로 전개하는 게 요즘 대세다. 또 고객들의 다양한 니즈를 하나의 공간으로 모아 모두가 공유함으로써 공간 사용을 극대화시키는 경우도 많아지고 있다.

한국의 젊은이들이 도쿄에 가면 가장 많이 방문하는 곳이 다이칸야마Daikanyama · 代官山에 있는 '츠타야Tsutaya 서점'이 아닐까 싶다. 전자상거래 기업인 아마존이 가장 먼저 시작한 온라인 판매는 서적인데, 전 세계적으로 서점이 사라져가는 위기 상황에서 일본 최대 서점 체인인 '츠타야'는 승승장구하며 그 세력을 넓혀 서점이라는 판매 공간에 희망을 주었다. 이곳은 1983년 오사카 히라카타시枚方市에서 처음 문을 열었는데 2011년 도쿄 다이칸야마에 T-SITE를 오픈하면서 우리나라에도 본격적으로 소개되기 시작했다.

다이칸야마 지역은 고급 주택가이고 감각적인 카페나 아기자기한 패션매장들이 많이 있는 지역으로 전체를 구경하려면 시간이 걸리기는 하지만 걸어서 산보하기에 좋은 지역이다. 츠타야는 이곳에 여러 상업시설들을 모아 복합공간으로 전개했는데, 세부적으로 들여다보면 서점 외에도 주차장과 레스토랑, 애견용품 매장, 피부 클리닉, 갤러리, 안경 매장, 사진 매장 등이 있다. 건물 외관은 T자를 활용해 디자인되었는데 '츠타야 서점'의 첫 번째 알파벳 표기를 가져와 T-SITE라고 했다.

T-SITE '츠타야 서점'_ 도쿄 다이칸야마

서점은 1·2·3동이 있는데 3동에는 스타벅스가 있고 커피를 마시면서 책도 볼 수 있는 여유 있는 자리가 마련되어 있다. 요즘에는 서점에 카페가 있는 경우가 일반화되었는데 그 시초가 된 것이 츠타야의 시도였다고 할 수 있다. 기존 서점의 경우 지하에 자리 잡고 있어서 외부와 차단되어 있는 경우가 대부분이고, 책을 진열하기 위해 창을 가리는 경우가 많다. 하지만 츠타야의 T-SITE는 서점 내부가 윈도우로 오픈되어 있어서 답답하지 않고 편안한 분위기에서 책을 읽고 고를 수 있으며 건물 전체가 밝고 따뜻한 분위기로 연출되어 있다.

이곳은 단행본·잡지·문고본 등으로 분류하는 기존 방식과는 달리 '여행Travel', '푸드 앤드 쿠킹Food & Cooking'처럼 테마별로 분류했는데, 예를 들어 여행 코너에서는 여행과 관련된 서적뿐만 아니라 여행과 관련된 여러 가지 제안을 한다. 또한 여행 관련 전문 컨시어지Concierge가 있어서 소비자가 원할 경우 여행 플랜을 짤 수 있도록 도와준다.

이곳 서점에서는 각 코너별로 서적만 있는 것이 아니라 책 속에 나와 있는 소품이나 기타 여러 가지 라이프스타일을 제안하고 있다. 지난해 방문했을 때는 서점의 "차·바이크" 전시코너에 관련 서적은 물론이고 자동차까지 전시되어 있었는데 바로 현대자동차였다. 현대자동차는 츠타야를 운영하는 컬처 컨비니언스 클럽CCC·Culture Convenience Club Co., Ltd과의 협업을 통해 일본을 넘어 아세안 등 글로벌 시장에서도 활용 가능한 체험 플랫폼을 만드는 것을 목표로 무공해차량Zero-Emission Vehicle·ZEV 서비스를 선보였다. 이것은 현대자동차의 목표와 츠타야의 라이프스타일 전개 의지가 맞아떨어진 것으로 상호 원원하는 전략으로 보인다.

T-SITE '츠타야 서점'_ 도쿄 다이칸야마

2층 Angin Library & Lounge는 1960~1970년대의 일본 서적은 물론이고 '도무스 DOMUS'나 '보그 VOGUE'처럼 세계적으로 유명한 희귀 잡지들까지 3만 종 이상 보유하고 있고, 럭셔리한 가죽 소파가 있는 라운지에서 커피나 알코올, 음식을 주문해 먹으면서 책을 볼 수가 있다. 음식도 주문해서 먹어봤는데 단순하면서도 꽤 고급스러운 맛을 지향하고 있다.

이곳의 특징 가운데 하나는 호텔과 같은 컨시어지를 두었다는 것인데 각 분야에 정통한 직원이 상품 매입부터 매장 구성까지 결정하여 라이프스타일을 제안하고 고객들에게 도움을 주고 있다. 예를 들어 일본에서 잡지사 편집장 자리까지 오르려면 꽤 오랜 시간 그 분야에서 일해야 하는데, 요리 코너의 컨시어지는 여성 잡지 편집장을 경험한 사람을 컨시어지로 두고 있다. 여행 코너의 경우에는 여행 가이드북을 20종 이상 출간한 여행 저널리스트가 컨시어지를 맡고 있다.

이 지역은 어찌 보면 평범한 동네 분위기를 느끼게 하지만 주민들의 연령대도 비교적 높고 고급주택가 지역이기도 하여 T-SITE는 지적 탐구심이 왕성한 성인들을 주요 목표로 삼았다. 바로 1970년대와 1980년대 일본의 고도성장을 이끌어낸 1947년에서 1949년 사이에 태어난 일본 베이비 붐 세대인 '단카이 세대'가 바로 그 타깃이다.

이 세대는 '프리미어 에이지Premier Age'인데 T-SITE는 이렇게 경제적으로 여유 있는 세대에 맞는 공간 계획과 내부 서비스 전략들을 기획했다. 다시 말해 여유로운 서비스 공간 및 다양한 시설들까지 포함하여 이곳을 설계했는데, 결국 이런 분위기가 이곳을 더욱 고급스러운 이미지로 보이게 한다.

츠타야의 서비스 전략은 단순히 판매 공간으로 초대하는 것을 넘어 소비자에게 라이프스타일을 제안하는데 이것은 일종의 서비스 혁신이라고 할 수 있다. 우리나라 서점들의 경우 판매자의 입장을 고려한 경우가 많지만 츠타야는 구매자의 입장에서 공간을 제안하고 있다.

이곳 건물은 클라인 다이섬 아키텍처Klein Dytham Architecture가 건축을 담당했고, 커뮤니케이션 디자인은 하라 켄야Hara Kenya, 그리고 크리에이티브 디렉팅은 이케가이 토모코Ikegai Tomoko가 맡았다. 하지만 이곳을 전체적으로 기획한 사람은 츠타야 컴퍼니의 대표이사이자 컬처 컨비니언스 클럽의 CEO 마스다 무네아키Masuda Muneaki라고 할 수 있다.

우리나라 서점에는 마스다 무네아키의 저서가 몇 종 있는데, 그는 《지적자본론》에서 고객가치의 관점에서 본 소비사회의 변화에 대해 얘기했다. 그는 1단계를 물건이 부족했던 시대로, 2단계는 상품이 넘쳐나는 시대로 보았는데 이때는 자본이 중요한 시대였다. 3단계인 현재는 수많은 플랫폼이 존재하기에 지적 자본이 중요한 시대로서 제안 능력을 뜻하는 '큐레이션Curation'이 중요해졌고, 기획이야말로 플랫폼을 개혁하는 것이라고 했으며 모든 사람이 디자이너가 되는 미래에 대해서 이야기했다.[17]

새로운 비즈니스는 없던 것을 새롭게 발명하는 것에서 찾아낼 수 있겠지만, 새로운 시각으로 고객에게 제안하는 것을 통해서도 생겨날 수 있지 않을까?

츠타야 서점은 책이라는 물건을 파는 것이 아니라 라이프스타일의 이미지를 판매한 다는 생각에서 출발해 공간뿐 아니라 다양한 요소들을 결합해 성공으로 이끌었다. 이때 결제 시 포인트가 적립되는 T-Point를 위해 여러 기업들과 협업하고 T-SITE를 위한 여러 분야의 기업·전문가·아티스트와 협업하며 스타벅스까지 도입했다. 또한 정부와 협업하여 다케오시武雄市를 위한 라이브러리를 만들어 타지 사람들까지 찾아오는 관광명소로 만들었다.

츠타야는 이후에도 일본 전역에 다양한 스타일로 자기만의 콘셉트를 전개했는데 그 중에서 또 하나의 사례는 도쿄 인근 후타코타마가와二子玉川에 있는 '츠타야 가전 Tsutaya Electronics'이다. 2,200평 규모의 너른 매장인 1·2층에는 츠타야가 있고, 3·4층에는 시네마 콤플렉스, 그리고 그 위에는 일본 인터넷 오픈마켓인 라쿠텐 본사가 있다.

도쿄의 시부야 역에서 시작해 이 지역까지 '비트 밸리 Bit Valley'라 부르는데 IT기업들이 많이 상주하고 있어서 일본의 실리콘밸리라고도 한다. 따라서 이 지역에 IT 종사자들이 많고 젊은 싱글이나 남자들이 많이 산다는 점에 착안해 이 지역의 주요 마케팅 대상을 설정했다.

이곳은 오픈 시간이 아침 9시 30분부터 저녁 10시 30분까지로 되어 있는데 이 지역 주변을 비롯해 시부야로 출퇴근하는 사람들이 퇴근 후에도 들를 수 있도록 늦게까지 오픈하고 있다. '비트 밸리'라는 특성을 살려 가정용 전자제품 매장을 오픈하면서 그 테마를 아트 앤드 테크놀로지 Art & Technology로 정했으며, 서점과 가전을 연결한 라이프스타일을 제안했다. 이곳 역시 다이칸야마의 컨시어지와 같은 라이프스타일 도우미를 두었다.

공간은 얼리어답터 Early Adopter를 위한 신상품 체험공간을 마련하고 서가 주변에는 안락한 의자들을 배치하였으며 노트북이나 카메라 및 기타 IT 관련 제품들을 매장에 전시하였다. 이곳은 단순히 가전을 보여주기만 하는 것이 아니라 좀 더 구체적인 제안을 했는데 기존 방식을 초월한 분류 기준을 설정하여 상품을 진열한 것이다. 예를 들어 '푸드 앤드 쿠킹 Food & Cooking' 코너에는 주방처럼 꾸며진 공간에 요리도구들과 요리 관련 책들이 같이 전시되어 있는데, 책을 읽다가 요리도구가 나오면 바로 근처에 전시되어 있는 실물을 보며 쉽게 이해하는 방식이다. 또 뮤직 앤드 사운드 렌탈Music & Sound Rental 코너와 모바일 기기 판매 및 서비스를 하는 공간은 Bar 스타일로 만들어 고객들이 이용하기 편리하게 했다.

또한 "남자도 요리를 하자!"라는 제안을 통해 이와 관련된 가전제품과 남성을 위한 요리책 등이 하나의 공간에 공존하는데, 이곳에서는 이벤트가 열리기도 한다. 예를 들면 "혼자 사는 남자들을 위한 밥짓기" 같은 실생활과 연결된 이벤트들도 만날 수 있다.

뷰티Beauty 공간에는 뷰티와 관련된 전자제품부터 관련 제품들이 연출되어 있고 웰니스Wellness와 관련된 제품 등 라이프스타일 제안 코너들이 테마별로 연출되어 있다. 플라워 매장은 로드 샵Road Shop 분위기를 연출하고 있는데 외부에서 매장에 바로 들어가기 쉽게 연결하여 답답하지 않은 느낌이다.

공간별로 전체적인 밝기는 직접조명보다는 간접조명을 사용해 부드러운 공간 분위기를 형성하고 팬던트 조명으로 포인트를 주었으며, 책을 보여주는 방식도 표지를 볼 수 있게 전면으로 진열하는 등 소비자가 보기 쉽게 연출했다.

이곳의 테마를 아트 앤드 테크놀로지라고 했는데 두 개 층의 공간이 예술적인 느낌과 IT적인 느낌 그리고 자연 친화적인 요소까지 갖추었다. 또한 코너별로 도서를 전시하고 책과 여유롭게 마주할 수 있는 동선까지 고려함으로써 편안하고 고급스럽게 보여지도록 했다.

기존의 가전제품 매장의 경우에는 TV·세탁기·에어컨 등 상품에 따라 구역을 나누고 다양한 기업의 제품을 한데 모아 고객의 선택을 유도한다. 국내 전자제품 매장에서도 브랜드별로 혹은 아이템별로 나누어져 있는데, 이 방식이 지배적인 이유는 판매자 입장에서 효율적이기 때문이다. 하지만 이런 방식으로는 온라인 매장과 차별점이 없다고 생각한 츠타야 가전은 자기만의 방식으로 라이프스타일을 제안하기 시작했다.

최근에는 IT업계를 비롯하여 전 세계적으로 코 워킹 스페이스가 유행이다. 이러한 트렌드를 반영하여 다이칸야마 츠타야의 경우도 일부 공간을 시간제 이용요금에 따른 쉐어라운지Share Lounge로 변신시켰다. 이것은 3동 2층에 위치하고 있는데 30분, 1시간, 1일 사용권 등 타임별로 개인 및 그룹 좌석제를 운영하고 있다. 서비스 또한 컨시어지가 선정한 책들도 같이 놓여 있어 트렌디한 책을 쉽게 선택할 수 있다. 또 전원이나 와이파이 등을 쉽고 편하게 사용할 수 있고, 음료나 간식은 물론 주류까지 마실 수 있어서 비용만 지불하면 편하게 시간을 보낼 수 있다. 츠타야 가전에서도 2층에 쉐어라운지를 만들어 운영하고 있는데 그곳을 이용하는 고객층을 배려한 가격제를 채택하여 이용료가 다이칸야마보다는 조금 더 저렴하다.

Tsutaya
Electronics _
후타코타마가와

이 공간을 쉐어라운지로 바꾸기 전에 츠타야는 도쿄 신주쿠에서 이미 다른 공간을 선보였는데 바로 '츠타야 북 아파트먼트 Tsutaya Book Apartment'라는 공간이다. 이 공간은 놀면서 일하고 쉬는 타임 쉐어 Time Share 공간으로 탄생했는데, 이곳은 도쿄 중심가이면서 사람들로 항상 붐비는 곳으로서 저녁이면 유흥가로 탈바꿈하여 우리나라 홍대 지역처럼 젊은이들이 많이 몰려든다. 사실 이 건물이 위치한 곳은 임대료가 너무 비싸서 레스토랑이나 주점들은 감히 1층이나 2층 같은 곳을 빌리기 어렵다. 지하철이나 전철이 끊기면 택시비도 비싸고 숙박시설 이용도 어렵기에 이곳에 여성들에게는 꼭 필요한 것을 기획했다고 볼 수 있다.

1층에는 패밀리마트, 2·3층에는 북 라운지와 스타벅스, 4층에는 북 라운지와 북 아파트먼트 코워킹 스페이스가 있으며, 5·6층에는 츠타야 북 아파트먼트가 있는데 6층은 여성전용이었다. '책'을 테마로 새로운 라이프스타일을 펼쳐 놓은 이곳은 이용 시간으로 요금을 계산하는데, COVID-19의 영향으로 2024년 2월 말 현재는 폐점을 한 상황이다. 하지만 고객과 지역의 특징을 적극적으로 고려하여 공간을 기획했다는 점에서 다이칸야마 츠타야의 쉐어라운지 기획은 의미 있다고 볼 수 있지 않을까?

츠타야는 기존의 상식에서 벗어나 기획 단계에서부터 다양한 요소들을 철저히 분석한 뒤 아이템들을 적절한 주제나 테마와 연결시켜 스토리를 생산하는 방식, 즉 함께해서 빛이 나는 공간을 만들어 이미지 경영을 하고 있는 좋은 사례라고 할 수 있다.

함께해서 더욱 빛나는 공간으로 코워킹 스페이스 Co-Working Space를 빼놓을 수 없다. 최근 업무 공간에 있어서 두드러진 특징은 코워킹 스페이스 수요가 더욱 증가하고 있다는 사실이다. 한 지붕 아래 다양한 분야의 사람들이 모여 일하는 코워킹 스페이스는 전 세계적으로 빠르게 확산되고 있다. 젊은 세대에서 창업을 꿈꾸는 디자이너와 IT종사자 등이 늘어나면서 코워킹 스페이스가 새로운 일터로 주목받고 있는 것이다. 그 중에서도 아담 노이만 Adam Neumann이 이끌었던 '위워크 WeWork'는 뉴욕에서 시작해 전 세계로 공유오피스를 확장하며 주목을 받았다.

호텔 같은 편안한 업무 공간을 비롯하여 다양한 디자인의 회의실이나 휴게 공간 등 구글 Google에서 시작된 대형 IT 관련 회사들의 장점들을 공유오피스에 적용한 위워크는 사용하기 편리하면서도 세련된 사무실을 만들었다. 그 결과 위워크는 활발한 소통과 창의적 아이디어를 유도하면서도 편안한 분위기를 느낄 수 있는 공간으로 주목받았다. 손정의 소프트뱅크 회장을 비롯한 투자자들이 위워크를 높이 평가했던 이유는 이 회사가 프리랜서나 작은 스타트업 종사자들에게 공동체 의식을 심어주며 "일의 새로운 패러다임을 만들 것"이라 기대했기 때문이었다.

위워크는 전 세계 800개 이상의 지점을 가진 공유오피스 서비스 기업으로 성장했고 런던과 뉴욕, 워싱턴DC에서 가장 많은 사무실을 보유한 기업이 되었다. 사무실을 대규모로 장기 임대한 뒤 개인이나 기업에게 단기로 재임대하는 공간 공유 서비스기업으로 성장한 것이다. 하지만 운영비용과 사무실을 임대하고 멋진 공간을 꾸미는 데는 막대한 비용이 들어간다. 교통이 편리하고 접근성이 좋은 곳을 선정하다 보니 임대료가 비쌀 뿐만 아니라 전기, 수도 관리비, 보험과 보안, 회원을 위한 간식과 커피, 맥주, 와이파이 등에 이르기까지 공간 관리비가 만만치 않기 때문이다.

위워크는 한국에도 진출했는데 고객이 원하는 오피스 규모에 맞출 수 있도록 다양한 맞춤서비스부터 선택 가능한 공간 옵션이 있다. 전 세계 어디서든 자유롭게 사용할 수 있는 프로그램은 위워크가 전 세계적으로 많기 때문에 그 부분은 매력적이라고 볼 수 있다. 국내에서도 상업용 건물의 빈 곳만 있으면 만들 수 있다는 점 때문인지 코워킹 스페이스 기업들의 경쟁이 점점 더 치열해지고 있다. 하지만 이제는 공간만이 아닌 콘텐츠 부문에도 신경을 쓰지 않으면 안 되게 되었다.

국내1위 공유오피스 업체로는 2015년 설립된 '패스트 파이브 Fast Five'가 있다. 2024년 1월 기준 44개 지점이 있고, 스타트업 기업부터 대기업까지 회사의 규모, 직원 수에 맞춰 다양한 규모와 니즈에 맞는 사무공간을 제공하고 있는데 매력적이고 차별화된 인테리어와 다양한 네트워킹 프로그램을 구비하고 편리하게 이용할 수 있도록 주로 지하철역 가까운 곳에 위치하고 있다.

코워킹 스페이스는 멋진 공간을 제공할 뿐만 아니라 소비자들이 진정으로 원하는 것이 무엇인지 파악하고 그 공간에 소속된 사람들의 자아실현 욕구를 채워줄 수 있어야 한다. 최근에는 테마가 있는 특화된 전문분야의 코워킹 스페이스가 주목받고 있는데 '무신사 스튜디오 Musinsa Studio'가 그런 곳이다. 무신사는 '무지하게 신발 사진이 많은 곳'이라는 프리첼 커뮤니티로 시작해, 현재는 우리나라 온라인 패션 커머스를 대표하는 기업들 가운데 하나가 되었다.

2018년 6월 무신사는 패션을 특화한 공유오피스인 무신사 스튜디오를 세운 뒤 동대문디자인플라자와 청계천이 있는 패션 메카 현대시티타워에 1호점을 오픈했다. 무신사 스튜디오는 패션 커머스 회사가 패션을 특화해서 만든 공유오피스이기 때문에 패션 분야의 일을 하는 사람들에게는 무엇이 필요하고 또 어떤 공간이 필요한지 너무나 잘 알고 있어 패션 분야에 특화된 공간을 만들어 냈다고 할 수 있다. 이 패션 특화 공유오피스는 업무 공간 외에도 신상품을 미리 선보이는 수주회나 컨퍼런스, 쇼케이스 행사가 가능한 쇼룸을 만들었다. 쇼룸천장은 바리솔 스트레치 실링을 사용해 심플하고 밝은 느낌의 천장 조명 마감을 했는데, 패션회사답게 전체적인 공간은 블랙·화이트·그레이를 사용해 세련되게 만들었다. 의상 디자인, 패턴, 실측 작업 등에 용이한 넓은 작업대가 있는 워크룸과 휴식 공간인 라운지가 있고 서울 도심 전망이 보이는 창가에 소파와 테이블을 배치했는데, 편안한 느낌을 주기 위해 소재 또한 주로 패브릭을 많이 사용했다.

무신사 스튜디오
동대문1호점 _ 서울

이 공유오피스의 사무공간으로는 대형 모니터 등 프레젠테이션 기기 등이 설치된 15인용 회의 공간, 빔 프로젝터나 스크린을 활용할 수 있는 최대 30명까지 수용 가능한 세미나 공간이 있다. 그밖에 맥주와 커피, 전자레인지, 냉장고, 정수기 등 캐주얼한 조리와 취식이 가능한 공간인 구내식당이 있는데, 스테인리스로 만들어진 플라워 박스가 이곳을 신선하고 모던한 공간으로 느끼게 한다.

무신사 스튜디오
동대문1호점 _ 서울

자세히 들여다보면 국내외 패션, 라이프스타일 등 최신 월간지가 구비된 공간인 매거진 존을 갖추었으며, 재고 관리 및 패킹 작업을 위한 적재 공간인 창고의 문을 금속망으로 만들어 감각적으로 표현했다. 2~22인까지 독립된 전용 업무공간은 테이블 상부에 선반을 배치해 좁은 공간의 효율을 높였고 1인 기업을 위한 전용 데스크 및 자율데스크도 있다. 특히 촬영스튜디오, 고휘도 조명이 설치된 메이크업 공간, 전신 거울이 비치된 피팅룸, 복합기와 기본 사무용품이 비치된 공간이 주목할 만하다. 또한 패션·라이프스타일·아웃도어 등 다양한 해외 서적이 비치된 라이브러리 공간을 비롯해, 재봉틀·다리미 등이 비치되어 수선 작업이 가능한 공간인 재봉실, 패턴실, 넓은 작업 테이블이 놓인 포장 공간, 택배 상하차 구역과 인접한 패킹 존 등이 있다.

패션 특화 오피스로서 패션비즈니스를 추진하기에 용이한 곳에 자리를 잡은 무신사 스튜디오는 패션업계 종사자들의 니즈를 파악해서 협업이나 교류는 물론이고 꼭 필요한 서비스와 멋진 공간을 제안함으로써 시너지를 얻고 있다. 최근에는 젊은이들이 많이 모이는 성수동·한남동·신당동에도 지점을 만들어 총 6,000여 평에 3,000여 명이 업무를 진행할 수 있는 공간을 구축해 패션 특화 커뮤니티로 출발한 기업으로서 다양한 프로그램으로 패션 분야를 선도하고 있다.

무신사 스튜디오
동대문1호점 _ 서울

최근 함께 사는 것을 의미하는 코리빙이라는 공간이 등장했는데 이는 Cooperative 함께와 Living 살기의 합성어이다. 한마디로 코리빙이란 침실 등은 개인 공간으로 쓰되, 거실·주방 등을 타인과 공유하는 일종의 기업형 임대주택을 의미한다. 최근 1인 가구가 급증하고 있는데, 이로 인해 라운지나 주방 헬스장 등 다양한 시설들을 공유하고 커뮤니티로 소통하는 이런 공유공간들이 대학생이나 직장인 등 1인 가구 거주자들 사이에서 각광받고 있는 것이다.[18]

국내 기업 중 '맹그로브 Mangrove'라는 뉴리빙 커뮤니티 브랜드는 숭인·신설·동대문·신촌 등 도심은 물론이고 강원도 고성에서도 지점을 운영하고 있는데, 도심을 떠나 자연과 가까운 곳에서 일하기를 원하는 직장인에게도 인기가 있다. 단기 체류를 하며 문화 공유를 원하는 외국인들도 아고다 Agoda 같은 호텔예약 플랫폼 등을 통해 이용하고 있다고 한다. 도심은 주거비가 비싸고 안전에 대한 부분이 걱정되는데 이곳은 여러 시설을 공유하면서도 안전하다는 느낌을 받는다.

프랑스 파리에 있는 데스코폴리탄 Deskopolitan의 경우에도 코워킹 스페이스를 운영하고 있는데, 볼테르 Voltaire 지점의 경우에는 정원이 있는 숙박 공간도 마련했다. 이밖에도 위워크 CEO였던 아담 노이만도 신규 사업으로 주택공유 회사인 플로우 Flow를 운영하고 있다.

이제 주택도 공유하는 시대이다. 혼자가 아니라 함께하면서 같이 성장하는 시대라는 얘기다. 혼자서 모든 것을 완벽하게 준비할 수 없을 경우 이렇게 공유함으로써 목적한 바를 이룰 수 있다. 다양한 분야에서 같은 목표를 가진 사람들이 모여 함께 꿈꿀 수 있는 공간이 앞으로 더욱 많아지지 않을까?

3장 _____ 테마로 말하는 공간

독특한 주제로 기획해서 고객에게 또 다른 가치를 제공하는 공간들이 많이 생겨나고 있는데, 이때 그 주제는 소비자의 라이프스타일을 리드하고 미래 지향적 방향을 제시해야 한다. 예를 들어 런던에 있는 자동차 미니 Mini 스토어 같은 경우도 자동차 미니와 영국의 느낌을 테마로 매장에 자동차와 어울리는 라이프스타일을 제안하기도 했다.

이렇게 단순하게 판매를 위한 직접적인 제안도 있지만 간접적인 제안으로 실효를 거두는 경우도 있는데 이는 '현대카드'의 사례에서 잘 드러난다. 현대카드는 공간을 활용한 라이브러리를 '디자인 라이브러리 Design Library', '쿠킹 라이브러리 Cooking Library', '뮤직 라이브러리 Music Library', '아트 라이브러리 Art Library' 등의 테마로 만들어 소비자의 라이프스타일을 리드하며 현대카드의 효용성을 높이는 전략을 사용하고 있다.

기존의 카드 회사가 마케팅을 할 때 누구나 가입할 수 있도록 하는 카드발급이나 광고에 중점을 둔 마케팅을 펼쳤다면, 현대카드는 자체 은행도 없고 후발 카드사로서 성장하기 위해 차별화된 전략이 필요했다. 카드 디자인에 있어서도 세계적으로 유명한 산업 디자이너인 카림 라시드 Karim Rashid를 기용해 독특한 디자인으로 차별화했고 점차 공간을 활용한 이미지 경영으로 차별화된 전 략을 펼치고 있다. 또한 2008년 여의도 오피스에 "창의적인 놀이터"라는 콘셉트로 업무공간을 만든 뒤 공간을 통해 표출되는 현대카드·현대캐피탈만의 아이덴티티 Identity로 '창조'와 '혁신'이라는 키워드를 내세웠다. 이러한 조직 문화와 근무 환경을 바탕으로 그 동안 다른 금융권에서는 좀처럼 찾아볼 수 없었던 창조적 금융상품과 혁신적 마케팅, 과학적 분석기법 등을 탄생시켰는데 이는 당시 다른 회사의 임원들과 CEO들이 찾아가 볼 정도로 큰 이슈가 되었다.

현대카드가 2013년에 제안한 '디자인 라이브러리Design Library'는 삼청동의 한옥을 활용하여 리모델링해 오픈했는데 "디자인 도서관" 이라는 주제로 디자인 관련 전문 서적과 다양한 행사들이 열리는 공간이다. 입구에서 볼 때는 외관과 간판이 쉽게 눈에 띄지 않지만, 내부로 들어가면 마당을 중앙에 두고 그 주위로 공간들이 배치되어 있다. 이곳은 현대카드 회원만 들어갈 수 있고 체크인을 현대카드로 하게 되어 있는데, 현대카드를 소지한 고객들의 자부심을 높여주는 것을 목표로 삼아 고객들의 충성도를 높이기 위한 전략으로 진행되었다고 볼 수 있다.

라이브러리에는 1만 5,000권이 넘는 디자인 전문서적이 있는데, 전체 장서의 70퍼센트가 희귀서적으로 구성되어 있으며 일러스트나 만화 관련 자료들도 비치되어 있다. 1층에는 오픈된 공간이 있는데 기획전시 및 다양한 행사와 전시들이 열리고 카페도 있어서 차를 마시며 책을 읽고 사색까지 하면서 몰입과 영감을 얻을 수 있는 휴식공간으로 만들어졌다. 이곳의 또 다른 특징은 도서를 선정하는 북 큐레이터 전문가들이 있다는 것인데, 전문가들이 엄선한 디자인 관련 도서들을 만날 수 있다.

내가 가장 좋아하는 공간은 한옥이 있는 부분인데, 한옥 느낌을 살리면서도 모던하게 구성하여 한옥을 재해석한 느낌이 들도록 서까래를 살려 그대로 사용했다. 그 벽면은 하얀색이 돋보이는데, 창문도 한지를 사용하여 심플하게 연출한 이 공간에서는 북스터디도 가능하다. 그야말로 북촌이라는 지역에 와있음을 느끼게 해주는 공간이라 할 수 있다.

이태원을 지나가다 보면 디귿자를 세워 놓은 듯 게이트를 닮은 뻥 뚫린 건물이 나온다. 공간을 막지 않고 과감히 오픈해서 한남동이 훤히 내려다보이면서도 이태원의 특징인 비탈길 언덕을 잘 살린 공간이 있는데, 이곳이 바로 현대카드의 '뮤직 라이브러리Music Library'와 '언더 스테이지Under Stage'가 있는 곳이다.

이 뮤직 라이브러리는 장르별로 선별한 1만여 장의 바이닐Vinyl·레코드판과 전 세계에서 수집한 희귀 LP판을 갖춘 공간이다. 원하는 바이닐을 직접 턴테이블로 감상할 수 있는데, 이곳 역시 카드소지자만 들어갈 수 있는데 밤에는 화려한 조명으로 시선을 유도하여 이태원을 밝히는 명소가 되었다.

현대카드 'Music
Library' _ 서울

뮤직 라이브러리 바로 아래에 있는 언더 스테이지는 국내 최고 수준의 음향 및 조명
을 갖추고 다양함과 다름으로 새로운 음악 생태계를 만들고자 하는 현대카드의 정신을
잇는 공간이다. 스튜디오에는 음악을 연주할 수 있는 악기들이 세팅되어 있고 언더 스테
이지 공간에서는 빈티지한 느낌과 블랙 톤 그리고 온갖 조명들이 구비되어 있어서 어떤
연출도 가능하여 다양한 공연과 행사들이 열리도록 했다. 또한 뮤직 라이브러리 옆쪽에
는 '아트 라이브러리 플러스 바이닐 앤드 플라스틱Art Library + Vinyl & Plastic'이 있는데,
이곳은 바이닐을 판매하는 공간이자, 스트리밍이 아닌 실제 음악을 보고 듣고 만질 수
있는 체험형 공간으로서 1층에는 누구나 들어갈 수 있다.

입구로 들어서면 목재 팔레트로 연출한 디스플레이, 천장의 조명이나 소품들이 노출
콘크리트 위에 약간은 빈티지한 느낌으로 연출되어 있다. 곳곳에 숨겨진 새로운 장르와
아티스트를 발견하는 즐거움을 경험하고, 켜켜이 쌓인 바이닐을 넘기는 설렘이 있으며
한쪽에 마련된 턴테이블에서 음악을 들어볼 수도 있다. 2층은 회원만 들어갈 수 있는 아
트 라이브러리로 변신했다. 여기에는 다양한 종류의 아트 관련 서적이 구비되어 있고 책
을 읽을 수 있는 긴 테이블도 있다. 이 특별한 라이브러리에서는 이태원과 한남동 거리
를 눈에 담을 수 있는데, 이곳에서 하루 종일 시간을 보내고 싶을 만큼 편안하게 연출되

어 있다. 안쪽으로 들어가면 무빙 이미지룸 Moving Image Room이 나오는데, 애플컴퓨터가 놓여 있는 1인용 테이블 5개가 있는데 여기서는 무선 헤드폰을 끼고 아트 영상을 볼 수 있다. 아이디어가 필요할 때 방문하기 좋은 공간이다.

❶ 현대카드
'Art Library +
Vinyl & Plastic'
전경 _서울
❷ 현대카드 Storage

아트 라이브러리를 나와 외부 계단을 내려가면 현대카드 '스토리지 Storage'가 있는데, 내부로 들어서면 안내 데스크가 있고 전시를 관람하며 계단을 내려가면 된다. 이태원 건물의 묘미를 느낄 수 있는 공간이다. 이 스토리지는 전형적인 갤러리의 화이트 형식을 탈피하여, 가공되지 않은 채 남아 있는 콘크리트의 모습을 하고 있다. 여기서는 회화·사진·설치 등 다양한 현대미술 장르를 비롯하여 건축·디자인·필름 등을 포괄하는 폭넓고 실험적인 전시를 관람할 수 있다. 이태원의 이 공간들에서 2022년 시작한 "다빈치모텔"이라는 프로젝트를 2023년에도 진행했는데, 각 분야의 아이콘으로 통하는 이들과 관객들이 소통하는 새로운 형태의 흥미와 재미를 유발하는 페스티벌을 열기도 했다.

도산공원 근처에 오픈한 쿠킹 라이브러리는 가장 일반적이고 친숙한 주제인 요리와 관련된 감각적인 경험을 제공하고 있는데, 책을 읽고 요리를 하고 음식을 즐기기까지 영감을 가득 채워줄 수 있는 공간이다. 1층에는 제철 식재료로 만든 캐주얼 다이닝 델리가 있고, 다양한 쿠킹 도구들과 요리 레시피는 물론이고 재료들과 잘 어울리는 와인들이 같이 전시되어 있는데 재료들을 바로 맛볼 수도 있다. 그날그날 판매하는 빵과 메뉴를 선보이는 '델리의 테이블'이 있는데 기다란 테이블 하나와 외부에 자리한 몇 개의 테이블이 고객을 기다린다. 모르는 사람들도 한 테이블에서 요리에 관련된 얘기를 나눌 수 있는 이곳에서는 음료나 간단한 식재료들을 판매하기도 한다.

2층에는 요리와 관련된 다양한 쿠킹 프로그램과 함께 1만여 권의 쿠킹 책과 오픈된 요리책, 그리고 관련 레시피 전시공간에 세계적인 향신료들까지 전시되어 있다. 다양한 식재료들을 맛보고 향을 맡아 볼 수 있으며 테스트까지 해볼 수 있다. 요리에 흥미가 있는 사람은 물론이고 모두가 요리에 관심을 가질 수 있도록 구성되어 있으며 설명서도 자세하게 써있다. 또한 관심 있는 재료에 대한 설명서는 자유롭게 가져올 수 있도록 프린트까지 되어 있는 유익한 공간이다.

3층에는 카드소지자만 체크인이 가능한 자료실과 셀프로 요리를 만들어볼 수 있는 쿠킹 스튜디오가 있다. 그 옆에는 프라이빗 다이닝인 그린하우스가 있는데 쿠킹 스튜디오에서 만든 음식을 여기서 맛볼 수 있다. 이어지는 루프 탑 가든에서는 허브나 제철 야채들이 자라고 있는데, 이곳은 보고 맛보고 느끼며 요리를 체험하는 쿠킹 라이브러리라고 할 수 있다.

또한 현대카드는 여의도에 현대카드를 생산하는 스마트 팩토리인 '현대카드 팩토리 Hyundai Card Factory'를 만들었는데, 최첨단 공장 및 공장 굴뚝의 모습을 형상화한 조명 오브제 연출로 공장 느낌과 미래적 느낌이 어우러지도록 했다.

스마트 팩토리라는 공간을 경험하면서 카드를 받아가게 되면 카드에 더 애착이 생기고 충성심이 생길 거라 기대할 수 있다. 다시 말해 카드를 수령하기 위해 방문한 고객에게 카드가 만들어지는 과정까지 자연스레 보여줌으로써, 고객과 지속적으로 소통하려 한다는 사실을 느낄 수 있도록 한 것이다. 현대카드의 이러한 테마 라이브러리 프로젝트는 단순히 카드를 발급하고 사용하기를 바라는 것을 넘어 현대카드가 추구하는 가치를 잘 보여준다. 다양한 테마로 기획된 라이브러리를 통해 지적인 휴식을 경험하고 더 큰 만족감을 느끼게 되면 브랜드에 대한 고객들의 충성도는 점점 더 높아질 수밖에 없을 것이다.

이렇게 테마를 가진 다양한 복합문화공간들이 많이 생겨나고 있는데, 기업의 입장에서는 브랜드 가치를 올릴 수 있고 고객의 입장에서는 다양한 경험을 통해 삶의 질을 높이는 계기가 되고 있다.

4장 ——————————— 오감으로 느끼는 감성

오프라인 상업공간에서는 고객이 계속 방문하도록 하기 위해 공간 전체의 분위기는 물론이고 영상·음악·소리·냄새에 가상현실Virtual Reality과 증강현실Augmented Reality 등의 첨단기법들까지 활용한다. 다시 말해 인간이 느낄 수 있는 모든 감각, 즉 오감을 통해 만족을 느낄 수 있도록 하는 감성 체험서비스를 기획하게 된다. 최근에는 이런 감성을 이용한 마케팅이 더욱더 늘어나고 있는데 결국 감성마케팅은 인간의 감성에 초점을 맞추는 마케팅 기법이라 할 수 있다.

예를 들어 '아마존 스타일Amazon Style'이나 '자라Zara' 같은 패션브랜드, '세포라Sephora' 같은 뷰티 브랜드의 경우에도 판매 공간에 가상현실이나 증강현실을 활용한 새로운 기법들을 도입해서 고객들에게 체험서비스를 선보이고 있다. 특히 영화관에서는 최첨단 기법을 많이 활용하고 있는데, 2023년에 개봉한 〈아바타: 물의 길〉의 경우 3D·4D·IMAX 상영관은 예약이 힘들 정도로 사람들이 많이 몰렸다. 3D 상영관이 관련 효과를 느껴볼 수 있는 안경을 통해 입체적인 느낌을 제공한다면, IMAX 상영관에서는 상대적으로 더 넓은 스크린을 통해 일반 상영관에 비해 공간감을 더욱더 즐길 수 있다. 4D 상영관에서는 3D 효과에다 물이나 바람, 냄새, 액션에 따른 좌석의 움직임 등 특수효과를 통해 오감을 자극하는 경험까지 다양하게 제공한다. 사람들은 현장에서 즐기는 새로운 경험을 다른 사람에게 자랑하는 특성이 있기에 상영관을 찾은 관람객의 오감을 만족시키는 일은 대단히 중요하다.

하지만 인간의 감성을 만족시키려 할 때 최첨단 기술이 반드시 들어가야만 하는 것은 아니다. 일부러 짜놓은 각본 같은 최첨단 기술보다는 우연히 발생한 시각적 효과나 코를 자극하는 냄새, 공원을 걷다가 들리는 자연스런 새소리, 혹은 갑자기 내리는 눈이나 비가 우리들의 감각 세포를 깨우며 감성을 끄집어낸다.

우리 주변에서 가장 가까운 감성적인 공간을 떠올리라고 하면 우리는 주저 없이 카페를 떠올릴 것이다. 우리나라의 커피 소비패턴은 카페 수만 봐도 알 수 있는데, 어느 정도 규모의 건물에는 반드시 카페가 자리할 만큼 커피 문화는 우리의 필수적인 생활패턴으로 자리 잡았다. 우리나라는 세계 최대 규모의 커피 시장으로 등극한 지 오래되었는데, 관세청 무역통계를 보면 2022년 1~11월까지 커피 수입액은 11억 9,035만 달러로 전년과 비교해 45.1퍼센트나 증가했다고 한다. 폐업하는 오프라인 매장들도 많지만 한국농수산식품유통공사 식품산업통계정보시스템에 따르면 국내 커피, 음료점이 4년 만에 2배 이상 급증해 10만 곳에 육박한다고 한다.[19] 특히 새로움과 즐거움을 찾는 MZ세대들에 의해 특색 있는 카페들이 많이 생겨나고 있는데, 전망이 좋은 곳에 위치하거나 대형 베이커리 카페들이 인기를 누리고 있다.

파주의 '문지리 535카페'는 대형 식물원이라고 해도 될 것 같은 카페이다. 1층 레이아웃은 실내식물원을 산책하는 듯한 느낌이 들도록 산책로 주변에는 야자수를 비롯한 열대 식물들로 구성되어 있다. 2층으로 올라가면 넓은 소파들이 놓여있는 공간이 나오는데 탁 트인 유리창 너머로 넓은 들판과 멀리 임진강을 바라보면서 편하게 힐링할 수 있도록 창을 향해 소파가 배치되어 있다. 테이블과 의자가 놓여있는 공간이 한쪽에 있고 2층에서 1층 식물원을 바라볼 수 있는 공간도 있다. 음식과 음료의 맛도 괜찮지만 강과 식물원을 바라보며 충분한 쉼을 누릴 수 있어 전체 공간 어디서든 만족할 수 있도록 되어 있는 것이 특징이다.

고양시에 있는 '포레스트 아웃팅스 Forest Outings'의 경우에는 전망이 좋지는 않지만 넉넉한 주차장과 대형 식물원 콘셉트로 시선을 온전히 내부로 끌어들인 카페라고 할 수 있다. 빨간 벽돌 건물 1층으로 들어서면 어마어마한 규모의 녹색 식물들이 눈에 들어오고, 분수와 함께 물 흐르는 소리와 새소리가 식물원에 들어온 것을 환영하듯 반긴다. 중앙에 있는 구름다리는 건너편으로 건너갈 수 있도록 되어 있고, 뚫려 있는 높은 천장에서는 원형의 조명들과 유리 사이로 햇살이 쏟아져 들어온다. 2층으로 올라가려면 목조로 이루어진 넓은 계단식 공간을 거쳐야 하는데 이곳은 다양한 행사들이 가능할 것 같은 공간이다.

1층에서 주문한 빵과 커피를 가지고 2층으로 올라가 실내 정원 전체가 내려다보이는 곳에 자리를 잡은 뒤 주문한 음식을 사진으로 담고 SNS에 공유하며 맛있는 음식과 커피를 음미하면, 공간이 주는 만족감부터 입에서 느껴지는 미각에 이르기까지 우리의 오감은 만족감으로 가득 찬다.

파주의 '모쿠슈라 프렌치 카페' 역시 베이커리 카페로 프렌치 스타일을 지향한다. 이곳은 공릉저수지 앞에 자리 잡고 있는데 카페 뒤로 낮은 산이 있는 앞뒤 전망이 좋은 카페이다. 아치 Arch를 이용한 1층 입구의 기둥과 디자인에서 프렌치 스타일을 모던하게 표현했다는 것을 느낄 수 있고, 풍선 조명을 띄워 놓은 아이들을 위한 공간이나 조형물, 가족 화장실 디자인에서 느껴지듯 카페 이름 모쿠슈라 Mochuisle는 게일어로 "나의 사랑, 나의 가족"이라는 뜻이다. 이름에서 짐작할 수 있듯이 이 카페는 가족 나들이를 위한 공간으로 기획된 것이다.

2층에서는 카운터로 가는 동선에 매일 새로 만들어지는 빵과 디저트들이 전시되어 있어 음료보다 먼저 고르게 된다. 프렌치 스타일의 공간에 들어온 터라 자연스레 바게트나 크로와상을 떠올리게 되는데, 개인적으로 크로와상 샌드위치는 파리의 감성을 떠올리기 충분했다. 이곳은 전체적으로 프렌치 스타일을 지향하지만 모던하고 심플하게 연출되었는데, 건물 중간에 커다랗게 뚫려 있는 보이드 Void 공간 천장에 커다란 블루컬러의 샹들리에와 두 개의 투명 샹들리에가 매달려 있고 유리천장에서 내려오는 빛이 내부 공간으로 쏟아진다.

2층에도 좌석이 있지만 엘리베이터를 타고 3층과 4층으로 올라가서 커다란 창을 통해 내다보는 바깥 풍경은 우리의 시각을 자극한다. 온전히 사계절을 느낄 수 있는 공간으로 모처럼의 나들이에서 힐링을 느낄 수 있는 감성 공간이다.

이처럼 전국적으로 다양한 콘셉트의 카페들이 인기를 누리고 있는데, 이런 카페들은 그 지역을 방문하면 꼭 가봐야 할 관광명소가 되기도 한다. 가수 버스커 버스커가 '여수 밤바다'라는 노래를 불러 여수를 더욱 낭만적이고 감성적인 관광지로 거듭나게 했다. 여수 바다의 카페들 가운데 전망 좋은 곳에 위치한 '모이핀 Moifin'은 핀란드어로 "안녕, 핀란드"라는 의미를 담고 있다고 한다. 이곳은 바닷가에 자리 잡고 있는 하얀색 건물에 탁 트인 전망의 오션 뷰 카페인데 바다의 내리막을 이용한 건물이 계단식으로 층을 이루고 있다. 바다에서 불어오는 바닷바람을 통해 느껴지는 바다냄새가 카페 내부로 들어가기 전에 이미 우리의 감각을 자극한다.

주차한 뒤 카페로 들어서면 바로 3층인데, 입구가 3층인지라 키오스크에서 주문을 하고 아래층으로 내려가면 바다를 바라보며 머물 수 있는 공간이 나온다. 여기서 뒤돌아 보면 핀란드 숲을 주제로 하는 '핀 포레스트' 미디어 전시관이 있는데, 높은 천장에는 조명이 없는 대신 바닥에 놓인 오브제의 조명과 벽면의 영상이 조명 역할을 한다. 의자는 등받이가 없는 라운드 벤치 스타일로 되어 있어 이 공간에 오래 머물기는 어려울 수도 있다. 하지만 신선하면서도 특색 있는 공간 연출을 통해 주문한 빵이나 음료를 먹고 마시며 영상을 즐길 수 있는데, 음료 자체도 독특하고 맛이 있어 다른 곳과 차별화된 미각을 자극한다.

이곳에서 가장 인상적이었던 공간은 하얀색 벽으로 된 심플한 공간이었는데, 그 공간이 미처 다 담지 못하는 대자연의 모습을 웅장한 사운드와 함께 영상으로 처리해 벽면에 투사하는 식으로 극장처럼 연출한 곳이었다.

안쪽으로 들어가면 계단이 보이고 계단 위에 거울이 설치된 화이트 콘셉트의 작은 공간이 나오는데, MZ세대가 사진을 찍으며 즐길 수 있는 포토존으로서 엔터테인먼트 요소를 그 공간에 가미해 구석진 공간까지도 놀이공간으로 만들었다.

루프 탑에 올라가면 바닷바람과 탁 트인 바다에서 오는 시원함과 주변의 풍경들로 도시에서는 접하지 못하는 감성을 느낄 수 있게 하고, 아래쪽에 펼쳐져 있는 파라솔과 벤치들이 이국적인 느낌을 더한다.

Moifin _ 여수

내가 부산을 가게 되는 경우는 일 때문이거나 외국에서 친구들이 방문했을 때 정도이다. 부산에 가면 봐야 할 곳도 너무 많고 예쁜 곳들도 무척 많다. 해운대 해변열차, 복합문화공간인 F1963, 광안리 민락더마켓을 비롯하여 영도 쪽 카페들과 감천 벽화마을 등 볼거리가 너무 많아서 일정 내에 다 돌아보려면 굉장히 바쁘다. 그중에 아난티 리조트가 있는 기장 쪽은 한 번씩 가게 되는데 특히 미니멀하면서도 감성적이라 찾는 곳이 있다. 미니멀하다고 뭐가 빠진 게 아니라 오히려 특별한 감성을 느낄 수 있기에 작은 카페의 경우 미니멀리즘을 적용한 곳들이 인기가 있다.

'카페 베이스 Café Base'는 연화리라는 바닷가에 위치하고 있는데 규모는 아주 크지는 않지만 과거에 회센터와 인연을 맺었을지도 모를 듯한 건물을 카페로 바꾸어 놓은 공간이다. 건물 외관을 보면 기존의 형태는 그대로 두고 베이지 톤으로 마감했다. 입구 부분부터 천연석재로 만든 계단을 통과해 건물 내부로 들어서면 석재로 마감한 주문바 옆으로 바구니에 천연 소재의 천을 이용한 베이커리 진열공간이 있다. 한쪽에는 소파가 있고 다른 쪽에는 나무로 만든 의자들이 놓여 있는데 가운데 놓인 테이블은 천연석을 쌓아 만들었다. 또 다양한 형태의 천연석으로 바닥을 연출하고 벽면을 뿜칠로 마감하여 자연 그대로의 느낌을 강조했다.

그곳의 자연석 계단을 올라가 층을 연결한 중간지점에 서면 창을 통해 바다가 보인다. 이렇게 천연 소재를 이용한 연출공간을 만들어 놓은 것은 물론이고, 2층 안쪽에는 마룻바닥과 우드와 소파를 사용한 좌석들이 놓여 있다. 좌석배치도 좌우에는 기다란 소파를 배치하고 중앙에는 돌과 천을 이용한 연출공간을 만들어 놓았다.

처음 방문했을 때 2층 어느 공간에 들어갔다가 내부가 깜깜하고 바닥에는 자갈이 깔려있어 그 소리와 어둠에 놀란 적이 있다. 그곳은 낡은 폐목 사이에서 새어나오는 조그만 빛을 바라보며 멍 때릴 수 있는 힐링 공간이었다. 지금은 관리가 편리한 공간으로 바뀌었는데 처음 받았던 기분 좋은 충격이 아직도 기억이 난다.

3층에서는 창을 통해 바깥 풍경을 즐길 수 있고 오래된 나무로 만들어진 가구들은 편안한 느낌을 더한다. 이곳에서는 구석구석 한국적 자연미를 느낄 수 있고 창이 있는 곳은 한 폭의 그림 같은 연출을 보여준다.

이곳에는 외부 발코니를 이용해 연출한 시그너처 공간이 있다. 중앙에 놓여있는 하얀색 바 테이블이 중앙에 놓여있고 낮은 벽에 하얀색 삼각형 천으로 연출함으로써 요트 위에 있는 듯한 느낌을 주는데, 포토 포인트로 안성맞춤인 공간이다. 여러 번 방문했는데 부산에 가면 꼭 들르고 싶은 감성공간이다.

Café Base _ 부산 기장

카페 베이스 바로 옆 '연화의 바다'라는 카페는 바닷가에 있는 청색 지붕의 개인 집을 카페로 바꾼 공간이다. 오래된 추억 속의 공간처럼 빈티지한 소품들로 가득 차 있고 자갈과 나무껍질을 섞어서 깔아놓은 마당 위로 화이트 컬러의 파라솔과 클래식한 하얀색 금속의자들이 하얀 벽과 어우러져 있다. 이곳 마당에서도 바다를 바라볼 수 있는데 달고나를 깨뜨려 토핑으로 얹은 달고나 라떼는 그 공간과 잘 어울리는 음료라는 생각이 든다. 이처럼 우리의 시각·청각·후각·미각·촉각 등 오감을 사용하여 고객에게 만족감을 주고 가치를 부여하는 감성마케팅은 사람들의 발길을 멈추게 하고 그곳에 머물게 한다.

이 시대의 오프라인 공간은 더욱 더 감성을 요구하고 있다. 소비자들은 직접 찾아가서 경험을 하거나 SNS를 통해 많은 것을 간접적으로 경험하고 있다. 따라서 자기만의 독특한 개성과 감성이 없이 특정한 곳을 복사하듯이 베껴 연출한 공간에서는 어딘지 모르게 감흥을 느낄 수가 없다. 소비자의 감성을 자극하려면 소비자들이 좋아하는 트렌드를 알아야 하고 소비자를 감동시키기 위해 지속적으로 연구하고 시도해야 한다.

자연환경을 이용하거나 독특한 개성으로 연출한 감성 공간은 전국에 너무나 많다. 그중에 생태유산이 풍부한 가평의 보리산 기슭 30만 평의 광활한 자연과 함께 숨 쉬는 어반힐링파크는 문화와 스포츠, 휴식이 있는 '더 스테이 힐링파크The Stay Healing Park'이다. 강일IC에서 20분 거리의 설악 IC 인근에 위치하고 있어 서울과 가까우면서도 공간의 매력을 오감으로 생생하게 느낄 수 있는 곳이다. 파3·9홀로 구성된 골프장과 풀장·스파·피트니스·테라피가 있고 상설 전시공간과 엔틱 가구 전시공간, 편집 숍과 같은 공간에 있는 카페 나인블럭 9Block, 정원을 바라보는 레스토랑 키친Kitchen, 편의점과 인생네컷, 유아휴게실을 이용할 수 있는 해피 그라운드 Happy Ground, 더 스테이 호텔, 힐링 산책로가 있는 복합 문화공간이다.

특히 이곳은 답답한 코로나 기간에 나에게 많은 위안을 주었던 공간이다. 사계절이 아름다운 이곳의 힐링 산책로는 와일드가든, 독서당, 명상의 숲, 알파와 앵무, 수국정원 등으로 구성되어 있는데 나무나 조경이 이국적이다. 와일드가든의 돌담으로 쌓아올린 채플은 소박한 규모이지만 경건한 분위기를 자아내기에 결혼식을 하면 좋을 것 같은 곳이다. 알파와 앵무 공간에는 염소, 알파카가 있는 작은 동물원으로 아이들과 산책하기 좋은 공간이다.

이곳은 아름다운 꽃과 나무를 비롯한 자연환경과 마실 것, 먹을 것, 즐길 것 등 필요한 것은 모두 갖춘 힐링 스팟으로 오감을 만족시키기에 충분한 공간이다. 이곳을 운영하는 DFD라이프컬쳐그룹은 소다·닥스·슈스파 등의 사업을 하고 있는데, 리조트 '더 스테이 힐링파크'를 운영하면서 카페 나인블럭을 비롯하여 사업 분야를 확장해 가고 있다.

이렇게 자연으로 나가서 느끼는 감성 대신 자연을 도심 공간으로 불러들여 효과를 보고 있는 곳이 있다. 2021년 여의도에 새롭게 오픈한 '더 현대 서울'은 현대백화점이 백화점이라는 이름을 떼고 오픈하면서 새롭게 이미지메이킹을 했다. 이 공간의 입구에 들어서면 오픈된 보이드 공간과 타원형 블록으로 구성된 내부 중앙, 그리고 그 중심에서 시원하게 쏟아져 내려오는 워터풀 가든이 있다. 이곳에는 12미터 높이에서 떨어지는 인공폭포가 있고 그 주변에는 실내 조경과 고객 휴식공간이 꾸며져 있다.

더 스테이 힐링파크
_ 가평

에스컬레이터를 타고 올라가면 5층에 마련된 '사운즈 포레스트Sounds Forest'가 있는데 이곳은 대규모의 실내 정원이다. 20여 미터 높이의 유리 천장에서 건물 내부로 쏟아지는 햇볕과 자연이 어우러지는 공간으로서, 새가 지저귀는 소리와 햇볕 아래 도심 속 휴식공간으로 연출되었는데 내부공간이지만 공원 같은 쉼터이다.

더 현대 서울

사운즈 포레스트의 녹색 돔Dome은 프랑스 국립박물관인 '그랑 팔레Grand Palais'의 상징인 돔 천장을 모티브로 했다. 벽이나 천장이 없이 골조만으로 만들어져 매장에서 자

연 채광을 그대로 느낄 수 있는 것이 특징이다.[20]

사실 사운즈 포레스트는 파리의 '프롬나드 플랑테 Promenade Plantée'의 일부분을 내부로 옮겨 놓은 듯한 공간이다. 프롬나드 플랑테는 1969년까지 철도로 이용되다가 1993년도에 새롭게 개장되었는데 식물을 심은 산책로 혹은 가로수 산책로라는 뜻으로, 파리 12구역의 버려진 고가철도에 지어진 4.7킬로미터의 선형 공원이다. 1859년 화물 열차를 수송하기 위해 건설된 이 선로는 1969년 노선 이용이 중단되면서 여러 해 동안 방치되어 있었다. 그러다가 1985년 프랑스 국유철도회사가 모든 화물운송을 전면 재편성하기로 결정함에 따라 뢰이 Reuilly 기차역을 포기하였는데, 이때 파리시는 이 지역을 개발 중점권역을 일컫는 제드 아 쎄 뢰이 Z.A.C. Reuilly로 설정하면서 1993년 이 고가 철길은 가로수가 심어진 도심 속 산책로로 탈바꿈하게 되었다.

서울에서도 경의선 철도를 재개발하면서 경의선 숲길과 연남동 등 핫 플레이스가 생겨난 것처럼, 프롬나드 플랑테가 계획됨에 따라 파리에서도 주거공간과 공공을 위한 공간들이 동부지역에 건설되기 시작했다. 프롬나드 플랑테 통로를 활성화하고 연속성을 강화하기 위해 성격이 다른 건물들은 사헬로 Avenue Sahel 뒤쪽에 짓도록 했다고 한다. 파리에 가면 건물 외부는 예전의 것을 그대로 사용하고 내부만 새롭게 한 경우가 많아서 도시 전체가 조화롭게 느껴지는데, 이는 우리나라 도심 풍경과는 조금 다른 느낌을 준다.

프롬나드 플랑테는 아름다운 산책로로 연결되어 있는데 〈비포선셋 Before Sunset〉이라는 영화에서도 배경으로 등장한다. 9년 만에 만난 에단 호크 Ethan Hawke와 줄리 델피 Julie Delpy가 파리에서 만나 거닐던 곳이 바로 프롬나드 플랑테이다. 파리의 거리 모습과 두 사람이 만나서 나누는 대화가 전부인 영화이지만 파리의 특징들과 프롬나드 플랑테의 모습이 잘 녹여져 있다. 산책로에 있는 정원의 중심축에 대한 좌우 대칭이나 기하학적인 땅 가름, 운하나 수목을 정형적으로 다듬는 스타일 등 프랑스 정원의 특징이 잘 드러난다.

이곳의 서쪽에는 '비아뒥데자르 Viaduc des Arts'가 있는데 예술의 고가다리 혹은 예술 육교라는 뜻의 공간이다. 위쪽은 산책로이고 그 아래쪽 철교 하부에는 적벽돌로 쌓은 71개의 아치 공간이 있는데, 이곳이 비아뒥데자르라는 이름을 갖게 된 데는 나름의 사연이 있다. 이는 중세시대부터 다양한 공예품을 제조하던 이 지역의 역사적 특성을 살려 파리 수공업자들의 작업공간으로 활용하는 것을 전제로 만들어졌기 때문이다. 이렇게 탄생한 비아뒥데자르는 예술가들과 수공업 장인들의 작업장과 소규모 가구공방, 금속 및 섬유공방, 악기제조, 핸드 메이드 소품 가게 등이 입주하면서 예술 상가로 탈바꿈했다. 개성적인 레스토랑이나 카페가 있어 사람들이 많이 찾는 공간으로 변신한 이곳은 2000년에 와서야 완공되었는데, 일반대중들에게는 1998년에 개방되어 파리시민들의 랜드마크가 되었다.

파리의 프롬나드 플랑테를 벤치마킹해서 탄생한 곳이 미국에도 있는데 뉴욕 맨해튼의 '하이라인 파크The High Line'이다. 콘레일은 1980년에 마지막 운송을 끝낸 고가철도를 뉴욕시에 기부하였는데, 이후 이곳은 20여 년 동안 방치되었다. 1999년 하이라인을 철거한다는 뉴스를 접한 로버트 해먼드Robert Hammond는 하이라인의 미래를 논의하기 위한 커뮤니티를 개설했고, 그곳에서 조슈아 데이비드Joshua David를 만나 하이라인 구조물을 보존하기 위한 '프렌즈 오브 더 하이라인Friends of The High Line'을 만들었다. 그 결과 2004년 설계공모전을 통해 사라질 운명이었던 하이라인은 하이라인 파크로 재탄생하였다.

하이라인 파크는 "단순하게, 야생 그대로, 조용히, 천천히"라는 기치 아래 재탄생하였는데 기본 구조물을 그대로 이용한 채 조성된 독특한 공간이다. 이곳의 특징은 국가의 예산이 아닌 프렌즈 오브 하이라인 커뮤니티에서 연간 예산의 98퍼센트를 모금하여 운영된다는 것이다.

Hudson Yards
Vessel _ 뉴욕

2009년 1구간이 완성되었고 첼시 마켓을 비롯해 주변 환경도 점점 밝은 분위기로 바뀌었는데, 2011년 두 번째 구간이 마무리되었고 2014년에는 마지막 구간까지 완공되었다. 전 세계에서 몇 군데밖에 없는 스타벅스 리저브 로스터리 매장도 2018년 12월에 이곳에 입점했는데 그 주변은 핫 플레이스가 되어 팝업 매장도 자주 열린다. 이밖에도 공원 북쪽에는 허드슨 강 주변으로 철도차량 기지 위에 들어선 고층빌딩들로 구성된 허드슨 야드가 생겨났고, 독특한 디자인으로 유명한 영국 건축가인 토머스 헤더윅Thomas Heatherwick이 설계한 '베슬Vessel'은 랜드마크가 되었으며 그 주변의 스카이라인도 많이 바뀌었다.

하이라인 파크는 고가철로를 재탄생시켜 허드슨 강이 잘 보이고 한쪽에는 도시의 풍경이 보이는데 길을 따라 걸어가면 야생식물과 강바람에서 느껴지는 자연의 감성이 그대로 느껴진다. 이곳을 걷다 보면 뉴욕 스탠더드호텔을 지나게 되는데 길이 호텔 사이로 연결되어 호텔 구조물 아래로 지나가게 된다. 어떻게 이렇게 독특한 건축물이 있을까 하는 생각이 들 만큼 놀라운 상상의 산물이었다.

The High Line _
뉴욕

특히 하이라인 파크가 끝나는 지점에 지어진 휘트니 미술관Whitney Museum of American Art은 미국 예술가들의 현대예술작품을 전시하는 미술관이다. 1931년에 설립되어 1966년부터 매디슨가에 있다가 2015년 이곳으로 이전해 오픈하게 되었는데, 이탈리아 출신 건축가인 렌조 피아노Renzo Piano가 설계했다. 렌조 피아노는 파리 퐁피두센터를 설계했고 우리나라에서는 KT신사옥을 설계한 세계적인 건축가이다. 미국의 자존심이라고 할 수 있는 휘트니 뮤지엄과 세계적인 건축가 렌조 피아노와의 만남, 그리고 가장 감성적인 장소인 하이라인 파크가 만나서 뉴욕의 핫 플레이스가 되었다. 서울역 고가차로를 재개발한 '서울로 7017'도 어쩌면 여기서 영향을 받았는지도 모르겠다. 오래된 서울역 역사를 보존하면서 다양한 전시와 행사가 열리는 '문화역 284'로 만들고 자동차가 다니던 고가차로를 새롭게 사람들을 위한 공간으로 변모시킨 것은 도심에서 누릴 수 있는 또 하나의 감성공간이라고 할 수 있다.

❶ 문화역 284
❷❸ 서울로 7017 _
서울

특이하게도 직접 식재하지 않고 식물포트를 이용한 것은 고가의 무게를 감당하기 어려워서 내린 방법이라고 한다. 이는 어려운 여건을 디자인적으로 해결하면서 서울 도심 공원을 특별하게 연출하고 주변 상업공간들도 식물을 주제로 연결시켰다는 점에서 의미가 있다. 세계의 여러 공간들은 이렇게 서로 영향을 주고받으며 사람들을 위한 감성적 공간으로 재탄생되고 있다.

'더 현대 서울'은 파리의 감성을 이곳으로 옮겨놓은 것으로 평가 받는데, COVID-19로 인한 사람들의 답답한 마음을 읽어내어 살아있는 식물들을 옮겨 놓고 유리천장으로 빛이 들어오게 함으로써 실내를 공원화했다. 이곳을 찾으면 음향을 이용한 새소리와 카페에서 풍겨져 나오는 커피향이 오감을 자극하는 등 광장 같은 분위기를 느낄 수 있다. 언젠가는 자연스러운 공간에 홀린 듯 진짜 새가 날아들기도 했다고 한다.

기존의 백화점들은 건물 내부에 들어오는 햇빛을 차단하고 시계도 없어서 시간 가는 줄 모르고 쇼핑하도록 하는 것이 특징이었다. 하지만 이곳은 그런 원칙을 바꾸어 햇빛을 내부로 들여놓아 마치 외부에 있는 것처럼 연출한 것이 특징이다. 마치 공원을 걷는 듯 여유로움을 느끼게 했으며 통로에도 식물들을 배치하는 등 공간 곳곳에 다양한 방법으로 자연을 들여놓는 연출을 하였다. 이는 사람들로 하여금 이곳을 쇼핑만을 위한 공간이 아니라 휴식과 힐링을 하는 공간으로 이미지메이킹하게 함으로써, 백화점이라는 이름을 떼고 새로운 느낌의 쇼핑공간인 '더 현대 서울'로 재탄생하려 했기 때문이다.

2023년 1월 도쿄 시부야의 도큐백화점이 폐점을 선언했다. 온라인쇼핑의 확산과 소비형태의 변화로 일본의 여러 백화점들이 폐점하는 경우가 많아졌는데 미국 역시 마찬가지이다. 2024년 2월 미국 메이시스 Macy's 백화점은 대규모 점포정리를 한다고 발표했다. 메이시스는 미국 중산층을 상징하던 백화점이었지만 향후 3년간 150개 점포를 폐쇄하고 2026년에는 전체 점포수를 350개 수준만 유지한다고 한다. 사업포트폴리오를 재구성한다는 것이지만 온라인시장과 TJ맥스 등 할인매장의 동시다발적인 압박에 직면했다. 이렇게 전 세계 유통회사들이 어려운 시기에 더 현대 서울은 백화점이라는 클래식한 공간의 이미지에서 탈피해 오프라인 고객이 오래 머물도록 감성을 자극하는 공간으로 만들어 그 효과를 톡톡히 보고 있다.

2023년에 체험한 전시 가운데 가장 감성적이라 생각되는 독특한 전시라면 도쿄를 방문했을 때 도요스에서 펼쳐진 '팀랩 플래닛 도쿄 TeamLab Planets Tokyo'였다. 이 전시는 아트 콜렉티브 팀랩의 거대한 4개의 작품 공간과 2개의 정원으로 구성된 '물에 들어가는 뮤지엄, 꽃과 하나가 되는 정원'으로 구성되어 있었다.[21]

전시장으로 들어가면 신발을 벗게 해서 라커에 보관하게 하고 바지를 걷어올린 채 물이 콸콸 쏟아지는 비탈길을 거슬러 올라가게 했다. 목적지에 도착하면 하나의 공간이 나오고 그곳에 들어가면 하얀 물 위로 움직이는 잉어들과 화려한 조명이 펼쳐지는 공간이 펼쳐지는데 어릴 적 물가에서 신나게 놀았던 추억을 떠올리게 했다.

곧이어 크리스털과 거울과 조명으로 연출된 환상적 공간을 만나게 되고, 좀 더 이동하면 누워서 감상하는 공간이 나오는데 바닥이 거울로 되어 있고 꽃들이 피고 지는 생명의 우주를 표현한 영상이 펼쳐진다. 누워서 감상하다가 다음 공간으로 이동하면 커다란 원형의 구가 공간을 채우는데 이곳에서는 9가지 컬러의 변화가 일어난다. 외부로 연결되는 공간에서는 이끼와 스테인리스로 만들어진 타원형 오브제들 사이로 수증기가 올라오며 미지의 세계에 들어온 듯한 착각을 하게 한다.

이 전시의 하이라이트는 마지막에 펼쳐지는데 마치 천국이 이런 곳이 아닐까 하는 생각이 들게 한다. 사방이 온통 거울로 둘러싸인 온실 같은 공간을 배경으로 천장에서 수직으로 떨어지다가 다시 올라가는 키네틱

Kinetic 기법으로 연출된 생화 난꽃들의 댄스가 큰 감동을 준다. 이곳 전시는 사람들이 직접 체험할 수 있는 물과 꽃과 영상을 이용한 시각적 요소를 너무나 훌륭하게 연출해 단순한 미디어 전시가 아닌 오감으로 체험할 수 있는 경험을 디자인해서 큰 감동을 주었다. 이 전시는 예약도 힘들었는데 도쿄를 방문한 전 세계 사람들이 이곳을 찾았기 때문인지도 모르겠다.

최근 국내에서도 미디어아트 전시를 접할 기회가 많은데, 앞으로는 단지 그런 기법만을 적용하기보다는 관객이 온몸으로 참여할 수 있는 차별화된 경험을 디자인하는 것이 더 중요해질 것 같다. 고객들은 매일 새로운 자극을 원하고 있기에 항상 변화를 추구하며 신선하고 새로운 모습을 보여주어야 한다. 특히 오감으로 느낄 수 있는 차별화된 감성을 어떻게 경험하게 하느냐가 오프라인 공간에서 고객이 감동하는 포인트이고 오프라인 공간이 살아남는 길이 될 것이다.

5장 ——————————— 경험을 디자인하는 비법

오프라인 매장들은 더 많은 소비자들을 오프라인 매장으로 이끌기 위해 자기만의 강점을 강조하고 발전시켜야 한다. 다시 말해 어떤 브랜드가 플래그십 스토어나 콘셉트 스토어를 오픈할 경우, 상품을 판매하는 기능은 모두가 갖추고 있기에 제공할 서비스의 종류와 창출해야 할 경험의 종류 등을 고려하는 것이 더 중요하게 되었다.

국내 스타필드 하남 쇼핑몰의 '토이 킹덤 Toy Kingdom'의 경우 아이들의 천국이라고 불릴 만큼 장난감 왕국으로 기획되었다. 놀이공원이 연상될 정도로 매장 전체에 어린 아이들이 좋아하는 캐릭터들을 멀리서도 눈에 띌 수 있도록 크게 만들고 관련 상품들을 전시해 판매한다. 화려한 컬러와 풍선 같은 소품들을 사용한 것은 물론이고 배경까지 동화 속에 온 것처럼 연출했다. 조명과 사운드 등 오감을 모두 활용한 놀이시설에서는 장난감을 진열해 판매하는데, 아이들은 이를 가지고 놀다가 사달라고 조른다고 한다. 아이를 가진 부모들은 돈을 많이 쓰게 된다는 이유로 방문을 두려워할 만큼 토이 킹덤은 아이들이 좋아하는 공간이 되었다.

스타필드 고양점의 경우에는 하남 이후에 오픈했는데 토이 킹덤이 있는 층에는 아이들과 관련된 다양한 매장들을 배치했다. 즉 아이들이 좋아하는 컬러를 사용하거나 아이들을 위해 공간을 배려했고, 푸드코트 같은 경우에도 애드벌룬이나 놀이공원 콘셉트를 활용해 테마파크에 온 것처럼 즐거움을 주고 있다. 이렇게 쇼핑몰에서는 사람들을 불러 모으기 위해 타깃층이 좋아할 만한 다양한 이벤트를 최대한 자주 기획하게 되는데, 대부분의 쇼핑몰에는 중앙이나 사람들이 많이 모이는 장소에 이벤트 공간이 마련되어 있다.

이벤트 공간만이 아니라 아예 놀이시설과 테마파크까지 쇼핑몰 공간에 들여놓은 대형 쇼핑몰도 많다. 우리나라의 경우에는 롯데월드가 있는데 미국 쇼핑몰의 경우에도 놀이공원을 테마로 한 쇼핑몰들이 많다. 그중에 뉴저지의 '아메리칸 드림몰 American Dream Mall'은 캐나다와 미국을 거점으로 한 세계적 복합 기업 '트리플 파이브 그룹Triple Five Group'의 야심작으로 엄청난 규모를 자랑하는 혁신적이고 파격적인 초대형 쇼핑몰로 2019년에 오픈했다. 8만 4,000평이 넘는 공간에 쇼핑·레저·식당·엔터테인먼트 등 다양한 놀이시설이 설치되어 있는 이 쇼핑몰에는 메도우랜즈 스포츠 콤플렉스Mead-owlands Sports Complex에 속한 메트라이프 스타디움 MetLife Stadium도 있다. 실내 몰 Mall로 이루어져 비가 오나 눈이 오나 온 가족이 엔터테인먼트로 하루를 보낼 수 있는 흥미로운 장소이다.

American Dream
Mall _ 뉴저지

이곳은 롤러코스터와 캐릭터 테마 놀이기구가 가득한 실제 놀이공원인 '니켈로디언 우주 테마파크 Nickelodeon Universe Theme Park', 대형 미끄럼틀 등 실내 물놀이 시설이 가득한 워터파크인 '드림웍스 워터파크 DreamWorks Water Park', '레고 랜드 디스커버리 센터 Lego Land Discovery Center', '씨 라이프 아쿠아리움 Sea Life Aquarium', 실내 스키 및 스노보드 파크인 '빅 스노우 Big Snow', 관람차의 '드림 휠 바이 스카이뷰즈 Dream Wheel by Skyviews', 생동감 넘치는 컬러와 블랙 라이트 아래에 펼쳐지는 우주 이미지가 장관인 골프게임 '블랙라이트 미니 골프 Blacklight Mini Golf', 놀라운 거울 미로 '미러 메이즈 Mirror Maze' 등 다양한 엔터테인먼트를 포함하고 있다.

쇼핑몰 공간이 엄청나게 커서 걸어 다니기에는 힘들지만 동물모양의 전동 기구를 대여할 수 있게 했다. 이를 통해 마치 동물을 타고 사파리를 돌아다니는 것 같은 콘셉트로 아이들은 물론이고 어른들에게도 새로운 경험을 제공하고 있다. 하지만 2024년 2월 현재 미국 쇼핑몰들도 문을 닫는 경우가 많은데, 그 결과 기존의 쇼핑몰 공간이 회사의 사옥이나 물류창고로 바뀌는 등 용도가 바뀌는 경우도 많아지고 있다. 이는 단순히 판매만을 위한 공간들은 점점 설 자리를 잃어가고 있음으로 보여주는 것이다.

American Dream
Mall _ 뉴저지

국내의 경우 새로운 형태의 쇼핑몰들이 인기가 있는데, 특히 2020년 남양주 다산 신도시에 오픈한 현대프리미엄아울렛 스페이스원은 전체 영업 면적의 60퍼센트에 달하는 3만 6,859제곱미터를 예술품과 공원으로 채워 한국 최초의 '갤러리형 아울렛'을 내세우며 인기를 끌고 있다. 이곳은 지하 1층에서 지상 5층까지로 구성된 전체 영업면적 6만 2,393제곱미터 규모의 복합쇼핑몰이다. 쇼핑 Shopping · 놀이 Play · 예술 Art · 문화 Culture · 경험 Experience의 앞 글자와 최초 · 하나라는 뜻의 원 One을 조합해서 스페이스원이란 이름이 탄생했다.[22]

이곳은 외국의 아울렛과 우리나라의 백화점 형태를 결합한 느낌의 공간으로 한국적 특성을 고려한 공간으로 만들어졌다. A관은 내부가 비워진 중정을 품은 동그란 형태의 외부 쇼핑 공간 2개와 속이 채워진 3개의 실내 쇼핑 공간으로 되어 있다. 중앙에 조경이 잘 연출된 A관의 광장에는 공원과 아이들의 놀이공간이 마련되어 있는데, 조각가 심재현 작가가 작업한 높이 7미터에 길이 13미터의 대형 조형물인 '더 카니발리아 20 The Carnivalia 20'가 1층 야외 광장에 설치되어 있다. 이 광장 또한 벤치나 휴식공간들이 잘 어우러져 많은 사람들이 머물 수 있도록 디자인되었다.

중앙에는 유리 큐브 공간이 있는데 삼면이 유리로 덮인 이곳은 4층 규모의 건물을 중심으로 둥그렇게 원을 따라 자리 잡은 매장들과 자연스럽게 연결되어 있다. 유리 큐브는 문화 콘텐츠와 상업 콘텐츠를 이어주고, 외부와 내부 공간을 이어준다. 동선 바깥쪽으로 설치된 유리 폴딩 도어들이 비가 오나 눈이 오나 쇼핑이 가능한 동선을 만들어주고 있다.

상업 콘텐츠로 구성된 공간에 있는 중앙 보이드 공간 천장에는 설치 미술가 최정화 작가가 만든 5미터 크기의 '스타Star'가 설치되어 있고, 그 아래 1층에는 원통형의 의자들이 놓여 있는데 스페이스원이라는 아주 특별한 장소를 찾은 고객들이 잠시 멈춰 쉴 수 있는 공간으로 사용된다.

현대프리미엄아울렛
스페이스원 _ 남양주

이곳에서 가장 유명한 공간이자 내가 가장 좋아하는 곳은 세계적인 아티스트 겸 디자이너인 '하이메 아욘Jaime Hayon'과 협업해 꾸민 현대 어린이책 미술관인 '모카 가든 MOKA Garden·Hyundai Museum of Kid's Books and Art Garden'인데, 이곳은 '모카 라이브러리', '하이메 아욘 가든', '모카 플레이' 등으로 구성되어 있다.

하이메 아욘 가든으로 들어서면 유리로 만들어진 천장에서 햇볕이 쏟아지고 조형물사이로 식물들이 펼쳐지는데 어디선가 들려오는 새소리까지 귀를 간지럽히면서 식물원에 온 것 같은 착각을 불러일으킨다. 이곳에는 하이메 아욘이 직접 디자인한 상상의 동물 7점의 대형 조각이 전시되어 아이들이 상상의 나래를 펼칠 수 있도록 했다. 이 동물조각이 작게 만들어졌다면 평범할 수도 있었겠지만 대형으로 조성되어 공간을 더욱 풍성하게 했다.

현대프리미엄아울렛 스페이스원의 '하이메 아욘 가든' _ 남양주

공간 내부를 전체적으로 살펴보면 라스베이거스의 벨라지오 Bellagio 호텔이 떠오른다. 그런데 벨라지오의 경우 너무 복잡한 연출로 사람들의 혼을 빼앗아가는 느낌이라면, 이곳은 따스한 햇볕 아래 분수에서 뿜어져 나오는 물소리와 지저귀는 새소리를 들으며 식물들과 자연스레 어우러진 멋진 조형 작품들을 배경으로 사진을 찍을 수 있는 힐링 공간으로서 스페이스원의 콘셉트를 잘 살려 놓았다.

하이메 아욘 가든을 지나 만나게 되는 모카 플레이에는 인류의 진화 과정을 담은 벽화와 놀이시설이 구비되어 있는데 화려한 컬러의 재미있는 일러스트들과 놀이시설들이 아이들을 자극하고 흥분시킨다.

현대프리미엄아울렛
스페이스원의 '모카
플레이' _ 남양주

하지만 이곳은 놀이시설만 있는 것이 아니다. 모카 라이브러리라는 공간에는 자연에 대한 2,000여 권의 그림책이 재미있는 책장에 담겨 있고, 전시를 감상할 수 있는 아트 랩Art Lab, 전문가가 개발한 교육 프로그램이 진행되는 에듀랩 Edu Lab도 있다. 그림책을 통해 자연을 감상하고 이해함으로써 어린이들의 상상력과 꿈을 키우는 미술관인 모카 가든에서는 개관 1주년 행사로 자연의 색을 수집하고 새로운 색 이름을 짓는 '모카 팔레트 프로젝트'를 진행했다. 21가지 하늘색, 18가지 식물색, 20가지 꽃색, 5가지 동물색, 6가지 열매색, 25가지 공기·물·땅의 색, 7가지 자연 및 사람의 색을 전시하고 아이들이 직접 참여하는 이벤트까지 진행했다. 이후 아이들에게 즐거움과 체험의 기회를 제공하는 다양한 이벤트를 새롭게 계속 진행하고 있다.

이곳은 그저 아이들의 놀이공간만이 아니라 다양한 체험과 학습의 경험도 할 수 있는 공간이라 아이 엄마들이 안심할 수 있는 공간으로 만들어졌다는 것이 특징이다. 이렇게 아이들을 위한 즐거움과 체험의 공간으로 콘셉트를 정한 이유는 2015년 수집된 빅데이터를 통해 남양주시가 어린이집과 유치원 인구가 1만 명 이상으로 전국에서 세 번째로 많은 도시이고, 2016년 기준 공공도서관 데이터에서 도서 이용 권수가 전국 5위를 차지할 만큼 교육 및 문화적 욕구도 높다는 것을 기획에 활용했다고 한다.[22]

현대프리미엄아울렛
스페이스원의 '모카
라이브러리' _ 남양주
사진제공
ⓒ현대어린이책미술관
모카가든

〈더 현대 서울 인사이트〉에서 김난도 교수는 온라인과 오프라인이 선순환 파트너십을 만들려면 온라인은 고객의 니즈Needs에 기반을 둔 합리적 가격과 편리성에 집중하고 오프라인은 열망Want에 기반을 둔 경험과 재미를 줄 수 있어야 한다고 언급했는데, 이 재미와 경험에 공간 비즈니스의 미래가 달려있다고 했다.[23]

그렇다면 사람들은 어떤 것에 재미를 느끼고 어떤 것을 열망할까?

2023년 12월 영종도에 새로운 복합시설이 들어섰는데 바로 모히건Mohegan그룹이 만든 인스파이어 엔터테인먼트 리조트 Inspire Entertainment Resort이다. 입구에서부터 마치 라스베이거스에 있는 호텔 카지노처럼 느껴지는 공간이다. 아레나로 향하는 입구로 들어서면 커다란 공간 양옆으로 LED로 이루어진 대형 바위 영상이 시선을 압도한다. 중앙에는 폭포가 쏟아지는 영상의 LED가 압도적인 크기를 자랑하는데 에스컬레이터를 타고 2층으로 올라가면 새로운 세계나 미지의 동굴로 빨려 들어가는 느낌이 든다. 이렇게 특별한 길을 통과해 만나게 되는 2층에는 150미터 높이의 천장 아래 기둥 벽면을 초고화질 LED로 가득 채운 엄청난 규모의 디지털 엔터테인먼트 시설인 '오로라'가 있다.

이 오로라는 울창한 숲의 전경과 밤하늘의 모습을 보여주다가도 갑자기 엄청난 물이 쏟아지는 장면을 연출하며 바다의 모습을 그려내는데, 웅장한 음향과 함께 작은 물고기부터 커다란 상어까지 드라마틱한 스토리를 전개한다. 그것을 바라보는 사람들은 마치 홀린 듯 그 광경에 빠져든다. 대형 수족관 한가운데에 들어온 것 같은 짜릿함을 주는 이 공간은 언제나 깊은 감동을 준다.

새롭게 생긴 곳이라 LED 등 최첨단 시설과 설비들이 너무 좋기에 관람객들은 라스베이거스의 비슷한 공간보다 상대적으로 더 큰 감동을 느낄 수도 있다. 거리 좌우에는 상업시설들이 배치되어 있고 인스파이어 아레나로 들어가기 위한 관문인 대형 원형홀인 로툰다에서는 LED로 이루어진 샹들리에의 키네틱 미디어 아트 공연이 반겨준다.

여기저기 거닐다 보면 통로 중앙에 다양한 테마의 포토 포인트와 휴식을 위한 벤치들이 많이 놓여 있는데 덕분에 관람객들은 그 공간에서 여유롭게 머물 수 있다. 이곳은 3개의 타워로 구성된 1,275실의 5성급 호텔과 3,000명을 수용할 수 있는 이벤트 시설인 컨벤션, 1만 5,000석 규모의 국내 최초 공연 전문 아레나, 그리고 1년 내내 단 한 번도 쉬지 않고 문을 여는 실내 워터파크 등을 갖춘 복합 시설이다.

실내 워터파크는 사계절이 있는 우리나라에는 꼭 필요한 시설 가운데 하나인데, 원형 유리돔으로 이루어진 스플래시 베이Splash Bay는 유리 사이로 햇빛이 내려오는 이국적 분위기의 공간이다. 내가 방문했을 때는 방학이라 그런지 아이들을 동반한 사람들이 많았는데, 로비에서도 흰색 가운을 입고 돌아다니는 풍경은 너무 어색했다. 앞으로 이곳에서 많은 공연과 컨벤션 등 다양한 이벤트가 열리게 될 것을 고려하면 더 많은 사람들을 수용할 수 있는 주차장을 갖추면 좋을 것 같다. 또 그 주변에 커다란 야외 공원인 디스커버리 파크도 2024년 오픈될 예정이라고 하는데, 우리에게 어떤 경험을 선사할지 기대가 되고 라스베이거스가 생각날 때는 이곳을 찾고 싶어질 것 같다.

Inspire
Entertainment
Resort _ 영종도

그런데 대형 쇼핑몰이 아니더라도 우리에게 새로운 경험을 선사하는 공간들이 국내에 많이 등장했다. 그중에 성수동은 젊은 세대에게 인기가 많고 트렌디한 장소로 손꼽힌다. 많은 핫 플레이스가 있지만 그중에서도 현재 MZ세대에게 가장 핫하다고 알려진 성수동의 레스토랑은 '살라댕템플'이다. 과연 어떤 부분 때문에 MZ세대에게 인기가 있을까?

살라댕템플은 예약을 하고 가는 것이 필수라고 한다. 평범한 듯 보이는 건물로 들어서면 레스토랑까지 가는 길이 물로 채워져 있고 뗏목 같은 배를 타고 건너가게 되어 있는데, 전혀 예상하지 못한 그 독특한 경험이 입소문을 타고 SNS에 퍼졌다. 나도 마지막 타임에 겨우 예약에 성공하여 저녁에 방문하게 되었는데 입장하면서부터 매우 독특한 경험을 하게 되었다. 짧은 시간이지만 배를 타면서 짜릿한 설렘을 느꼈고, 배에서 내리며 나무와 풀들 사이로 보이는 풍광에서 이국적 경험을 하며 진한 감동을 느꼈다. 안으로 들어서면 공간 중앙에는 에메랄드빛 풀장 같은 공간이 나오고 벽면에 커다란 불상과 Bar로 이루어진 메인 무대가 펼쳐졌다. 좌석배치도 물을 바라보게 되어 있었는데, 벽면은 온통 돌로 만들어져 있고 나무 테이블들 사이로 관엽식물들과 은은한 빛의 스탠딩 조명들이 어우러져 태국 어딘가에 와 있는 듯한 느낌을 준다.

살라댕템플 _ 서울

식사를 마치고 나오면 건물 바깥으로 물을 계속 쏟아지게 한 옆 건물 카페 '레인리포트 크루아상'이 자연스레 시선을 끄는데, 내부에서 보면 창밖으로 비가 계속 내리는 것 같은 감성을 보여준다. 매장 내부의 중간쯤에는 대나무로 연출된 공간이 있는데 2층에서부터 쏟아지는 물을 바라보며 비오는 날의 감성을 느낄 수 있다. 이처럼 레인리포트

크루아상은 비의 감성을 공간에 표현한 독특한 공간경험을 선사한다.

이런 특별한 건물들은 오프라인 공간을 경험하는 장소로 만들어 MZ세대뿐만 아니라 누구나 한 번쯤 꼭 와봐야 하는 곳으로 스스로를 소개한다. 앞으로 오프라인 공간은 방문할 수밖에 없는 차별화된 즐거움과 경험을 제공해야 하는데 문제는 그 경험이 영원할 수 없다는 점이다. 인기 있는 트렌드를 세팅했다고 하여 거기에 만족하지 말고 트렌드가 끝날 것까지 고려하여 고객들이 계속 방문할 이유를 지속적으로 만들어내야 한다.

6장 _____ 공간 개념을 뒤바꾼 디지털 전환

컴퓨터와 인터넷에 기반을 둔 지식정보 혁명은 제4차산업혁명의 ICT 발달로 인한 자동화·지능화 혁명을 거치면서 아날로그 세상을 디지털시대로 전환시켰다. '디지털 전환Digital Transformation'은 어제 오늘의 일이 아닌 돌이킬 수도 없고 멈출 수도 없는 흐름이 되어 일상생활을 포함하여 우리 삶 전체에 영향을 미치고 있다. AI·NLP·센서·로봇공학·증강현실·가상현실·사물인터넷·블록체인 등 테크놀로지 활용은 급속히 발전하고 있는데 특히 COVID-19 이후 이러한 기술들이 우리 주변의 상업공간에 더욱 적극적으로 도입되었다고 볼 수 있다.

그렇다면 다양한 최첨단 기술을 공간에 활용하여 최대의 가치를 만들어 나가려면 어떻게 해야 할까? 그 사례로 먼저 온라인의 최강자인 아마존Amazon의 오프라인 공간의 사업전개 과정을 살펴보고자 한다.

아마존은 2015년 시애틀에 오프라인 매장인 '아마존 북스Amazon Books'를 오픈하면서 온라인에서의 경험을 오프라인의 경험으로 연결시키는 전략을 실험 중이라고 했다. 당시 아마존 회원들은 오프라인 매장인 아마존 북스에 가면 가치를 더 느낀다고 했다. 아마존 북스는 외장을 붉은 벽돌로 쌓고 내부에는 블랙과 오렌지 컬러를 사용했는데, POP Point of Purchase 등을 통해 온라인 추천서비스와 같은 효과를 제공했다. 또 별점 표시를 하거나 가격도 온라인과 같은 금액으로 제공하는 등 온라인 서점의 이미지를 오프라인으로 연결해 제품을 전면을 보여주는 방식으로 연출했다.

2016년 12월 5일 아마존의 데이1 빌딩에서는 또 다른 실험이 시작되었는데 무인無
人 슈퍼마켓으로 '아마존 고 Amazon Go'를 오픈했다. 컴퓨터 비전, 센서 퓨전, 딥러닝 같
은 기술을 이용했는데 컴퓨터 비전은 매장카메라로 고객의 얼굴 등을 인식하여 거기서
무엇을 하고 있는지 관찰하는 것이고 센서 퓨전은 고객이 어떤 상품을 집어 들었는지 인
식하는 데 사용되었다. 딥러닝은 AI가 고객의 행동을 심층 학습하고 고속으로 PDCA
Plan·Do·Check·Act를 회전시켜 고객의 경험 가치를 더욱 높여 가는 기술로서, '아마존
고'는 이 기술들을 묶어 '저스트 워크 아웃 테크놀로지 Just Walk Out Technology'라고 불
렀다.

이곳의 공간은 아마존 북스와 비슷한 콘셉트로 우드 Wood를 부분적으로 사용하였으
나 카메라나 최첨단 장비들이 고객에게 심하게 인식되지 않도록 전체 천장을 블랙컬러
를 사용하고 센서나 기술들을 위해 매장을 비추는 조명은 최대한 밝게 처리하였다. 천장
에 달려있는 카메라들을 활용하여 소비자가 쉽게 물건을 찾을 수 있도록 했고, 매장 곳
곳에 달려 있는 센서를 통해 고객과 상품에 대한 정보를 인식하고 수집하여 그 결과를
네트워크를 통해 클라우드 Cloud 서버에 전달한 후 분석했다. 이를 통해 고객의 동선과
상품 구매 습성, 구매 빈도와 주기, 구매 선호도, 결제 금액과 전반적인 경제력 등 대단
히 정교한 고객 데이터를 확보할 수 있도록 했다.

아마존은 '아마존 고' 외에도 많은 오프라인 매장을 실험하고 운영했는데, 그중에 '아
마존 4-스타 Amazon 4-Star' 매장은 아마존 온라인에서 별점 4개 이상을 받은 각종 전자
제품들과 주방용품, 장난감, 책, 게임 등 다양한 품목들을 진열했다. 이곳은 제품 전시장
과 팝업 스토어 역할을 하는 동시에 아마존 무인 택배함인 '아마존 락커'를 설치하는 장
소로도 활용되었다.

2017년 아마존은 유기농 식품업체인 '홀푸즈 Whole Foods'를 인수하였고 2020년에
는 미국 로스앤젤레스 우드랜드 힐즈에 '아마존 프레시 Amazon Fresh' 매장을 오픈했다.
이는 아마존 고와 같은 방식의 신선식품 전문 오프라인 매장으로 매일 저렴한 가격, 선
택과 편리함을 모토로 내세우고 인공지능 AI인 '알렉사 Alexa'와 '대시 카트 Dash Cart'를
접목했다.[24]

또한 아마존은 2022년 6월 25일 LA 인근에 '아마존 스타일 Amazon Style'을 오픈하
고 AI를 활용한 고객 맞춤 추천 서비스, 빅데이터를 활용한 빠른 상품 분류, 배송 기술을

적용하였다. 이곳은 2개 층으로 구성되어 있는데 1층에는 유명브랜드와 아마존 자체브랜드의 의류 및 액세서리, 신발 등 50여 브랜드 상품이 진열되어 있고 40개의 피팅룸이 1, 2층에 나뉘어져 있다. 일반적인 의류매장에는 같은 디자인의 옷이 사이즈 별로 걸려 있는데 이곳에는 같은 디자인의 옷이 1벌씩만 진열되어 있다.

QR코드를 스마트폰으로 찍어 컬러와 사이즈를 고르면 트라이 온Try On과 픽업Pick Up 버튼이 나오는데, 트라이 온을 누르면 몇 번 피팅룸이 준비되었다는 메시지가 뜨고 지정된 피팅룸에 들어가면 선택한 옷이 놓여있다. 벽면의 디스플레이 화면에는 이름과 함께 환영한다는 메시지와 추천 상품도 같이 표시되는데, 원하는 것을 선택하면 온 더 웨이On the Way라는 메시지가 나타난다. 고객은 이렇게 화면으로 상품을 추가한 뒤 반대편에 자리한 집기를 통해 배달된 상품을 입어볼 수 있기에 마치 백화점 VIP룸에서 맞춤 서비스를 받는 것처럼 느끼게 된다.[25]

이처럼 아마존은 선구적으로 오프라인 매장을 테크놀로지를 이용한 경험의 장소로 만들었는데, 2022년 3월 오프라인 서점을 모두 폐쇄하고 '아마존 4스타'와 '아마존 팝업' 등 오프라인 매장 68개를 점차적으로 폐점한다고 발표했다.[26]

2017년 인수한 유기농 식품유통업체인 홀 푸즈와 아마존 프레시, 아마존 고는 오프라인 매장을 유지하면서 아마존 스타일 등 무인 결제 시스템에 집중하겠다고 했다.[27]

하지만 최근에는 아마존 스타일도 폐점한다고 하는데 아마존이 이렇게 오프라인 매장의 폐점을 결정한 이유는 뭘까? 아마존이 처음 오프라인 매장을 오픈할 때만 해도 소비자들은 신선하고 새로웠다. 하지만 온라인에서 구매할 수 있는데 굳이 오프라인 매장을 여러 번 방문할까? 신선식품이라면 몰라도 말이다. 오프라인 매장의 역할은 판매를 위한 것도 있지만 럭셔리 브랜드의 플래그십 스토어처럼 보여주기 위한 쇼룸, 즉 홍보를 위한 공간으로 사용될 수 있는데 그렇다면 아마존처럼 온라인이 주요 유통채널인 기업들의 오프라인 매장들은 어떤 전략을 취해야 할까?

아마존의 사례를 보더라도 오프라인 공간은 판매 공간 이상의 역할을 요구받는 상황이니 단지 최첨단 기술만을 사용하여 오프라인 매장을 만드는 것만으로는 만족할 수 없음을 알 수 있다. 최근 국내에도 무인 매장이 많이 생겨나고 있고 아마존이 사용하는 최첨단 기술을 도입하는 매장들이 계속 늘어나고 있다. 하지만 더 이상 재미가 없어진 소비자는 좀 더 새로운 공간 경험을 원한다. 단순히 최첨단 기술만 적용한 공간은 몇 번 이용하고 나면 별 재미가 없어질 것이고 그때부터는 온라인으로 구매하는 것이 더 편리하게 느껴질 수 있다. 따라서 오프라인 매장이 존재하려면 고객이 계속 그곳을 방문해야 할 이유를 만들어 줘야 하지 않을까?

2018년 중국 인터넷기업인 알리바바는 항저우에 인공지능과 로봇을 활용한 플라이주 호텔Flyzoo Hotel을 오픈했는데, 이후 세계 여러 호텔들도 완전 로봇호텔은 아니지만 안내 로봇, 실내 배송 로봇을 앞다퉈 도입하고 있다.[28]

우리나라에서는 2021년 8월 서울에 '헨나호텔Henn na Hotel 서울 명동'이 오픈했다. 원래 헨나호텔은 2015년 일본 하우스텐보스에 오픈한 세계 최초의 로봇호텔로 시작되었고 기네스북에도 등재되었다. 한자로 '변(変)'에는 '변화를 계속한다'라는 의미가 담겨 있고, 일본어 '헨나(変な)'라는 말에는 '이상한'이라는 뜻이 담겨 있다. 이 호텔은 프런트에서부터 공룡 얼굴을 하고 여러 언어에 대응하는 로봇들이 체크인·체크아웃 절차를 도와준다. 또 로봇팔로 투숙객 전용 유료 보관함을 관리하고 로봇이 짐을 날라주며, 객실 앞에서 얼굴 인증 시스템에 얼굴을 등록하면 카드 키의 번거로움이나 분실의 불안으로부터 자유로울 수 있도록 했다.

헨나호텔은 제법 저렴한 가격으로 객실을 제공하는데, 이것이 가능한 이유는 인건비를 절감해 객실 원가를 낮추고 최소한의 인력만 배치한 뒤 나머지 업무는 모두 로봇이 대체하고 있기 때문이었다. 헨나호텔은 공상과학 소설처럼 주로 로봇이 일하는 곳으로 처음에 전 세계적으로 센세이션을 일으켰지만 이곳의 호텔 로봇들은 고객들의 질문에 대답하는 기본적인 작업에 실패하거나 비가 오는 날씨에는 오작동을 일으키기도 해 로봇 직원의 절반 이상을 해고한 뒤 그 자리를 사람으로 대체했다고 한다.[29]

2024년 현재 하우스텐보스에 있던 헨나호텔은 다른 호텔로 리뉴얼되었고, 도쿄를 비롯한 일본의 여러 지역에서 약 20개 정도 운영되고 있는데 다양한 이미지의 로봇을 내세우고 있고 우리나라에서는 명동에서 운영되고 있다. 명동의 헨나호텔은 입구 벽면에 상징과도 같은 공룡 로봇 2마리가 손님을 맞아주는데 손님이 들어서면 실제 공룡처럼 입을 크게 벌리며 포효한다. 현재 공룡 로봇, 프런트 데스크 로봇, 실내 배송 로봇이 도입돼 운영되고 있고 호텔 객실에는 KT의 인공지능 시스템 '기가 지니Giga Genie'가 설치돼 고객들에게 다양한 첨단 서비스를 제공하고 있다.[30]

최근 제4차산업혁명으로 인한 기술의 발전과 고물가로 인한 인건비 증가와 같은 이슈로 인해 로봇이 인간을 대체할 수 있는지에 대한 관심이 많아지고 있다. 아직까지는 다양한 문제점을 안고 있는 로봇들이지만 여러 시도를 통해 AI는 점점 발전하고 있고, 단순하고 반복적인 일을 하는 공간에서는 로봇이 필요할 수밖에 없다. 헨나 호텔이 제안한 것처럼 앞으로 우리는 로봇들과 같이 생활하는 것에 익숙해져야 하고, 로봇들과 공유하는 공간은 사람의 기준만이 아니라 로봇이나 최첨단 기술을 잘 이해해서 디자인해야 한다. 디자인 위주의 기존 방식을 뛰어넘어 로봇과 사람이 상생할 수 있는 공간을 만들어야 하는 것이다. 예를 들어 아날로그적 콘셉트의 공간에도 로봇이 등장할 수 있는데, 헨나호텔의 경우 공룡이라는 테마를 만들어 활용했지만 로봇의 이미지를 어떻게 활용하는 것이 효과적일지 앞으로 고민해 나가야 할 부분이다. 또한 로봇이 등장하면 사람들보다 인건비 등 가격적인 면에서 합리적이라는 인식이 강한데, 사람들이 직접 서비스하는 공간과 어떻게 가격적으로 차별화를 줄 것인지도 고민해야 할 것이다.

2020년 CES를 직접 관람했을 때 많은 기업들이 AI · XR · VR · 메타버스 · 자율주행 · UAM 등 다양한 테크놀로지를 이용한 최첨단 전시를 선보였다. 특히 LG전자에서는 로봇 레스토랑을 선보였는데 주문 · 조리 · 서빙 · 설거지까지 할 수 있고 이동하는 차량에서 예약하고 메뉴를 확인할 수 있는 로봇을 활용한 토털 솔루션을 선보였다. 당시에는 이런 혁신적 구상이 미래의 일처럼 느껴졌으나 불과 몇 년 만에 너무나 당연한 것처럼 우리의 일상을 파고들었다.

CES2020의
'LG전자 부스'_
라스베이거스

우리 주변에서 쉽게 접할 수 있는 첨단 기술로는 레스토랑이나 건물로 들어갈 때 열 감지를 하거나 셀프 주문을 위한 키오스크가 있지만 최첨단 로봇 기술도 다양한 방식으로 우리 삶에 스며들고 있다. 현재 서빙 로봇, 치킨을 조리하는 로봇, 커피 바리스타Coffee Barista 로봇, 칵테일 바텐더Cocktail Bartender 로봇 등이 서비스를 하고 있는데, 국내 고속도로 휴게소에서는 갈비탕·우동·라면을 제조하는 로봇까지 등장해 서비스를 하고 있다.

서울 SRT 수서역에 가면 로봇이 운영하는 비트B:eat 카페가 있는데, 로봇 팔 뒤에 자리한 두 대의 모니터에서 메뉴 및 여러 가지 설명과 안내가 나오고 로봇 바리스타가 음료를 만들어 준다. 음료가 완성되면 미리 입력한 번호로 안내메시지가 보내지고 고객은 음료를 받은 뒤 부가적으로 필요한 것들을 코너 안쪽에서 확인할 수 있는 등 시간대에 관계없이 편리하게 서비스를 즐길 수 있다. 하지만 로봇이 운영하면 가격이 저렴할 것이라 기대하는 게 일반적인데 아메리카노 한 잔 가격이 3,000원대라서 메가 커피나 컴포즈 커피보다 비싼 느낌을 줄 수도 있다. 이런 부분을 해결하기 위해 어떤 서비스를 해야 할지 생각하면서 사람들에게 더 큰 재미를 줄 수 있는 차별화된 서비스를 기획하는 것은 어떨까?

네이버는 2022년 판교에 제2사옥을 오픈했는데 번지수가 178-4인 점과 최초의 산업혁명이 시작된 해가 1784년인 점에 착안하여 '네이버1784'라는 이름의 로봇 친화형 빌딩을 새롭게 선보였고 이곳에서 많은 실험을 하고 있다. 지하 8층에서 지상 28층까지 로봇과 사람들이 공존하는 공간으로 설계되었는데 이곳에는 루키Rookie라는 배달 로봇이 활약하고 있다. 이 루키는 앱을 활용해 2층 스타벅스에서 커피를 배달하기도 하고 택배와 도시락도 배달한다. 루키는 일반 엘리베이터 탑승도 가능하지만 로봇 전용 수직 이동 장치인 로보 포트를 이용해 순환한다. 이 건물은 로봇이 어디든 이동할 수 있도록 건물 내 바닥 단차를 없애고 모든 게이트나 회의실의 문도 스스로 제어한다고 한다.[31]

현재 우리 주변의 대형 식당들은 서빙 로봇을 많이 활용하고 있다. 주문하는 것은 키오스크나 테이블 태블릿으로 교체되었지만 서비스 인력이 점점 줄어들고 인구가 감소하는 상황에서 어떤 형태로든 로봇이 반드시 필요할 수밖에 없다. 요즘 일반적으로 활용되는 배달 로봇이나 서빙 로봇과 상생하는 공간을 만들려면 공간 기획 시 네이버처럼 바닥 단차를 없애거나 로봇들이 다니기 편하게 동선을 만드는 등 로봇이 일할 수 있는 환경으로 만들어야 한다. 또 테마나 콘셉트를 구상할 때도 환경과 로봇이 자연스레 어우러지도록 기획해야 한다. 공간의 콘셉트가 아날로그적이고 따뜻한 느낌이라면 그곳에서 활동하는 로봇 또한 비슷한 분위기로 연출해야 한다는 말이다.

2023년 12월 테슬라가 발표한 차세대 휴머노이드 '옵티머스 2세대'를 보면 매끈하고 세련된 디자인의 외형과 전보다 빠르게 걷고 다섯손가락을 부드럽게 움직이는 모습을 보여주었는데, 이젠 영화나 상상 속에서 보던 상황들이 현실이 되고 있는 것 같다. 이처럼 인간과 대화를 하는 AI나 로봇은 앞으로 모든 분야에서 더 큰 변화를 일으킬 것이며 특히 상업공간에서 더 빠르게 활용될 수 있다. 앞으로 우리가 상업공간을 기획할 때 모든 것들이 디지털로 전환되고 있다는 점을 감안해 그 기술들을 어떻게 잘 활용해야 할지 고민해야 할 것이다.

7장 ——————————— 공간의 변신은 운명

사실 오프라인 상업공간의 위협은 전자상거래가 등장하면서부터 시작되었다고 할 수 있는데, 모바일에서 터치 한 번으로 구매할 수 있는 상황이 되면서 오프라인 상업공간들은 더욱더 깊은 고민에 빠져들게 되었다.

2001년 뉴욕 소호 지역에 '프라다 Prada'가 '뉴욕 프라다 에피센터 New York Prada Epicenter'라는 플래그십 스토어를 오픈했다. 프라다는 온라인 쇼핑몰의 등장으로 오프라인 공간의 위상이 사라져가는 시기에 누구보다 먼저 공간에 대해 고민한 뒤 상업적 공간이 더 이상 판매의 목적을 이룰 수 있는 공간만이 아님을 깨닫고 명품 브랜드에 익숙한 디자이너가 아닌 렘 콜하스 Rem Koolhaas라는 건축가를 통해 새로운 쇼핑공간을 선보였다. 당시 렘 콜하스가 정리한 5개의 콘셉트는 놀라운 인상 Luxury is Attention, 거친 재료 Luxury is Rough, 디지털 인터렉션 Luxury is Intelligence, 공간적 낭비 Luxury is Waste, 다양한 활용 Luxury is Stability이다.[32]

이 콘셉트에서 느껴지듯 프라다는 소호의 1층 바닥의 거의 절반을 뚫어 스케이트보드장 같은 형상의 나무 커브로 1층과 지하공간을 연결시켰다. 상품이 주인공이 아니라 공간 자체를 주인공으로 만들어 기존의 매장과는 확연히 다른 콘셉트로 연출한 것인데, 이런 시도는 지금 활용한다 해도 좋을 만큼 혁신적이라 할 수 있다. 이어서 뉴욕 소호 Soho를 시작으로 2003년 도쿄의 패션 거리 아오야마 Aoyama의 특수 유리블록으로 디자인된 독특한 콘셉트의 건물에 플래그십 스토어를 오픈하여 아시아에서의 입지를 다졌다. 당시 나뿐만 아니라 많은 디자이너들이 프라다가 작업한 이 공간들을 보기 위해 뉴욕과 도쿄를 방문했다.

2009년 프라다는 서울 경희궁에서 '프라다 트랜스포머 Prada Transformer'를 선보이기도 했는데 높이가 20미터인 건축물을 네 차례나 들어 올리는 등 공간을 바꿔가며 영화제와 미술전을 했다. 이 화제의 프로젝트 또한 렘 콜하스와 작업한 예술 프로젝트로서 소비자의 새로운 체험을 위한 공간 프로젝트였다.[33]

서울 경희궁에서 프라다 트랜스포머를 봤을 때 무척 새롭고 신선했지만 경희궁이라는 장소를 사용한 것도 놀라웠다. 지금까지 남아있었으면 좋았을 텐데, 당시 프라다라는 럭셔리 외국브랜드가 우리나라 궁궐에서 추진한 프로젝트였기 때문에 금방 없어졌다고 하니 너무 안타깝다. 이런저런 문제 제기가 있다고 없애기보다는 다른 장소로 이동시켜 전시장으로 썼다면 좋았을 것이다. 당시 프라다가 공간에 사활을 건 프로젝트로 대중에게 다가가기 위해 시도한 이 프로젝트가 어쩌면 진정한 의미의 플래그십 스토어의 출발점이 않았을까? '프라다 트랜스포머'라는 주제에서 알 수 있듯이 프라다는 판매 공간이란 끊임없이 변화해야 하고 변신해야 한다는 메시지를 전달하면서 앞서 나갔다고 볼 수 있다.

뉴욕 맨해튼 허드슨 야드의 아이콘인 '베슬 Vessel' 옆 블룸버그 빌딩에 위치한 '더 셰드 The Shed'는 복합 문화공간으로 공연 예술, 시각 예술 및 대중 문화에서 다양한 활동을 하기 위해 2019년 4월 5일에 오픈했다. 더 셰드의 경우에는 프라다의 트랜스포머처럼 거대한 건물이 움직이면서 공간을 바꾼다.

건축설계는 '딜러 스코피디오 플러스 렌프로 Diller Scofidio + Renfro'로 뉴욕 하이라인 New York High Line 설계사무소 가운데 하나인데, 허드슨 야드가 들어서기 이전에 존재하던 레일을 따라 움직이는 철도에서 받은 영감을 건축적으로 표현한 것이라고 한다.[34]

록웰그룹 Rockwell Group이 진행한 인테리어 공간도 군더더기 없이 디자인되었는데 고정된 건축 외피나 건축 구조 안에서 움직이는 한계를 벗어나, 건축 구조를 지닌 외피가 움직이는 공간으로 탄생했다.

이 건물을 처음 봤을 때 움직이는 건물이라고는 전혀 생각하지 못했다. 왜 이렇게 디자인했는지 독특하다고 생각했는데 나중에 내용을 알고 보니 건물 자체가 움직이도록 되어 있는 것이었다. 커다란 레일 같은 구조체를 가진 외피가 움직여서 무대가 확장되면

The Shed _ 뉴욕

다양한 공연이나 전시가 가능한 공간으로 변신한다. 이처럼 이곳은 공간이 확장될 필요가 없을 때는 공공 공간으로 전환되고, 공간이 확장되었을 때는 다양한 문화 예술 활동을 선보일 수 있는 공간으로 바뀌도록 기획된 건물이다. 상상은 누구나 할 수 있지만 실현하기란 쉽지 않은데 그 어려운 일을 해낸 것이다. 앞으로 이곳에서 어떤 활동들이 펼쳐질지 무척 기대가 된다.

나는 동대문디자인플라자를 좋아하는데 그곳에 가면 항상 새로운 전시와 볼거리가 있기 때문이다. 이 건물을 설계한 자하 하디드Zaha Hadid는 2004년 여성 건축가로는 처음으로 건축계의 노벨상이라고 불리는 프리츠커상을 받았는데, 2016년에 생을 마감하면서 이 건물은 국내에 남아있는 그녀의 유작이 되었다. 이런 세계적인 건축가의 유산이 서울에 남아있다는 것이 고마울 따름이다. 공간은 고정되어 있지만 그곳에서 새로운 예술전시, 패션쇼, 다양한 행사들이 펼쳐지고 있어 항상 새로움이 가득한 복합문화공간이다. 주변의 공간들도 산책하기 좋은 공간으로 바뀌었고 외국인들이 오면 꼭 들르는 관광명소가 되었다.

최근 새롭게 변신하고 있는 공간, 아니 변신해야만 하는 공간으로는 영화관이 있다. 오버 더 탑Over-the-top, 즉 OTT의 등장으로 영화관은 더 이상 영화를 보는 공간만으로는 존재하기 어렵게 되었다. OTT의 대표주자인 넷플릭스Netflix가 한국에 등장한 것은

2016년이었지만, 그 이전부터 왓챠, 티빙 등의 OTT는 이미 우리 생활 속으로 들어와 있었다. 그러다가 COVID-19로 인하여 OTT는 우리 삶의 패턴을 급격히 바꾸어 놓았고, 디즈니플러스, 애플TV플러스, 쿠팡플레이 등이 가세하면서 OTT 플랫폼이 우리 삶에 미치는 영향이 더욱 심화되었다.

국내 멀티플렉스 영화관으로는 CGV와 메가박스, 롯데시네마가 주도하고 있다고 볼 수 있는데, 경쟁이 치열해지면서 영화관들은 차별화 전략으로 최첨단 장비와 시스템들을 동원하고 있다. 공간연출 또한 고급스럽게 바꾼 영화관들은 다양한 이벤트가 가능한 공간 플랫폼으로 변신하고 있다. CGV의 경우 영화 이외에 콘서트나 공간 대여도 하는데, 특히 쉐프가 있는 영화관인 'CGV 씨네 드 쉐프'를 복합문화공간으로 만들어 음악과 음식, 그리고 예술을 접할 수 있는 공간으로 다양한 이벤트 상품을 내놓고 있다.[35]

최근에는 리그 오브 레전드 League of Legends; LoL 월드 챔피언십이 한국에서 열렸는데 최첨단 설비로 현장에 가지 못한 사람들을 위한 경기 생중계로 인기를 끌었다.

메가박스는 매년 빈 필하모닉 신년음악회를 중계하고 있는데 메가박스에서 신년음악회를 들으며 새해를 맞는 것도 새로운 문화가 되었다. 이 영화관은 코엑스점을 시작으로 '더 부티크 스위트'를 점점 확장해 나가고 있는데, 럭셔리한 화장실과 파우더 룸이 있는 코엑스점의 경우 일반 상영관과 구분된 별도의 고객 전용 라운지와 카페를 운영하고 있다. 상영관은 웰컴 드링크 서비스를 제공하는 것은 물론 호텔을 연상시키는 럭셔리하고 안락한 좌석을 마련하고 공간을 여유 있게 배치하였으며 조명·향기·실내슬리퍼·담요·물티슈 등을 갖추어 편안한 공간을 연출했다.

또 이곳은 인원에 따라 공간을 대여할 수 있는 시스템도 운영되는데 시간에 따라 소수의 인원이 들어갈 수 있는 더 부티크 프라이빗을 운영하고 있다. 시간제로 운영되는 이 영화관에는 별도의 라운지에 키친이 있고 와인 셀러, 스타일러, 신발 관리기 등 최첨단 시스템을 갖춰 모임이나 파티하기에 아주 적합한 공간이다. 이곳에서 〈아바타: 물의 길〉을 감상하게 되었는데 프라이빗한 공간에서 디저트를 즐기면서 와인도 한 잔 하다가 사람들과 대화하며 영화를 감상했다. 특히 다른 사람들 눈치볼 필요 없이 자유롭게 화장실을 드나들거나 잠시 라운지로 나왔다가 다시 입장할 수도 있어서 좋았다. 영화관은 이제 영화관이라고 부르기 어색할 정도로 데이트 혹은 프러포즈를 위한 공간일 뿐만 아니라 콘서트장이나 기업들을 위한 이벤트 공간이 되기도 하는 등 언제든지 변신할 수 있는 공간 플랫폼으로 새롭게 태어나고 있다.

프라다가 경희궁에 제안한 트랜스포머나 뉴욕 맨해튼의 더 셰드는 공간 자체의 변신을 제안하고 있다. 이렇게 공간 자체가 변하지 않아도 미술관이나 갤러리가 전시 때마다 다른 공간으로 바뀌듯 목적에 따라 다양하게 변신하는 공간들이 우리들의 공간 경험을 새롭게 하고 있다.

서울 한강진역에서 이태원역 방향으로 걷다 보면 왼쪽으로 코오롱스포츠 한남점 건물이 나온다. 외부에서 보면 로고만 있는데 안으로 들어서면 2~3개월에 한 번씩 전체공간이 바뀐다. 일반적인 패션제품만을 전시하면 재미가 없을 텐데 새로운 시도를 계속 보여주면서 변신하고 있다. 1층에서 갤러리

처럼 테마를 가진 전시를 만난 관람객은 자연스럽게 지하로 내려가서 코오롱이 제안하는 신제품들을 구경하게 된다. 따라서 언제든 변신할 수 있도록 기본 공간이 최대한 심

코오롱스포츠 한남점
_서울

플하게 되어 있는데, 천장 같은 곳에는 레일 같은 것을 설치해 연출을 바꿀 수 있도록 만들어져 있다. 이곳이 단순한 판매를 위한 공간이었다면 그냥 지나칠 수도 있겠지만, 항상 새로운 모습으로 변하는 전시 공간 형식을 띠고 있기 때문에 이 지역에 가게 되면 꼭 찾게 된다.

최근에는 전 세계적으로도 다양한 기능이나 용도로 변신하는 공간들이 많아지고 있다. 예를 들어 갤러리가 연주회장으로 바뀌거나 카페가 갤러리로 변신하거나 팝업 스토어로 변신하는 등 다양한 공간들이 저마다 변신을 꾀하고 있다. 또한 쇼핑몰이나 백화점, 플래그십 스토어는 언제든지 변신할 수 있는 다목적 멀티 공간으로 만들어지고 있다. MZ세대의 놀이터가 된 성수동에는 원래 인쇄소와 자동차 부품 공장들이 많았는데, 원래 이곳은 1990년대에 수제화 거리로 알려진 곳이었다. 그런데 주변에 서울 포레스트를 비롯해 주상복합 건물이 들어서고 패션의 메카였던 압구정동이 재미를 잃어가면서 한국의 브루클린을 표방하며 슬슬 부상하더니 이제는 예술과 패션이 있는 트렌디하고 힙한 장소가 되었다.

성수동이 사람들의 입소문을 타기 시작한 것은 '대림창고'라는 복합문화공간이 생겨난 시점부터였다. 원래 정미소였다가 창고로 쓰이던 이곳을 다듬어 창고형 카페로 개조한 뒤 생기를 불어넣고 감성이라는 옷을 입혀 예술을 테마로 화려하게 부활시킨 것이다. 대림창고에서 다양한 패션 행사와 이벤트가 열리면서 그 주변으로 아기자기한 카페들이 모여들어 낡은 건물을 리모델링하거나 약간 다듬어서 새로운 것을 보여주며 젊은 세대를 끌어들였다.

한동안 젊은이들을 품었던 핫 플레이스였던 가로수길은 유명해지더니 부동산 임대료가 올라 이제는 대기업이나 럭셔리 브랜드들이 들어와 조용한 곳으로 변모했다. 지루한 것을 싫어하고 새로운 것을 원하는 젊은 세대들을 위해 공간을 변화시키기로 작정한 듯 성수동은 팝업 공간의 성지라고 해도 될 만큼 일정 기간만 보여주는 방식을 취하고 있다. 이렇게 사회적 관심이 높아지듯 대로변에는 점차 큰 건물들이 들어서고 있고 골목 안쪽에는 예쁜 카페들과 맛집들이 자리하고 있다.

성수동이 인기가 있는 이유는 사람들이 아기자기하고 새로운 것을 발견하는 즐거움을 추구하기 때문이다. 이런 트렌드를 대변하듯 성수동은 언제나 변신할 수 있는 트랜스포머처럼 상황에 따라 시시각각 자신이 품은 공간을 바꿔 나가고 있다. 〈트렌드 코리아

2024〉에서 2024년 10대 트렌드 키워드로 드래곤 아이즈 DRAGON EYES를 제안했는데 그중 가장 먼저 분초사회(Don't waste a single second: Time-Efficient Society)에 대해 얘기하고 있다. 소유 경제에서 경험 경제로 이행하면서 볼 것과 할 것, 즐길 것이 너무도 많아졌고 1분 1초가 아까운 세상이 되었다. 초단위로 움직이는 현대 플랫폼 경제에서 시간의 밀도가 높아지며 가속의 시대로 빠르게 나아가고 있다고 한다.[36]

사람들은 움직이고 변하는 것을 추구하고 새로운 경험을 접하기를 원하고 있다. 그렇다면 상업 공간은 이러한 소비자들에게 어떻게 새로운 공간 경험을 제안해야 할까?

상품이나 서비스에 따라 다르겠지만 기획단계에서부터 고정된 공간으로 기획하는 것이 아니라 언제든 변신할 수 있는 트랜스포머적인 공간으로 만들어서 소비자들에게 어떤 새로운 경험을 제안할지 고민해 보는 것은 어떨까?

지금은 불확실성의 시대라고 할 수 있다. 사람들은 항상 신선하고 새로운 것을 선호하는 경향이 있기에 고정적인 일반 매장 대신 팝업 공간이 점점 더 활성화되고 있다. 최근에는 팝업 공간에 대한 정보만을 모아서 오픈하는 플랫폼을 비롯하여 팝업을 위한 전문 대여 공간도 생겨났고 SNS에서는 매일 다양한 팝업 매장에 대한 정보가 공유되고 있다.

우리나라 팝업 공간의 시초는 1990년대 백화점 활황기에서 찾아볼 수 있다. 당시 소비자의 반응을 보고 입점 여부를 결정하거나 신규 매장을 설치할 공간이 부족해 매대 같은 이동형 진열대를 특정 공간에 임시 매장 형태로 배치했는데 이것이 인기를 끌며 모든 백화점들이 사용하기 시작한 것이다.

일본의 경우에도 1990년대 도쿄 신주쿠에 있는 이세탄Isetan 백화점이 홍보를 위해 신인디자이너를 발굴해 1층에 마련된 스페셜 공간에 해방구解放區라는 곳을 만들어 일정 기간 동안 전시·판매·홍보를 한 게 시초라고 할 수 있다. 당시 큰 이슈가 된 이곳은 현재까지도 팝업 공간으로 사용되고 있다.

팝업 공간은 단기간 동안에만 오픈하는 매장으로서 짧게는 하루만 운영되고 길게는 1, 2개월 정도 운영된 뒤 사라진다. 이런 운영 방식 때문에 소비자들의 호기심을 불러일으킬 수 있기에 이런 매장은 특별한 이슈가 있을 때 한시적으로 운영되거나 신제품 홍보를 위해 마케팅적으로 활용되거나 소비자의 반응을 보기 위해 열리는 등 여러 가지 이유로 활성화되고 있다. 현재의 팝업 스토어 형태는 2002년 미국 대형할인점 '타깃 Target' 이 신규 매장을 설치할 공간을 마련하지 못해 설치한 임시 매장이 팝업 매장의 시초로 알려져 있다.[37]

팝업 매장의 활동 유형은 특별한 이슈를 홍보하기 위한 활동, 신제품 홍보를 위한 마케팅 활동, 소비자의 반응을 보기 위한 활동, 한시적으로 기획한 상품 판매를 위한 활동으로 나뉜다.

첫 번째 경우의 활동 사례로는 세계 최대 가구 브랜드인 '이케아 Ikea'를 들 수 있다. 이 회사는 스웨덴에서 출발한 만큼 스칸디나비아 특유의 디자인과 저렴한 가격, 특히 소비자가 직접 조립하는 DIY제품 판매로 유명해진 기업이다. 우리나라에는 2014년 광명에 1호점을 오픈했고 2017년에는 고양에 신규 매장을 열었다. 이후 신규 매장과 가까우면서도 유동인구가 많고 젊은 층들이 많이 모이는 서울 연남동을 선택해 팝업 공간을 오픈했다.

연남동은 지하철 2호선 홍대입구역과 경의중앙선, 공항철도역이 만나는 지역으로 2017년 경의선 숲길이 조성되어 주변에 카페들과 맛집 등 다양한 매장들이 생겨나면서 젊은 사람들이 모여들었다. 그때부터 이곳은 핫 플레이스가 되었는데 이케아는 이곳에 위치한 카페를 빌려 팝업 스토어를 열어 인기를 끌었다. 카페 건물 외부에 부착된 현수막에는 '헤이 거실'이라고 스웨덴어로 쓰여 있었고 외부에도 편안한 의자를 배치하여 지나가다 누구나 쉽게 들어가서 쉴 수 있도록 했다.

Ikea 연남동 팝업
스토어 _ 서울

원래 주택을 개조해 만들어진 카페였기 때문에 이케아의 콘셉트와 잘 어울렸다. 여기에 이케아 가구나 소품들을 이용해 전 층을 연출했는데, 젊은 층이 좋아할 만한 눈길을 끄는 색을 많이 사용하고 쇼룸 형태로 전시할 수 있는 공간의 최대치를 활용했다. 또한 공간 제안과 함께 이벤트도 같이 진행해서 즐거움을 주었고 방문한 고객들이 그곳에 잠시 머물러 홍보까지 할 수 있게 했다. 즉 해시태그 이벤트를 통해 SNS에 홍보할 수 있도록 마케팅 전략을 펼쳤는데 고객들이 직접 참여할 수 있는 낙서 공간을 만들어 경품 이벤트도 같이 진행했다. 이런 이벤트 방법들은 다른 팝업 매장에서도 최근까지 계속 사용되고 있다.

특징적인 것은 외부의 안내 사인과 내부의 2층으로 올라가는 계단이나 벽면들을 활용한 그래픽을 통해 그곳에서 고양 이케아까지 걸리는 시간과 거리 등을 표현하여 고객들이 새로 오픈하는 고양점이 어디에 위치해 있는지 쉽게 알 수 있도록 했다. 이케아의 이런 마케팅 전략은 한 달 동안 효과적으로 활용되어 입소문을 타기 시작했다. 이 전략을 지켜본 많은 업체들의 요청이 많아지자 이후 이 카페는 공간을 대여하는 곳으로 바뀌기도 했고, 이곳을 비롯하여 주변 공원까지 활용한 다양한 이벤트와 팝업 스토어들이 열렸다.

또 다른 사례로는 미국의 TWA항공사가 만든 팝업 공간을 들 수 있다. 2019년 3월 25일 미국 뉴욕 맨해튼의 타임스퀘어에 비행기가 나타났는데, 1970년대 빈티지 항공기가 타임스퀘어에 착륙하기 위해 들어왔다고 전 세계 많은 신문에서 보도했다. 하지만 사실 이 비행기는 TWA항공사가 만든 팝업 스토어였다. JFK 공항에 있는 TWA항공사 터미널이었던 곳이 개조 공사를 통해 멋진 호텔로 탄생했는데, 항공사는 그 호텔을 홍보하기 위한 팝업 공간으로 항상 전 세계 이목이 집중되는 타임스퀘어라는 장소를 활용하여 큰 효과를 거두었다.

이렇게 특별한 이슈를 홍보할 목적으로 소비자들과 직접 소통하기 위해 기업들은 사회적 이목이 집중되고 사람들이 많이 모이는 곳에 팝업 공간을 만들어 홍보하는 것을 선호하고 있다.

두 번째 경우인 신제품 홍보를 위한 마케팅활동 사례로는 롯데월드몰에서 열린 '발렌티노 Valentino' 팝업 공간을 들 수 있다. 발렌티노는 1978년 향수를 런칭하여 판매하고 있는데 2021년 메이크업 라인을 새롭게 런칭하면서 팝업 공간을 마련했다. 이 회사는

"과감하면서도 자기표현에 주저함이 없고, 다름을 존중하는 포용적인 태도를 지닌 모든 사람을 위한 브랜드"라는 콘셉트를 기획했는데, 과감한 자기표현이라는 콘셉트를 위해 강렬한 붉은색 컬러를 사용했다.

향수병 패키지 디자인을 이용해 새로운 메이크업 라인을 런칭한다는 것을 공간에 표현했고 테스트를 해볼 수 있게 하였다. 또 백화점에 입점하기 전에 신제품 라인 홍보와 더불어 소비자의 반응을 알아보기 위한 팝업 공간을 열었다. 롯데월드몰 광장은 주로 이벤트에 사용되는 공간인데 발렌티노는 밝은 분위기의 주변 공간과는 대조적으로 강렬한 레드 컬러를 사용해 시각적으로 돋보이게 했다.

세 번째 경우인 소비자의 반응을 보기 위한 활동의 사례로는 미국 LA에 있는 웨스트필드 센추리 시티 쇼핑몰에서 있었던 '라메르LAMER' 화장품의 팝업 공간을 들 수 있다. 화장품 브랜드 라메르는 '에스티 로더 컴퍼니즈The Estée Lauder Companies' 산하 브랜드로서 기초 화장품으로 유명하다. 하지만 이곳 쇼핑몰에 새롭게 오픈하면서 소비자의 반응을 살피며 홍보까지 하려고 팝업 공간을 열었는데, 소비자에게 가장 유명하고 잘 알려진 크림케이스를 거대한 형태로 만들어 쉽게 눈에 띌 수 있도록 했다. 또한 크림케이스 안으로 들어가는 입구를 만들었는데, 이 안에 들어가 제품을 직접 테스트해 볼 수 있도록 했다.

LAMER 팝업
스토어 _ LA
Westfield Century
City

네 번째 경우인 한시적으로 기획한 상품 판매를 위한 활동의 사례로는 명품브랜드 매장에서 많이 사용하는 '오픈런 Open-Run'을 들 수 있다. 한시적으로 기획한 상품을 구매하기 위해 고객이 매장 앞에 줄을 서서 기다리는 것을 말하는데, 기업이 매장에서 직접 판매하는 방법 외에 팝업 매장을 활용해 판매하는 경우도 많아지고 있다. 이 경우 소요 예산, 제품규모 등 감당할 수 있는 범위의 장소를 고려하는 것이 좋다. 최근에는 연예인들의 굿즈 팝업 매장이 계속해서 열리고 있는데, 특히 여의도 '더 현대 서울'은 팝업 매장을 위한 남다른 공간 기획으로 항상 MZ세대가 넘쳐나는 공간이 되었다.

2022년 8월 31일 지하 2층에서 걸그룹 데뷔를 기념하는 '뉴진스' 팝업 매장이 열렸는데, 데뷔를 위한 굿즈 구매를 위해 매장을 오픈하기 전부터 바닥에 앉아 개장을 기다리는 사람들로 장사진을 이루었다. 이렇게 공간의 이미지가 만들어지면서 이곳에서는 많은 가수들과 연예인들의 팝업이 열리고 있다.

온라인에 밀려 위기에 처했던 오프라인 업체들은 저마다 팝업 거점 점포를 두고 트렌드에 민감한 젊은 층을 공략하고 있다. 여의도 더 현대 서울의 경우 동선을 넓게 기획하여 팝업 매장이 가능한 공간이 많고 팝업 전용 공간을 3개나 두고 팝업 행사를 상시적으로 하여 MZ세대를 끌어들이고 있다. 또 현대백화점 판교점은 일반 매장도 팝업 공간처럼 보이는 차별화된 디자인으로 공간을 연출하고 있다. 신세계백화점의 경우에는 강남점 내 팝업 전용 공간 '더 스테이지'를 만들었고, 롯데는 서울 잠실 롯데월드몰에 넓은 광장을 활용해 팝업 행사를 계속 하고 있다.

이외에도 다양한 팝업 공간이 활성화되고 있는데 침대 제조업체 '시몬스 Simmons'의 경우에도 팝업 매장을 활용하여 홍보효과를 톡톡히 거두고 있다. "흔들리지 않는 편안함"이라는 광고로 유명한 시몬스는 1870년 미국에서 출발한 침대 제조업체인데, '시몬스 팩토리움 Simmons Factorium'과 함께 공간으로 소통하는 소셜 스페이스 Social Space 인 '시몬스 테라스 Simmons Terrace'를 2018년 경기도 이천에 오픈했다.

시몬스 테라스는 시몬스 침대만의 차별화된 복합문화공간이자 라이프스타일 쇼룸으로서, 자연과 휴식의 의미를 담은 공간을 벽돌로 지어진 공장 형태의 건물에 연출하여 150년에 이르는 브랜드 역사와 소장품을 한눈에 볼 수 있는 전시공간을 마련했다. 이천은 공장이 많은 지역인데 다른 공장 건물과는 차별화된 이국적인 건물과 나무가 어우러진 외관이 입구에서부터 시선을 끈다. 이곳은 제품, 문화 행사 등을 체험할 수 있도록 한 플래그십 스토어를 마련하였는데, 이곳에는 직접 제품을 경험할 수 있는 공간과 브랜드 역사를 알 수 있는 공간, 그리고 직접 디자인한 굿즈를 판매하는 공간과 광고 이미지에도 사용되었던 파라솔이 펼쳐진 야외 테라스 등 사진 찍기 좋은 공간과 카페와 퍼블릭 마켓, 레스토랑이 있다.

2018년 시몬스 테라스 오픈 당시 프랑스 출신 세계적인 비주얼 아티스트 장 줄리앙Jean Jullien이 이곳을 방문해 라이브 페인팅 퍼포먼스를 선보였는데, 여기저기 돌아다니다 보면 그의 작품을 만날 수 있다. 2023년 누적 방문객수가 100만 명을 넘었다고 하는 이곳은 12월 '동화 속 캔디 마을'이라는 테마로 꾸며 다양한 이벤트로 사람들을 불러모았고 이천에서 꼭 찾아봐야 할 명소가 되었다.

시몬스는 MZ세대에게 어필하기 위해 여러 개의 팝업 스토어를 선보였다. MZ세대 직원들이 2020년 성수동에 오픈한 '하드웨어 스토어'가 큰 인기를 끈 이후, 2021년에는 부산 해리단길에 '해운대 시몬스 그로서리 스토어'를 오픈했다. 또 2022년 오픈한 '시몬스 그로서리 스토어 청담'은 침대 없는 팝업 스토어로서 미국과 유럽 등의 재래시장에서 볼 수 있는 식료품점을 콘셉트로 하고 있는데 메인 컬러도 미국적인 강렬한 레드를 사용했다. 이 공간에서 판매하는 제품은 시몬스가 직접 디자인했는데, 피자 형태의 앞치마, 고기 같은 수세미, 우유팩 안에 들어 있는 쌀, 조각 케이크 같은 패키지의 그물망 가방 등 재미있는 아이템이 100개가 넘는다.

이곳 2층에는 부산의 유명 수제 버거 가게를 들여와 매일 아침 11시 30분이면 입구 앞에 사람들이 줄을 서는데 분위기는 농구 코트 콘셉트로 연출되었다. 이곳의 모든 요소들이 MZ세대에게 즐거움을 주었는데, SNS를 가장 잘 이용하는 MZ세대들이 스스로 홍보 전도사가 되었다.

2022년 6월 시몬스는 '시몬스 그로서리 스토어'를 가상 세계인 메타버스에도 런칭했다. 제페토에서 시몬스 그로서리 스토어 열풍을 그대로 이어 포토 부스를 만든 뒤 '시몬스 그로서리 스토어 청담'의 인증샷 명소인 매장 외관을 그대로 옮겨와 다양한 아바타 활동을 할 수 있게 했다.[38]

이렇게 다양한 방법으로 '시몬스 테라스' 플래그십 스토어와, 팝업 스토어인 '시몬스 그로서리 스토어', 그리고 메타버스까지 연결된 옴니채널Omni Channel을 활용한 마케

Simmons Terrace _ 이천

팅 전략으로 시몬스는 MZ세대에게 확실하게 인식되고 있다고 볼 수 있다. 공간이미지를 경영하는 일은 공간을 꾸미는 것에 그치지 않고 이렇게 전체적인 스토리와 그 공간에 들어가는 콘텐츠 등 모든 것들이 연결되어야 성공적이라고 할 수 있다.

디올도 2022년 성수동에 팝업 공간을 오픈했는데 거대한 유리 온실로 파리 몽테뉴 거리에 있는 디올 하우스를 연상시키는 구조와 개방적인 정원으로 마치 성수동에 성이 하나 들어선 것 같다. 스토어로 들어선 고객은 원형으로 돌면서 테마별로 제품을 구경할 수 있는데, 한쪽에 마련된 '카페 디올 Café Dior'에서 정원을 바라보며 여유로운 티타임을 즐길 수 있도록 했다. 이곳에서 판매하는 커피는 상당히 비싸지만 그마저도 예약을 해야 들어갈 수 있었다.

Dior성수 _ 서울

차를 마시며 정원을 내다보면 정원이 끝나는 부분에 스텐 밀러가 설치되어 있는데 복잡한 성수동 이미지를 차단하는 역할도 하지만 정원을 더욱 풍성하게 보이는 역할도 한다.

다른 한쪽에 설치된 커다란 영상에는 아름다운 꽃이 있는 정원이 표현되어 있다. 몰입형 미디어 아트로 명성을 얻은 우리나라 디지털 디자인 컴퍼니 '디스트릭트 D'strict'와의 협업을 통해 Monsieur Dior가 어린 시절을 보냈던 그랑빌 저택의 분위기를 미디어아트로 재현한 결과물인데 결과적으로 더욱더 풍성하고 아름다운 정원을 표현해냈다.

'피치스 도원 Peaches. One Universe'은 2018년 LA와 서울을 기반으로 설립된 자동차 라이프스타일 브랜드로서 스트리트 카 Street Car 문화를 패션에 접목하여 다양한 굿즈를 출시하고 여러 브랜드와 협업하여 자동차 문화를 주도하고 있다. 2021년에는 성수동에 플래그십 스토어로 피치스 전시 및 상품 판매 공간인 동시에 복합문화공간으로 오픈했다. 피치스 개러지, 수제햄버거 다운타우너, 노티드 도넛 등이 입점해 있으며, 2021년에는 한국타이어와 협업을 진행했다. 이때 타이어 지우개 만들기와 건물 루프탑에서 열린 전동 짐카나 이벤트가 참여한 사람들에게 즐거움을 주었고 다양한 협업 행사들이 열리고 있다.

Peaches. One
Universe _ 서울
성수동

아모레 성수는 뷰티를 체험하고 다양한 협업을 통한 이벤트를 하는 팝업 공간으로 탄생했는데, 건물과 건물 사이는 정원으로 꾸며져 있고 회랑 구조를 띄고 있다. 원래 자동차 정비소였던 이곳은 기획자의 의도에 따라 개조되어 MZ세대의 뷰티 놀이터로 조성되었다.

아모레 성수 _ 서울

최근에는 빠르게 변하는 소비자들의 욕구를 따라잡기 위해 여러 지역에서도 팝업 공간이 많이 생겨나고 있는데 젊은 세대를 오프라인 공간으로 끌어들이는 데 효과를 보고 있다. 의외의 장소에서 시선을 사로잡는 공간으로 '말똥도넛 디저트타운 파주점'을 들 수 있는데, 이곳은 경기도 파주의 인기 있는 대형 카페 '더티트렁크'를 운영하는 CIC에서 기획한 카페로서 위치상 자동차를 이용해서 가야 하는 곳인 만큼 비교적 넓은 주차장을 확보하고 있다. CIC를 운영하는 김왕일 대표는 인터뷰에서 괜찮은 입지를 찾는 대신 '콘텐츠'로 승부를 보고 어디서도 볼 수 없던 개성 있는 매장을 만드는 것을 목표로 하고 있으며, 고객이 정말 원하는 것은 맛뿐만이 아니라 "새로운 경험"이라고 얘기한다.[39]

이곳 내부는 온통 사진촬영 스튜디오 같은 느낌이고 도넛 역시 독특한 콘셉트로 만들어 SNS에 사진을 찍어 올리기에 충분한데, 이곳은 디저트와 화려한 놀이터 콘셉트로 핫한 장소가 되었다.

영국의 화장품 브랜드인 '러쉬Lush'가 이곳에서 팝업을 진행했다. 이 회사에서 판매하는 자연친화적인 헤어 및 미용 관련 제품들은 알록달록한 색상을 보여주는데 고체 샴푸바 등 네이키드 제품의 컬러도 화려한 편으로 이 공간과 잘 어우러지는 듯하다. 이처

말똥 도넛
디저트타운 _ 파주

럼 서로 목적이나 타깃이 같다면 언제든 협업하는 시대가 되었으니 그 효과는 크다고 할
수 있다.

새로운 형태의 팝업 공간을 활용한 마케팅 전략이 효과를 거두는 것은 소비자들에게
한시적으로 시각적 재미와 희소성, 특이한 경험을 주기 때문이다. 이제는 판매 공간이
고정되어 있지 않으며 신선함과 새로움을 줄 수 있는 이런 체험형 공간이 사람들의 본능
적 욕구와 감성을 자극해서 구매로 이어지도록 하고 있다.[40]

요즘에는 팝업 공간이 너무 많고 트렌드가 너무 빨리 바뀐다. 이는 기존 브랜드뿐만
아니라 온라인에서 활동하는 신생 브랜드들이 많아서 온라인매장으로 유도하기 위해
팝업 매장을 오픈하는 경우가 많기 때문이다. 이런 팝업 매장들은 주로 사람들이 많이
가는 쇼핑몰이나 유명한 카페, 그리고 콘셉트가 어울리는 공간에서 열린다.

팝업 공간을 기획하려면 기획하기 전에 먼저 왜 팝업을 해야 하는지 생각해보고 판매
혹은 홍보하려는 상품이나 제품이 소비자들을 만족시킬 수 있는지 가장 기본적인 것에
대한 검증이 필요하다. 또한 장소 선정에 있어서도 목표하는 고객들을 쉽게 만날 수 있
는 곳이어야 하고 예산적인 면도 고려해서 선정해야 한다. 이때 아이템에 따라 이미지가
어울리는 공간을 찾아 선택하는 것이 좀 더 효과적일 수 있다.

공간을 멋지게 꾸미는 것만이 중요한 게 아니라 오감을 만족시킬 수 있는 다양한 콘
텐츠가 공간에 잘 스며들어 있어야 한다. 다시 말해 고객이 그 공간을 떠나서도 기억할
수 있도록 하고 고객 스스로 입소문을 내거나 SNS를 통한 재소비로 이어질 수 있게 하
는 아이디어도 필요하다.

팝업 공간으로 발걸음을 옮기는 고객들은 기본적으로 멋진 포토존과 맛있는 식음료, 기발한 아이디어로 만들어진 굿즈를 기대한다. 하지만 다른 팝업 공간을 흉내 내서 비슷하게 전개하게 되면 고객들은 흥미를 가지지 못하기 때문에 차별화된 콘텐츠로 접근해야만 한다. 또한 시몬스의 사례처럼 기획 단계부터 옴니채널을 활용한 다양한 마케팅 전략으로 이어지도록 해야 더욱 효과적이라고 할 수 있다.

제2부

공간이미지
경영을 위한
고 려 사 항

〈손대면 핫플! 동네멋집〉이라는 프로그램이 있었는데, 이는 폐업하기 직전의 동네 카페를 선정한 뒤 공간과 메뉴를 새롭게 구성하여 되살리는 프로젝트이다. 유정수 대표가 해결사로 나서서 진행했는데, 본인의 노하우를 바탕으로 다양한 콘셉트의 공간을 살려냈다. 그런데 대상으로 선정된 곳은 다행이지만 그렇지 못한 공간들의 사례는 보기에도 가슴이 아프다. 사람들은 왜 장사가 가장 쉬울 것이라고 생각할까? 고객의 돈지갑을 열려면 온갖 기술은 물론이고, 마음과 정성까지 가득 들어가야 하는데 말이다.

프랜차이즈 매장을 여는 경우라면 본사에서 많은 것들을 알아서 해주기 때문에 별다른 어려움이 없을 거라 생각하는 경우가 많다. 하지만 본사에서 서포터 역할을 하고 많은 것을 가르쳐주지만 매장 운영에 대한 책임은 매장 경영자의 몫이다. 모든 것을 본사의 판단에만 맡겨둘 수 없는 데다, 프랜차이즈 역시 매장 경영자가 모든 것을 알고 있어야 본사의 지시사항이 합리적인지 알 수 있다.

그렇다면 상업 공간을 기획할 때 어떤 것들을 먼저 생각해야 할까? 비즈니스를 하려는 사람이라면 누구를 대상으로 할 것인지 [Who], 어디서 할 것인지 [Where], 무엇을 하려고 하는지, 공간의 용도는 무엇인지 [What], 언제 시작할 것인지, 언제 사용하는 공간인지 [When] 생각해야 한다. 또한 어느 정도의 공간이 필요한지 [How many], 소요 예산이나 가격대 선정은 어떻게 할 것인지 [How much] 또한 어떻게 마케팅을 하고 성장시킬 것인지에 대한 전략 [How to]에 대해서도 고려해야 한다.

이외에도 브랜드나 매장 이름과 아이덴티티는 어떻게 할지[Brand Identity], 어떤 테마와 콘셉트로 할 것인지[Theme & Concept], 공간이미지는 어떻게 보여지게 할 것인지[Style & Image], 어떤 이야기를 전달할 것인지[Storytelling] 등 공간을 꾸미는 데는 생각할게 너무도 많다. 하지만 이런 것들을 미리 생각해야 원하는 비즈니스를 성공시키기 위한 전략을 세울 수 있다.

대부분의 사람들은 비즈니스를 시작할 때 이런 것들을 미리 생각해서 준비하기보다는 마음이 급해서 즉흥적으로 시작하는 경우가 많고 공간 디자이너가 알아서 해줄 것이라고 생각하곤 한다. 하지만 다른 사람에게 컨설팅을 의뢰할 경우에도 비즈니스를 구상하는 사람이 사업에 대한 이해는 물론이고 공간에 대한 이해까지 제대로 하고 있어야 실패 확률을 줄일 수 있다. 특히 오프라인 공간의 경우 기획에 이어 연출까지 끝난 뒤에는 바꾸기가 쉽지 않다. 돈이 많은 경우라면 별 문제가 없을 거라고 주장할 수도 있겠지만, 개인은 물론이고 어느 정도 규모가 있는 기업이라 하여도 공간에 대한 이해를 제대로 하지 못하면 비용과 시간의 손실뿐만 아니라 정신적으로도 스트레스를 많이 받게 된다. 따라서 어떤 비즈니스를 준비하건 간에 공간에 대하여 이해를 하고 전략을 짜 나간다면 실패 확률을 줄일 수 있으므로, 이제 공간의 이미지를 어떻게 만들고 경영해야 하는지 사례와 함께 무엇을 고려해야 하는지 살펴보고자 한다.

1장 ——————————— 누구를 위한 공간인가?

먼저 공간을 기획하기 위한 가장 기본적인 요소로 '누구를 위한 공간인지, 하려고 하는 비즈니스 아이템의 공간 사용자가 누구인지, 어떤 사람들인지'에 대한 물음에 답할 수 있어야 한다. 다시 말해 공간이 타깃으로 삼는 대상에 대한 이해가 필요하다는 얘기다. 예를 들어 남성을 위주로 하는 공간인지, 여성을 위한 공간인지, 아이들을 위한 공간인지, 연령층은 어떻게 되는지, 누구나 이용할 수 있는 공간인지 생각하고 대상에 따른 시장을 세분화하고 포지셔닝을 명확히 하는 STP Segmentation, Targeting, Positioning전략이 필요하다. 여기에 더하여 취미나 취향이 무엇이며 경제적 소득이나 교육적 배경 등 대상의 라이프스타일에 이르기까지 많은 이해가 필요하다. 한양대학교 차경진 교수는 고객의 라이프스타일에 더해 고객의 페르소나까지 연구해야 한다고 한다. 예를 들어 아이 엄마의 경우 아이를 등교시키기 전과 아이를 등교시키고 브런치를 먹으러 갈 때 페르소나가 다르기 때문에 더 세부적으로 연구해야 한다고 한다.

예를 들어 스타필드 고양의 경우도 삼송지역의 특수성, 즉 아이들이 많은 점을 감안해서 아이들을 위한 공간 배려를 많이 했다. 다시 말해 푸드코트에서도 에드벌룬이나 풍선을 사용하거나 동화 속 공간 혹은 놀이공간처럼 연출해서 테마파크에 온 것 같은 느낌이 들게 했다.

스타필드 하남에 있는 일렉트로마트는 "가전제품에 대한 모든 것이 실현되는 공간"을 주제로 하는 이마트의 통합형 가전매장으로서 특히 남성들을 위한 공간으로 기획되

스타필드 고양

었다. 남자들이 쇼핑몰에 가면 소파에 앉아 가족들을 기다리며 졸고 있는 경우를 많이 볼 수 있는데, 이곳의 경우에는 단순히 상품을 보는 것에 그치지 않고 직접 체험할 수 있도록 했다. 다시 말해 남성 고객의 라이프스타일에 기반한 체험형 전문매장으로서 남자들의 쇼핑 놀이터가 된 것이다.

스타필드 하남
'일렉트로마트'

　이 매장의 경우 입구로 들어서기 전부터 IT기업이나 젊은 느낌의 이미지로 많이 사용하는 청색을 주요 컬러로 택했고 시각적으로 눈길을 끄는 노란색을 포인트로 내세운 쇼윈도를 배치했다. 그밖에도 기본 캐릭터인 '일렉트로 맨'을 활용한 마네킹을 비롯해 각종 그래픽과 조명들이 시선을 유도한다. 일렉트로마트는 가전제품부터 완구, 드론, 피규어 등 다양한 상품을 갖추었고 남자를 위한 패션 편집매장을 내부에 배치해 의류매장까지 갈 필요가 없도록 했다. 내부에 Bar가 있는데 이는 제품만 진열되어 있는 전자제품 매장 형태를 벗어난 것으로서, 음료를 마시며 편하게 쇼핑할 수 있게 함으로써 남성들에게 최적화된 쇼핑공간을 마련하였다.

　내가 최근에 작업한 공간은 영어학원인데 어린 5세부터 고등학생까지 브랜드가 다양하다. 그 공간을 디자인할 때 유치부 '랜퍼스Lanpus'에 특히 신경을 많이 썼는데, 우선적으로 고려한 것은 안전한 공간이 되어야 하며 부모들이 안심할 만한 분위기를 만들어 주어야 하는 것이었다. 이 때문에 내 아이가 이 공간을 사용한다면 부모로서 어떤 부분이 가장 신경이 쓰일까를 생각해서 기획했다. 그 결과 배치나 동선, 그 공간에 들어갈 내용이나 콘텐츠 등도 중요하지만, 그보다는 아이가 다칠 만한 요소나 물건이 없는지에 대한 것과 화재의 위험이 없는지에 대하여 신경을 더 많이 썼다. 환기도 잘 되어야 하고 재료 사용에도 환경오염물질은 없는지 점검을 많이 하게 되었다.

컬러 또한 파스텔 톤을 많이 사용하고 나무도 밝은 색을 선택했으며 가구 높이나 아이들 눈높이를 생각하며 디자인했다. 공간에 도입한 물건의 형태도 기능적인 부분과 디자인 포인트를 주어야 하는 부분을 분리해서 가능하다면 직선보다는 원형을 선호하는 디자인을 했다.

LANPUS 강동 하남 캠퍼스

앞에서 소개한 츠타야의 경우도 대상이 누군지에 따라 오픈하는 공간의 콘셉트를 정해서 전략을 짜나간다고 했다. 이렇게 비즈니스 대상이 누구인지에 따라 공간 구성이나 디자인이 달라지는데, 어떤 부분에 디자인 포인트를 주어야 하고 어떤 콘텐츠를 적용해야 하며 어떻게 구성해야 할지에 관한 문제에 이르기까지 공간기획이 달라진다. 또한 비즈니스 아이템을 선정할 때도 대상을 세분화할수록 표현이 명확해질 수 있다. 누구나 다 이용할 수 있는 공간이라도 구매와 연결되는 타깃을 자세하게 연구하면 실패를 줄일 수 있다.

대상을 정한 뒤에도 무엇을 어떻게 할 것인가에 대한 콘텐츠를 생각해야 하는데 판매를 위한 공간인지 브랜드와 기업이미지 홍보를 위한 쇼룸인지에 따라 전략이 달라질 수 있다.

예전에는 두 마리 토끼를 잡으려 하다가 실패하는 경우가 많았기 때문에 그 공간이 무엇을 하기 위한 공간인지 목적을 명확히 해야 했다. 하지만 시대의 변화에 따라 오프라인 공간에서 고객을 지속적으로 방문하게 하려면 여러 가지 목적을 설정하여 기획해야 한다. 현재 오프라인 공간은 경험의 공간이자 고객과 끊임없이 소통하는 공간으로 그 역할이 바뀌었기 때문에, 브랜드 정체성을 잘 파악해서 필요할 때 변화가능하고 확장된 공간으로도 활용될 수 있어야 한다.

청담동이나 도산대로에는 패션이나 자동차를 비롯한 럭셔리 브랜드 매장들이 즐비하고 뒷골목에는 고급 레스토랑과 Bar가 많이 있다. 이곳의 고객들은 주로 자동차를 이용하거나 그 지역 주변에 사는 고객들이 많은데, 부동산 가격이 비싼 이곳에는 주로 브랜드 이미지를 알리거나 홍보를 위한 플래그십 스토어들이 많이 자리 잡고 있다.

도산대로에 자리 잡은 '현대 모터 스튜디오 서울 Hyundai Motor Studio Seoul'은 건물 외부에서 보면 멀리서도 확인할 수 있도록 자동차를 전시해 놓았다. 3층에서 5층까지 층별로 3대씩 총 9대의 자동차를 다양한 각도로 설치해 기존 자동차 전시공간과 전혀 다른 관점에서 자동차를 눈에 담을 수 있도록 연출한 것이다.

이곳은 현대자동차의 실험정신이 담긴 첫 번째 브랜드 체험공간으로서, 자동차는 바닥과 수평하다는 고정관념에서 벗어나 '카 로테이터Car Rotator'가 설치되어 있다. 차가 돌아가게 하는 장치를 '카 로테이터'라고 하는데, 이 공간은 상승과 하강은 물론이고 좌우로 90도까지 움직일 수 있는 시스템까지 갖추었다.

1층은 예술가들의 창작활동들을 후원하고 현대 미술 전시를 기획·진행하는 공간인 작품이 있는 스튜디오이다. 2017년에는 뉴욕에서 주로 활동하는 예술가로 건축·퍼포먼스 등 장르의 경계를 허무는 독창적인 작품 세계를 선보이고 있는 '다니엘 아샴Daniel Arsham'의 '침묵 속의 시간Time in Silence'이 전시되었다.[41]

이곳 2층에는 자동차와 현대자동차 관련 서적, 라이프스타일 등 크게 3가지 범주의 서적 3,000여 권을 보유하고 있는 자동차 전문 도서관 '오토 라이브러리Auto Library'와 프리미엄 카페 브랜드인 폴바셋이 위치하고 있다.

3층에는 리얼 우드로 18가지 제작 단계를 형상화한 아트 월Art Wall이 있는데, 한쪽에 현대자동차를 디자인한 디자이너와 미니어처를 함께 전시해 놓은 '프리미엄 라운지Premium Lounge'를 만들어 놓았다.

4층에는 아이들이 자동차 주행을 느껴보거나 돌봄 선생님과 함께 색칠 공부를 하며 여러 프로그램을 통해 무한한 상상력과 창의력을 키울 수 있는 '키즈 라운지Kids Lounge'가 마련되어 있다.

5층에는 현대자동차 커스터마이징 브랜드인 Tuix의 '튜익스 라운지Tuix Lounge'가 있어서 자기만의 개성을 표현할 수 있는 휠과 컬러 패턴이 전시되어 있고, 차량의 퍼포먼스를 향상시킬 수 있는 다양한 튜닝용품들이 전시되어 있다.

이곳은 주로 도로변에 위치해 있고 주변에 해외 자동차 쇼룸들이 많은 지역으로서, 단지 판매를 위한 공간만이 아니다. 즉 "사람을 움직이는 수단에서 마음을 움직이는 공간으로"라는 이곳의 슬로건처럼 사람들에게 경험과 체험을 제공함으로써 그 마음을 움직여 브랜드 이미지를 높이기 위한 차별화된 전략을 사용한 공간이라고 할 수 있다.

킨텍스 바로 옆에 지상 9층 지하 5층 규모의 현대 모터 스튜디오 고양점은 여러 지점 가운데 가장 크다고 하는데, 2017년 개점한 이후 하늘에 떠있는 우주선 콘셉트로 설계된 이곳을 무려 200만여 명의 방문객이 찾았다고 한다. 이곳은 고양에 가족 단위 혹은 어린이나 학생 방문객들이 많아 에듀테인먼트 프로그램 등 각종 전시 및 다양한 문화예술 행사들이 진행되는 자동차 문화 복합공간이다.

이곳 1층은 마치 모터쇼에 온 것처럼 느껴지는 넓은 공간에 제로 웨이스트 모빌리티 타운으로 연출되어 있으며, 신형 자동차와 이벤트를 체험할 수 있고 안쪽에는 고객 서비스센터도 자리하고 있다.

2층에 오르면 입장료를 내고 들어가는 인투더카Into the Car가 맞이하는데 여기는 자동차가 만들어지는 과정을 직접 보고 만지며 체험해 보는 각각의 공정을 대표하는 전시공간이다. 강철을 녹이는 과정부터 차체를 만들고 로봇들이 연결하고 색을 입히고 부품을 맞추는 과정을 보여준다.

에어백으로 만들어진 터널에서는 에어백의 작동원리를 살펴보고 충돌테스트 영상 및 미래연구소 '닥터 H'에서는 수소에너지에 대해 알아본다. 이어서 미래 모빌리티를 체험한 뒤에는 연결을 경험하는 72개의 스마트 무빙추 체험, 수천 개의 알루미늄 기둥이 움

❶ 현대 모터 스튜디오
서울
❷❸ 현대 모터 스튜디오
고양

직여서 다양한 형상으로 변신하는 과정을 경험한다. 마지막으로 4D시뮬레이터를 통해 월드랠리챔피언십WRC을 경험하도록 구성되어 있다.

3층은 'N 브랜드 존N Brand Zone'으로 N 브랜드의 탄생부터 현재, 그리고 미래를 향한 여정을 보여주고 체험용 기기가 설치되어 있어 직접 운전하는 재미까지 제공한다. 안쪽에는 굿즈를 판매하는 공간도 마련되어 있는데 자동차 미니어처나 액세서리는 물론이고 반려동물용 디자인 제품들도 판매되고 있다.

1층 안내데스크 뒤에는 기다란 테이블로 운영되는 카페가 있고 4층에는 레스토랑이 자리 잡고 있는데, 꼭 자동차를 체험하지 않아도 사람들이 편하게 방문할 수 있는 공간이다.

이곳의 특징은 아이들을 위한 여러 가지 프로그램들을 진행하는 것인데, 가족 단위의 고객 또는 미래의 고객이 자연스럽게 접근할 수 있도록 함으로써 국내 최대의 체험형 자동차 테마파크로 자리매김했다.

2021년에는 부산 복합문화공간인 F1963에 현대 모터 스튜디오 부산점을 오픈해서 다양한 전시를 해오고 있는데 최근에는 '내 친구의 집은 어디인가'라는 전시를 했다. 차세대 큐레이터 발굴 및 문화예술계 발전을 위한 '현대 블루 프라이즈'의 일환으로 물리적 거주지를 넘어 정서적 안정감을 주는 진정한 의미의 '쉼터'를 탐구하고자 기획했다고 하며 사운드 아티스트, 그래픽 디자이너, 애니메이션 감독 등 글로벌 아티스트 12팀이 참여했다. 단순히 기획된 전시만 보여주는 것이 아니라 아티스트 및 큐레이터 발굴까지 하고 있다는 점에서 현대자동차의 문화예술에 대한 노력과 섬세함이 엿보인다. 이렇게 현대 모터 스튜디오는 단순한 판매 공간이 아니라 미래 지향적이고 고객들에게 재미와 감동을 주는 여러 실험들을 핵심적인 오프라인 공간을 통해 고객들과 커뮤니케이션하면서 자신의 가치를 높이는 전략을 펼치고 있다.

내가 중국 상하이에서 작업한 공간인 삼익악기 중국법인 신사옥이 2019년에 오픈되었는데, 이곳은 총 2만 3,000제곱미터에 지어진 4층 규모의 건물로서 이곳 역시 판매를 위한 공간이라기보다는 고객경험을 위한 공간으로 기획된 것이다. 삼익악기는 2008년에 역사와 전통을 자랑하는 독일 자일러Seiler 피아노(1849~)를 인수한 후 그 브랜드 가치를 중국 전역으로 넓히기 위해 중국법인 신사옥에 '자일러-삼익 아트센터'를 만들었다. 이 건물 1층에는 대형쇼룸과 악기공방을 배치했고 3층은 콘서트홀과 문화센터로 활용하고 있으며, 2층과 4층은 사무실로 사용하고 있다.

이곳 1층의 쇼룸은 삼익악기의 피아노 브랜드를 위한 전시공간, 기타 전시공간, 악기를 직접 제작해볼 수 있는 공방으로 이루어져 있는데 각 브랜드별로 콘셉트에 따라 구분되어 있다. 이곳 전시공간의 천장은 연출을 바꾸고 싶을 때 언제든지 변경이 가능하도록 노출천장에 금속파이프를 매시 형태로 만들고 레일조명을 설치해 다양한 변화를 줄 수 있도록 했다.

3층에 자리한 콘서트홀에는 클라이언트의 의견을 들어 중국인들이 좋아하는 붉은색을 사용해 의자들을 배치했고, 뒷면의 유리창에는 컬러필름을 적용해서 컬러풀한 공간으로 만들었다. 무대는 심플하게 만들어 공연 시 관람객들이 좀 더 집중할 수 있도록 했다. 이밖에도 접견실과 대기실 등 부속실을 비롯해 문화센터가 자리해 있는데, 1인 악기 연습 공간과 앙상블로 연습할 수 있는 공간, 세미나실 및 댄스연습이 가능한 공간도 만들어져 있고 잠시 나와서 휴식할 수 있는 카페공간도 있다.

이곳 문화센터는 중국음악원과 상해음악원 등 산학협력도 체결해 악기교수법 교육프로그램 및 중국 교육부로부터 공식적으로 인정받는 음악전문교사 양성과정 및 전문 음악인들을 위한 공간으로 사용되고 있으며 다양한 이벤트들도 열리고 있다. 이 센터에서

삼익-자일러
아트센터 _ 상하이

삼익-자일러 아트센터 _
상하이

는 음악 및 악기와 관련된 모든 것들을 경험해 볼 수 있는데, 단순히 악기를 판매하는 공간이라기보다는 음악인들이 직접 와서 관람객들과 다양하게 소통할 수 있는 공간으로서 그 가치를 높이고 있다.

이처럼 공간이미지를 경영하는 일에 있어서 가장 중요한 부분은 자신이 기획하려는 공간이 무엇을 하기 위한 공간이며 그 공간을 어떻게 사용할지에 대한 목적과 콘텐츠를 미리 생각하는 것이다.

삼익-자일러 아트센터 _
상하이

비즈니스를 하려고 할 때 어디서부터 시작하면 좋을까? 온라인으로 시작해야 할까, 아니면 오프라인 공간에서 첫 삽을 떠야 할까? 오프라인 공간이라면 국내에서 열어야 할까, 아니면 해외에 진출해야 할까? 도심지에서 하는 게 좋을까, 아니면 한적한 야외에서 할 것인가? 더 구체적으로 나아가 강남에서 해야 할까, 아니면 강북에서 하는 게 맞을까? 이 물음에 대한 답을 내리는 가운데 우리는 비즈니스를 오픈할 위치가 자신이 하고자 하는 아이템이나 목적에 따라 결정된다는 것을 확인할 수 있다.

이외에도 매장 형태에 따라서도 상황이 달라질 수 있다. 다시 말해 도로가 있는 로드샵(단독 매장)인지, 쇼핑몰이나 백화점인지, 숍 인 숍Shop in Shop에서 할 것인지, 층을 몇 층으로 할 것인지, 코너인지 아니면 통로인지 등에 따라 달라질 수 있고, 주 고객이 어떤 사람들인지에 따라서도 달라진다.

오래전에 지인이 치과를 개업하려고 한다는 얘기를 듣고 어디서 할 것인지를 물어보았다. 집이 압구정동이라 그 근처에서 오픈할까 생각중이라는 얘기를 듣고 주요 고객층을 어떻게 생각하는지 물어보았더니 직장인들이나 기업고객을 유치하고 싶다는 답이 돌아왔다. 그래서 압구정동에 기업이 많이 있는지 생각해보라고 조언한 뒤 높은 빌딩이 많고 지하철 접근성이 좋아서 직장인들이 점심시간에 잠깐 다녀갈 수 있는 테헤란로가 어떠냐고 추천해주었다. 다행히 그 친구는 내 조언을 받아들였고 강남역 주변에 오픈해서 오랫동안 운영하고 있다.

접근성이 좋으면 비즈니스에 효과적인 경우가 대부분이지만, 최근에는 알릴 수 있는 매체도 많아지고 SNS의 발달로 아이템에 따라 반드시 접근성이 좋은 장소가 아니어도 된다. 아이템에 따라 오히려 엉뚱한 장소가 고객에게 더 매력적으로 다가갈 수가 있다. 의외의 장소가 주는 신선함이 스토리를 만들어 내기에 적합할 수도 있고, 접근성보다는 스토리를 생산할 수 있는 장소가 비즈니스에 좀 더 효과적일 수도 있다. 지금은 찾아가는 시대이고 오히려 그것을 경험으로 자랑하는 시대가 되었기 때문이다.

장소적인 측면에서 2002년 강릉에서 출발한 스페셜티 커피전문점인 '테라로사 Terarosa'의 사례를 살펴보자.

테라로사가 오픈했을 당시에 커피가 맛있다는 소문을 듣고 차량의 내비게이션이 알려주는 대로 찾아갔는데, 논과 밭을 지나 절대로 카페가 있을 것 같지 않은 시골마을에 매장이 떡하니 자리 잡고 있었다. 대개는 전망이 좋거나 위치가 좋은 곳에 카페들이 있기 마련인데 이곳은 좀 달랐다. 전혀 카페를 기대할 수 없는 시골 전원 분위기가 의외의 모습으로 묘하게 다가왔는데, 그 이후 전국 각지의 커피 마니아들이 테라로사를 찾게 되면서 강릉을 '커피의 도시'로 떠오르게 했다.

당시 테라로사의 인테리어는 세련된 느낌보다 내추럴한 우드 기둥과 화이트 벽이 투박하면서도 소박한 느낌을 주었는데, 이런 공간에 다양한 커피 관련 소품들이 진열되어 있었다. 현재 이곳은 로스팅 공장을 매장 내부에 배치하는 공장형 콘셉트로 건물을 새로 지었는데 오래된 듯한 붉은 벽돌과 내추럴한 우드, 그리고 담쟁이 넝쿨의 자연스러움이 테라로사를 표현하고 있고 내부 또한 노출콘크리트를 그대로 사용하여 전체적으로 심플하게 연출되었다.

이곳에는 테라로사 뮤지엄도 있는데 입구는 강렬한 붉은색을 사용해 "붉은 땅"이라는 테라로사의 의미를 살렸으며, 간판이나 포인트 컬러까지 붉은색을 선택했다. 이 박물관 1전시실에서는 커피 산지, 커피의 수확과 가공 품질, 2전시실에서는 커피 로스팅과 그라인딩, 추출의 역사와 현재를 살펴볼 수 있다. 그리고 메인 전시실에서는 커피 플레이트에 대한 이해를 높이고 테스트를 해보는 등 체험공간이 마련되어 있으며, 바리스타가 핸드 드립으로 내리는 커피를 시음할 수도 있다. 이밖에도 커피 생산지에서 시작되는 커피의 여정을 영상과 회화로 실감나게 전달하고 있으며, 커피의 다양한 맛과 향, 풍미를 형상화한 손몽주 작가의 설치 미술 작품과 테라로사의 기념품을 판매하는 공간도 마련되어 있다.

양평 문호리에 있는 테라로사는 서울에서 비교적 가까운 위치에 있어서 드라이브 코스로 각광받고 있는데, 붉은 벽돌을 사용한 외장을 비롯한 이곳의 디자인 콘셉트는 강릉에 새로 지은 건물과 비슷하다. 컨테이너 형태의 우드 집기들을 사용했고 1, 2층이 오픈되어 있어서 시원한 느낌이 드는 넓은 공간으로 이루어져 있다. 마치 극장과 같은 콘셉트의 우드 계단을 이용한 좌석이 인상적이며, 2층에도 테이블과 좌석들이 마련되어 있고 천장도 갤러리 스타일의 우드로 되어 있다. 하지만 의자도 단단한 우드로 되어 있어 편하지는 않아 오래 머물기는 어렵다. 대신 커피원두나 소품들을 비롯한 구경거리도 많고 카페 바로 옆에는 와인 바와 리아 네이처 코스메틱 매장도 있으며 레스토랑과 와인매장, 선물가게 등이 있어서 주말은 물론이고 평일에도 인기가 있는 장소가 되었다.

테라로사 _ 양평

테라로사를 운영하는 김용덕 대표가 어느 인터뷰에서 '왜 공간이 중요한가'라는 질문에 답한 내용이 인상적이다.

"커피는 맛뿐만 아니라 커피하우스의 인테리어, 디자인 등 '공간의 미학'이 어우러져야 비로소 그 가치가 완성되는데 오스트리아의 한 시인은 '네가 가는 카페가 어디인지 알려주면 네가 어떤 사람인지 알려 주겠다'라고 말했다고 한다. 공간의 의미를 강조한 말인데 프랑스의 살롱, 미국의 커피하우스 등에서 활발한 토론과 교류가 이뤄지면서 문명이 꽃을 피웠다. 테라로사 커피 맛은 이제 고객들도 인정한다고 자부하는데 지금은 공간에 대한 갈망이 크다. 영국의 테이트 모던미술관이 내 공간이었으면, 런던의 대영박물관, 뉴욕의 모마 MOMA가 내 카페였으면 하고 생각할 때가 많다."[42]

이 인터뷰 내용처럼 공간에 대한 그의 생각이 잘 표현된 곳이 부산에 있는 'F1963'의 테라로사 수영점이다.

F1963은 세계 최대 특수 선재 회사 고려제강이 있던 곳으로 현수교, 자동차 타이어에 들어가는 와이어 로프를 생산하던 곳인데, F는 팩토리 Factory에서 따왔고 1963은 고려제강이 수영 공장을 완공한 연도를 말한다. 이곳은 1963년부터 2008년까지 공장으로 이용되다가 2014년 부산 비엔날레 특별전시장으로 사용된 것을 계기로 복합문화공간으로 재탄생했다. 테이트 모던미술관이나 대영박물관, 모마도 좋지만, 다양한 공간이 어우러져 있고 자주 가볼 수 있으면서 사계절의 변화까지 느낄 수 있는 복합문화공간 F1963이 부산에서 내가 가장 좋아하는 공간이 되었다.

F1963으로 들어가면 소리길이 펼쳐지는데, 이 특별한 길은 공장 바닥의 콘크리트를 잘라 조성한 대나무 숲길이다. 바람에 대나무 잎이 부딪히는 소리가 들리는 이곳은 도심의 숲이자 힐링 공간이기도 하다. 이곳에는 플라워와 가드닝 클래스가 있는 '화수목 flower & garden'이 있고 새로 지어진 유리온실에서는 다양한 종류의 희귀식물, 유기농 채소 및 과실들을 재배하고 소개하는데 유리 온실은 사계절 내내 이용 가능한 그린 Green 공간이다. 또한 완성된 제품을 출고하던 옛 공장의 뒷마당은 계절마다 아름다운 꽃과 나무를 볼 수 있는 달빛가든으로 조성했다.

F1963에는 국제갤러리 부산점이 있는데, 이곳은 1982년 서울 개관 이후 국내외 대표 화랑으로 자리 잡은 국제갤러리의 두 번째 지점이다. 전 세계적으로 활발하게 활동하는 동시대 유명 미술작가들의 주요 작품과 그 흐름을 한자리에서 접할 수 있고 회화와

F1963 _ 부산

조각, 사진과 영상 등 다채로운 작품을 소개함으로써 현대미술과 더욱 가까워질 수 있는
특별한 경험을 제공하는 예술과 일상의 가교 역할을 하는 공간이다.

　　지난 5월 방문했을 때는 서울역 앞 대우빌딩에서 걷는 사람으로 미디어 전시를 하며
알려진 줄리안 오피Julian Opie의 개인전시를 하고 있었다. '춤추는 사람들'을 주제로 열
렸는데 회화·조각·영상·VR은 물론이고 관람객이 러닝머신 위를 걷는 체험전시도 있
었다. 또 LED영상으로 표현된 춤추는 사람들이라는 작품은 간단한 춤 동작이 음악과 함
께 나오며 직접 따라할 수 있도록 기획되어 관람객에게 즐거움을 주었다.

이곳에는 예술 관련 전문 서적들이 비치되어 있는 예술 전문 도서관이 있는데 1일 이용료를 내거나 연회원으로 가입하여 사용하는 유료 회원제로 운영된다고 한다. 고려제강·부산광역시·부산문화재단이 국내 최초로 민관 협업을 통해 전시장과 공연장으로 동시에 활용이 가능한 실험적 공간으로 탄생시킨 석천홀은 공연과 행사를 위한 다양한 시설들을 갖추고 있다. 또한 앞에서 얘기한 현대 모터 스튜디오 부산이 있고 그 건물 지하에는 금난새 뮤직센터 GMC가 있는데, 1층에서 유리 너머로 공연이나 리허설을 볼 수도 있다.

또한 이곳에 자리한 YES24의 첫 번째 플래그십 스토어 'YES24@F1963'점은 활자인쇄 프로세스부터 최신 기술의 전자책에 이르기까지 책과 출판에 관련된 정보를 보여준다. 서점 내부는 공장의 모습을 그대로 보존하면서 도서들과 어우러질 수 있도록 연출되어 있다.

YES24@F1963 _ 부산

울산의 손막걸리 '복순도가'는 지역에서 생산되는 국내산 쌀과 전통 누룩을 이용해 집안에서 전통적으로 내려오는 방식으로 옛 항아리에 발효시켜 빚어낸 우리나라 고유의 발효주라고 하는데 이곳에 고급 식당인 파인 다이닝 Fine-dining으로 오픈했다.

'Praha993'이란 곳은 993년, 체코 최초의 맥주 양조가 이루어진 프라하 브제브노프 수도원의 방식 그대로 1,000년을 넘게 이어온 전통 체코 맥주를 직접 만드는 브루어리와 펍이 있는 공간으로서 천장 금속과 벽돌들, 투박한 느낌의 가구들이 잘 어울러진다.

고려제강 본사 주차장 P2에서 F1963스퀘어와 수련가든으로 연결되는 브리지에 서면 탁 트인 수영 강변과 F1963을 담아낼 수 있다. 브리지를 건너면 F1963스퀘어로 연결되는데, 땅과 하늘과 사람이 만나는 열린 공간, 무대와 객석, 허브 가든이 어우러진 이 공간에서는 공연과 세미나가 열리고, 정기적으로 오페라·영화·실황공연 등 다양한 영상물도 상영된다.

테라로사는 이 프로젝트에 참여해 이곳을 카페 공간으로 바꾸어 놓았다. 입구에 들어서면 손몽주 작가의 와이어를 이용한 설치 작품을 시작으로, 기존 공장의 오래된 철판을 커피 테이블로 되살려 예전부터 카페였던 것처럼 빈티지한 콘셉트로 연출했다. 또 커피를 볶는 로스터리를 배치해 기존의 테라로사 이미지와 비슷한 느낌의 공간으로 연출했으며, 공장의 느낌을 버리지 않고 살리면서도 미술관과 같은 공간을 만들었다. 금속으로 만들어진 넓은 테이블과 예전의 와이어와 발전기를 감던 도구인 실패 형태의 보빈들도 공존하게 하여 사람들의 휴식공간으로 변화시켰다.

이곳은 한 시대를 풍미하며 한국의 성장 동력이 되었던 공장의 역사를 간직한 공간으로서 사람들이 와서 쉬어 가는 장소이자 다양한 문화 공간으로 재탄생했다. 이 공장에서 만들던 와이어들을 그대로 사용해 그 흔적을 남겼고, 묵직한 가죽 소파와 천장도 예전의 것을 그대로 활용하였다. 공장의 흔적 덕분에 공장인지 미술관인지 카페인지 헷갈리지만, 커피와 우유가 만나 카페라떼가 되듯이 부산의 F1963의 복합문화공간에 있는 테라로사는 여러 가지 요소가 복합되어 힐링할 수 있는 멋진 공간으로 자리매김했다.

서울 삼성동의 포스코 건물 로비에는 대형 수족관이 있고 2개 층으로 테라로사가 있다. 도서관 같은 카페인 이곳에는 수많은 책들이 전시되어 있는데 테라로사도 다른 공간들과 만나면서 계속 진화하고 있다. 기존의 테라로사의 이미지와 철강 회사인 포스코가 만나 새롭게 진화한 공간이 탄생했다고 볼 수 있다.

테라로사는 국내브랜드로서 스페셜티를 내세우는 차별화된 브랜드이고 원두를 판매한다든지 하는 B2B Business to Business도 많은데, 카페 공간만큼은 코엑스나 예술의전당, 국립현대미술관 등 특별한 장소를 고집한다는 것은 장소가 주는 의미에 대해 굉장히

F1963 '테라로사' _
부산

중요하게 생각하고 있음을 보여준다.

장소에 대해 신중해야 하는 이유를 설명하기 위해 신세계푸드에서 운영하고 있는 '데블스 도어 Devil's Door'의 사례를 살펴보자.

2014년 11월 신세계 강남 센트럴시티에 오픈한 데블스 도어는 에일 맥주와 쉐프가 만든 요리를 함께 즐길 수 있는 '게스트로 펍 Gastro Pub' 형태를 띠었다. 이 브랜드는 직접 양조장에서 만드는 에일 맥주를 비롯해 당시 국내에서 접하기 어려운 해외 수제 맥주들을 수입해 선보이며 트렌드를 선도했다.

이 공간은 독일의 맥주 양조장 같은 느낌으로 에이치 빔 H-Beam을 비롯한 육중한 금속과 붉은 벽돌 그리고 진한 우드 컬러가 터프한 분위기를 연출한다. 또 공간 중앙 천장은 유리로 되어 있어서 낮에는 빛이 들어오는데 '파미에 스테이션Famille Station'과 이미지가 연결되어 오래된 기차역의 플랫폼 같은 느낌을 준다. 이곳에서 감자튀김과 맥주를 마시다 보면 마치 독일에 와있는 것 같은 느낌이 든다.

2016년 4월 부산 해운대에 자리 잡은 '센텀시티Centum City'에 2호점을 낸 데블스 도어는 지역의 우수 수제 맥주와 상생하고 고객에게 다양한 맛을 제공하기 위해 국내 및 해외 유명 수제 맥주를 함께 선보였다. 총 17종의 수제 맥주를 동시에 제공하기 위해 양조 설비 대신 총 20개 탭의 롱탭바Long Tap Bar를 설치한 이 매장은 국내에서 보기 힘든 탭룸Tap Room을 선보였다. 또 센텀 시티의 야경을 조망할 수 있는 이국적인 루프탑 테라스Roof-Top Terrace를 마련하기도 하고 야구와 축구를 시청하는 스포츠 데이 및 밴드 공연도 열었으며, 매장 밖 400여 평의 옥상 공원인 에스가든에서 영화상영과 야외 음악회를 개최해 쇼핑·문화·식음료를 한 장소에서 즐길 수 있는 부산의 대표 명소가 되었다.

하지만 2018년 11월 30일 계약 만료로 폐점했는데 아마도 센텀시티에 오는 사람들의 라이프스타일의 특성인 가족 위주, 사용 시간대 등이 데블스 도어 콘셉트와 방향 전개상 맞지 않은 부분이 있지 않았을까 하는 생각이 든다. 2016년 오픈한 스타필드 하남도 2021년 7월 폐점했는데 COVID-19로 인한 원인도 있었겠지만 오픈 당시 내가 여러 번 방문했을 때도 한적한 분위기였다. 부산 센텀시티와 마찬가지로 스타필드 하남은 다른 곳에 비해 저녁에 사람이 많지 않고 주변에 아파트나 주거공간이 많았으며 당시만 해도 오피스 타운이 많이 형성되지 않은 상태였다.

2018년 6월 오픈한 삼성동 코엑스몰점은 복잡한 코엑스에서 입구부터 악마를 상징하는 오브제 연출로 확실하게 시선을 끌고 있는데, 천장을 더 높게 보이려고 거울 느낌의 소재를 활용했으며 대형 LED스크린을 설치해 영상으로 생동감을 주고 있다. 스크린 밑에는 Bar로 구성되어 있는데 원래 데블스 도어가 들어오기 전에도 맥주를 마시던 공간이었던 이곳이 한층 업그레이드된 느낌이 든다. 화려한 조명이 클럽분위기를 연출하고 있는데 코엑스 주변에는 오피스 빌딩이 많아 유동인구도 많고 코엑스 전시장에 행사가 있을 때면 회식 또한 많은 곳이어서 위치상 좋은 곳을 선택했다고 볼 수 있다.

모든 것이 완벽하게 갖춰진 브랜드의 공간일지라도 어느 곳에 위치를 정하느냐에 따라 효과를 거둘 수도 있고 실패할 수도 있다. 아무리 디자인이 좋고 아이템이 좋아도 장소나 주변 여건에 따라 매장 방문객이나 매출이 달라질 수 있기 때문이다.

대기업 같은 경우는 다양하게 많은 것들을 기획해서 여러 번 실패해도 성장의 밑거름으로 사용할 수 있지만, 작은 비즈니스부터 모든 것을 걸고 시도해야 하는 일반인들은 실패하면 안 되기 때문에 장소에 대해 더욱 신중하게 생각해야 한다.

장소는 목적에 따라 위치 선정이 다를 수 있는데 아이템에 따라 온라인 공간에서 시작할 수도 있고 오프라인 공간을 먼저 열 수도 있다. 예를 들어 성수동이 트렌디하다고 무조건 성수동에 장소를 정하는 것은 실패를 미리 결정하는 것과 같다. 오히려 아이템이나 대상에 따라 어울리는 장소를 찾아 일정 기간 테스트를 해보는 것도 좋은 방법일 수 있다.

온라인에서 시작한 기업의 사례를 살펴보면 일본의 아이스타일Istyle이란 회사의 '앗토코스메@cosme'라고 하는 브랜드이다. 1999년 일본에서 설립된 아이스타일은 비교적 이른 시기부터 빅데이터에 관심을 가져 앗토코스메라는 화장품 리뷰 전용 사이트를 열었다. 여기서 시작한 앗토코스메는 뷰티 공간의 모든 사람, 장소 및 사물을 하나로 묶는 글로벌 뷰티 플랫폼으로 발전했는데, 미디어, 온라인 소매 및 오프라인 매장을 하나의 통합된 사용자 ID로 묶어 에코시스템에 통합하는 비즈니스 모델을 만들었다.

현재 앗토코스메는 아시아에서 손꼽히는 미용 정보 웹사이트 가운데 하나로서 일본 여성들로 구성된 충성스러운 사용자 기반을 보유하고 있는데, 올라오는 정보와 리뷰는 여성의 일상 미용에 유용한 도움을 주어 많은 지지를 얻고 있다고 한다. 앗토코스메 이용자의 대부분은 자발적으로 화장품 정보를 수집하는 20~30대의 여성들이고, 앗토코스메를 이용하지 않는 사람들에 비해 정보수집 능력이 탁월하고 화장품에 대한 지출액이 많은 것으로 나타났다. 그런데 앗토코스메에서 주목 받는 상품들이 왜 인기가 있는지를 알아낸다 해도 일본 여성의 전체 이미지를 이해하기란 쉽지 않겠지만, 시장을 주도하는 '뷰티에 대한 민감도가 높은 여성들'을 이해하는 데는 도움이 된다.[43]

이렇게 온라인 플랫폼 회사로 시작한 앗토코스메는 2020년 1월 10일 도쿄 하라주쿠Harajuku역 앞에 오프라인 플래그십 스토어를 오픈했다. 도쿄를 가본 사람은 잘 알겠지만 하라주쿠역은 인파가 많이 몰리는 지역으로 젊은 사람들이 많고, 그 주변은 바로 세계적인 패션브랜드들이 몰려 있는 오모테산도와 아오야마 지역 인근에 위치하고 있어 예전부터 유명한 핫 플레이스이다.

하라주쿠역 바로 건너편에 위치한 이곳은 1, 2층은 화장품 판매 공간이고 3층은 회원전용 공간으로 이루어져 있으며, 2층 외부 윈도우는 스크린으로 되어 있어서 다양한 영상을 내보낼 수 있도록 되어 있다.

입구로 들어서면 원형의 천장과 중앙에 앗토코스메에서 실시하는 베스트 어워드 Best Award 제품들을 전시하는 앗토코스메 도쿄를 상징하는 공간이 있다. 라운드로 된 벽면은 조명으로 연출해 눈에 잘 띄도록 했고 주간 랭킹 순위에 들어가는 제품들을 매주 한눈에 알아보기 쉽게 앞쪽에 연출했다.

1층에는 미용과 관련된 가전제품 코너와 다양한 브랜드의 향수를 모아 놓은 향수 코너가 있다. 다양한 제품을 테스트할 수 있는 공간을 1, 2층에 마련해 두었는데, 제품 평가표도 같이 있어서 테스트해 보고 싶도록 만들어 두었다. 2층에도 도쿄에서 판매되는 제품 가운데 랭킹에 오른 것들을 전시하고 있는데 위쪽에 인조 식물들을 같이 연출함으로써 이곳을 보면 코스메틱의 트랜드를 한눈에 알아볼 수 있다.

3층에는 포토존과 파우더 스페이스가 있고 산소 박스도 놓여 있는데, 피곤할 때 산소 박스에 들어갔다 나오면 머리가 상쾌해질 것 같다. 다시 말해 미세먼지가 많은 환경에서 가끔 신선한 공기를 마실 수 있는 그런 공간을 제안하는 것이다.

이곳에는 2시간을 무료로 이용할 수 있는 스마트 보관함, 외국어 맵 Map, 면세 카운터는 물론이고, 환전이 가능한 기기들과 무료 와이파이 등 외국인들을 위한 시설이 설치되어 있고, 아이들을 위한 놀이 공간과 엄마들을 위한 수유방과 기저귀 교환대 등 여성들을 위한 공간도 자리해 있다. 또한 유리로 된 공개 스튜디오는 이벤트에 주로 사용되는데 유명한 연예인이나 메이크업 아티스트들이 라이브방송을 하기도 하고 오프닝에도 사용했다.

2023년 이곳에 방문했을 때 제품을 제대로 구경하기 힘들 만큼 고객들로 꽉 차 있던 기억이 난다. 게다가 제품들까지 너무 많아 전시공간이나 통로가 복잡하여 계산대에 줄을 선 사람들이 너무 많아 그곳에서 제품을 구매하기는 힘들었다.

이 브랜드는 기존의 전통적인 코스메틱 기업들의 방식과는 차별화된 접근을 했다는 점에서 굉장히 흥미롭게 다가온다. 이곳은 온라인에서 베스트 어워드를 통해 제품 랭킹을 정하고 소비자들의 빅데이터를 수집하여 트렌드를 지속적으로 알아내는 등 이미지만이 아닌 실용적 접근을 하고 있다. 온라인에서 시작했지만 그 영역을 오프라인 매장

@cosme _
도쿄 하라주쿠

까지 확대했는데, 도쿄에서 가장 핫하고 트렌디한 장소를 선택해 플래그십 스토어를 만든 뒤 뷰티 잡지책을 옮겨놓은 듯한 연출로 공간이미지를 만들어 성공하고 있다고 볼 수 있다.

　최근 소비의 주체가 MZ세대로 바뀌었는데 성수동을 자주 찾는 것으로 알려진 이들의 트렌드를 반영하여 디올도 성수동에 팝업 공간을 오픈했다. 버버리 Burberry 또한 성수동에 팝업 매장을 오픈했는데 2023 겨울 컬렉션의 주요 테마인 '잉글리시 로즈'에서 영감을 얻어 장미꽃잎을 형상화한 모양으로 매장 외관을 꾸미고 영국 가정식 카페도 운영했다. 이렇게 신규 브랜드나 럭셔리 브랜드까지 MZ세대와 소통하기 위해 젊은 유동인구가 많아진 핫 플레이스에 팝업 스토어 형태로 참신한 공간을 선보이고 있다.

예전에 지인이 여성을 대상으로 한 의류매장을 하겠다고 찾아왔는데 다행히 위치를 정하지 않은 상태였다. 나는 우선 여러 곳을 시장조사하게 했는데 몇 곳을 선정했다고 해서 가서 보니 기존에 누군가가 그 아이템을 하다가 문을 닫은 매장이거나 매물로 나와 있는 매장들이었다. 여기저기 돌아다니다가 미용실을 하고 있는 매장이 눈에 띄었는데 확인해 보니 다행히 매물로 나와 있었다. 더구나 업종이 다르니 권리금도 저렴하게 지불하고 인수하는 조건으로 그곳을 선택하게 되었다.

그 매장이 있는 건물은 대로변에서 한 블럭 들어간 곳이지만 유료 주차장이 있었고 길에는 공영주차장이 있어서 여성들이 주차하기 편리한 곳이었다. 더구나 그 건물 옆 매장은 여성들이 자연주의 식품을 사기 위해 자주 들르는 매장이어서 처음 오픈해 홍보하기에는 적합한 곳이라는 판단이 섰다. 그래서 그곳에 오픈시켜 주었는데 14년이 넘도록 아직도 그 장소에서 매장을 운영하고 있다.

비즈니스를 어디서 할 것인가, 다시 말해 공간의 위치에 대해 고민하는 것은 너무도 중요하다. 주변에 여유공간이 있거나 임대료가 저렴하다고 좁은 범위에서 공간을 바라봐서는 안 되고, 사업의 방향과 전체에 미칠 여러 가지 부분들까지 고려해서 장소를 선정해야 한다.

티엔느 _ 일산

4장 _____ 언제 사용하는 공간인가?

공간을 사용할 시점, 즉 언제 사용하는 공간인지에 대해서는 공간을 오픈하는 시기부터 운영하는 시간대까지 생각해야 한다. 이는 매장을 오픈하는 시기나 시간대에 따라 공간 디자인이나 운영방법이 달라질 수 있음을 의미한다.

판매하는 아이템이나 대상에 따라 공간 사용을 위한 최적의 시간대가 있을 수 있는데, 예를 들어 맥주가 주력 상품인 데블스 도어의 경우 주로 늦은 오후나 저녁시간대에 공간을 많이 사용한다고 볼 수 있다. 따라서 거친 느낌의 재료에다 묵직한 조명, 빈티지한 소재를 많이 사용했고 블랙을 통해 어두운 느낌을 연출했다.

장소 외에도 사용 시간대에 따라 콘텐츠나 디자인이 달라져야 하는데, 스타필드 하남점의 경우 가족 단위의 쇼핑객이 많고 여성들의 경우 낮 시간대 이용이 많다.

최근에 이곳은 '앤드 테라스 베이커리 카페And Terrace Bakery Cafe'라는 새로운 공간으로 탈바꿈하면서 브런치 공간으로 사랑을 받고 있다. 이곳은 애견을 데리고 갈 수 있는 식물원 카페인데 시원한 공간 구성과 내추럴한 밝은 톤의 공간 연출로 고객층에 맞는 낮 시간대를 겨냥해서 효과를 거두고 있다.

Bar나 클럽 같은 경우에도 밤에 주로 사용되는 공간이기 때문에 조명이나 컬러 등 포인트를 주는 요소가 달라진다. 예전의 노래방을 떠올리면 어둡고 좁은 공간에 화려한 조명, 짙은 색상의 소파를 떠올리게 된다. 하지만 최근 많은 노래방들은 전체적으로 밝은 컬러를 써서 깔끔한 분위기를 연출하고 다양한 이벤트가 가능하도록 했다. 최근에는 밤늦게까지 술을 마시며 노래하는 문화가 점차 사라지고 있으며 회사원들의 회식 문화도 바뀌고 있다. 이렇게 공간을 사용하는 시간대가 변하고 있는 점도 노래방이 이미지를 바꾼 이유가 될 수 있는데, 이제 노래방 이용객들은 어두운 공간보다 밝고 청결한 공간을 더욱더 선호하는 것 같다.

또한 소매업자는 기획한 공간을 오픈하거나 신제품을 보여주는 시기를 언제로 하느냐에 따라 공간 기획이나 연출을 다르게 가져가야 한다. 예를 들어 우리가 접하는 광고들을 보면 참고할 수 있는데 아이스크림이나 맥주광고 같은 경우 여름이 시작되기 전에 관련 광고가 급증한다. 여름이 시작된 뒤 광고하는 것보다 미리 광고하는 것이 가장 효과적이기 때문이다. 그렇다면 골프용품 매장 오픈 시기는 언제 하는 것이 효과적일까? 보통 사계절이 있는 한국에서 골프를 많이 시작하게 되는 계절이 봄인데, 임대비 등을 효율적으로 관리하기 위해서는 시즌보다 조금 앞당겨서 오픈하는 것이 효과적일 수 있다.

중국 친구를 통해 알게 된 이야기인데 중국에서는 레스토랑을 오픈할 때 1~2개월이나 그 이상의 기간 동안 미리 가오픈해서 운영해 보고 잘 돌아가면 진짜로 매장을 연다고 한다. 우리는 너무 빨리 수익을 내야한다는 생각에 준비가 덜 된 상태로 오픈하는 경우가 많은데 이처럼 충분한 준비시간을 갖고 오픈하는 것이 현명하다. 인간관계도 마찬가지지만 한번 잘못 인식된 이미지를 좋은 이미지로 바꾸는 데는 시간과 노력이 많이 필요하기 때문이다.

이처럼 매장 오픈 시기를 알아야 해당 기간에 오픈할 수 있도록 이미지 연출 계획을 세울 수 있다. 또 그 시기나 기간에 따라 광고나 마케팅 전략도 달라지기 때문에 언제 사용하는 공간인지를 제대로 확인하고 대책을 세워야 실패를 줄일 수 있다.

5장 ———————————— 어느 정도 공간이 필요할까?

비즈니스를 시작하려면 어느 정도의 공간과 상품이 필요할지, 즉 공간 규모나 상품 규모 등 기획단계에서부터 규모를 생각하지 않으면 안 된다. 공간 규모는 물론이고 제품의 크기와 양 등을 고려해서 적절한 배치와 진열을 해야 하는데, 예를 들어 레스토랑의 경우 주방 및 좌석 공간들을 정할 때 쉐프는 일하기 좋게 배치된 공간을 선호한다. 그런데 주방을 고려하다 보면 고객들의 좌석이 터무니없이 부족할 수도 있고, 반대로 고객들의 좌석을 많이 배치하다 보면 주방이 좁아서 쉐프들이 일하는 데 비효율적일 수 있다. 이처럼 공간을 배치할 때는 목표로 하는 매출과 직원들이 효율적으로 일할 수 있는 공간의 규모를 생각해야 한다.

예전에 어떤 한식당을 기획할 때의 일인데 고객이 공간을 이미 계약해 놓고 인테리어 문의가 왔다. 현장에 가보니 장소가 너무 협소해서 주방을 배치하고 나면 손님들이 앉을 테이블이 터무니없이 부족해 보였다. 예산을 물어보니 인테리어 비용이 많이 들 것 같아서 그 공간만 임대했다고 했다. 하지만 고객 사정상 다른 아이템으로 변경할 수는 없는 상황이었다. 다행히 바로 옆의 매장이 비어 있어서 인테리어 비용을 최소화하는 것으로 해서 그곳을 추가로 임대하게 하여 고객 테이블을 만들었고, 그 결과 원하는 매출을 올릴 수 있는 공간을 확보할 수 있었다. 또한 밤에 주류는 취급하지 않겠다고 해서 원하는 매출을 올리기 힘든 상황이었는데, 객단가를 고려한 메뉴개발까지 해서 오픈 첫 달부터 원하는 매출을 올릴 수 있도록 했다. 이처럼 목적이나 원하는 매출 범위에 따라 공간 규모를 고려해서 기획해야 실패를 줄일 수 있다.

　스타필드 하남 오픈 당시 프랑스 봉마르셰 등 유명 마켓에서 볼 수 있는 비누나 방향제를 판매하던 매장이 있었다. 그곳의 상품들은 예쁜 꽃모양과 마카롱 모양의 컬러풀한 디자인에 품질과 포장까지 너무 예쁘고 재미있어서 나도 선물용으로 몇 가지를 구매하기도 했다. 그런데 그 매장은 아쉽게도 빨리 폐점하고 말았는데 대체 그 이유는 뭘까?

　그 매장에 처음 갔을 때 제품 가격대비 공간이미지 연출이 잘못되었다고 느꼈다. 벽면에는 제품 진열만 되어 있어서 제품에 대해 이해하기 어려웠고, 제품 하나하나를 보면 예쁘지만 제품 사이즈나 패키지에 비해 매장 규모가 너무 컸다. 또 고객이 제품을 이해할 수 있도록 공간을 마련하기보다는 제품만 엄청 많이 진열해 두었는데, 이렇게 매장 규모가 아이템에 비해 훨씬 컸던 데다 공간 활용까지 제대로 하지 못한 게 문제였던 것 같았다. 제품 사이즈가 작은 경우 그래픽을 사용하거나 영상을 사용해서 제품을 부각시킬 만한 기법을 사용해야 제품을 주인공으로 만들 수 있는데, 이 매장의 경우에는 제품을 부각시킬 만한 요소에 대해 전혀 고려하지 못했다는 점이 아쉬웠다.

　요즘 대형 베이커리 카페가 유행이라고 하는데 어떤 카페의 경우에는 공간이 너무 커서 콘셉트를 제대로 표현하지 못한 채 뭔가 하다 만 느낌이 들기도 한다. 공간이 너무 클 경우에는 공간 배분에 특히 신경을 써야 하며, 콘셉트를 어떻게 전달하고 어떤 부분에 포인트를 주는 게 효과적인지에 대하여 많은 고민이 필요하다.

　한 럭셔리 브랜드 매장을 방문한 적이 있는데 생각보다 신제품이 없는 것 같아 보였다. 그래서 상품이 더 없냐고 물어보았더니 원하는 상품을 말해주면 보관한 곳에서 찾아다 준다고 하였다. 만약 오프라인 매장에 가기 전에 제품을 다 알아본 뒤 원하는 상품을 정한다면 온라인에서도 주문이 가능한데 굳이 오프라인 매장을 찾아야 할 이유가 있을까? 더구나 럭셔리 브랜드의 오프라인 매장은 우리의 충동구매를 유도하는 곳이 아닌가?

　어쩌면 최근에 출시된 제품이거나 해당 제품이 다 판매되어 매장에 없을 수도 있겠지만 이해가 되지 않는 직원의 대답에 그 브랜드에 대한 이미지가 부정적으로 느껴졌다. 빈 공간을 이용해 고객에게 특별한 경험을 제공하려고 기획한다면 제품에 대한 생각을 하지 않을 수도 있지만, 명품 매장이라도 판매 공간이라면 어느 정도의 종수는 진열해 놓아야 한다고 생각한다.

우리나라 유명 의상 디자이너의 스토리가 생각난다. 수십 년 전에 그분이 이화여대 근처에 처음 매장을 오픈할 때의 이야기인데, 당시에는 샘플 원단을 전시해서 주문을 받아야 했는데 돈이 부족해서 원단을 1야드91.44센티미터씩 주문했다고 한다. 그분은 이렇게 구입한 원단을 원통형 종이 지관대에 말아서 벽면에 컬러별로 전시했다는데, 이는 적은 비용으로 다양한 소재들을 많이 보유하고 있다고 보여주기 전략이었다고 한다. 이렇게 적절한 공간 규모나 제품 진열 규모 그리고 예산에 따라 보여주는 기법 등 고려해야 할 요소가 많다.

6장 ─────── 가격대는 어떻게 정하는 것이 좋을까?

　사업 관련된 아이템이나 제품의 단가는 얼마로 할 것인지도 대상에 따라 면밀한 시장 조사를 통해 적정 금액을 정해야 한다. 무조건 비싸거나 필요 이상으로 저렴하면 문제가 될 수 있기에 전략에 따라 단가를 정하는 것이 좋다.

　최근 테슬라는 자동차 가격을 변동해서 물의를 빚고 있다. 횟집에나 사용되는 가격을 사용한다고 '시가'라고 많은 고객들이 불만을 토로한다. 나름의 전략이 숨어있을 것이라고 생각하지만 가격 변동은 소비자의 혼란을 야기한다. 경기가 어려울수록 소비자는 가격에 민감해질 수밖에 없다. 어떤 가격정책을 쓰는 것이 좋을지 많은 시장조사와 마케팅 전략이 필요하다. 지속적인 비즈니스를 위해 가격적인 측면에 대해 끊임없이 연구할 필요가 있다.

　이번에는 품질 좋고 맛있는 커피를 "합리적인 가격"에 제공한다는 전략으로 커피 시장을 이끌었던 국내 커피 프랜차이즈 '이디야 커피 Ediya Coffee'의 사례를 살펴보고자 한다.

　이디야 커피는 현재 매장 수 기준 국내 1위 프랜차이즈로서 2023년 4월 18일 기준으로 약 3,800여 개의 점포를 확보하고 있다. 2004년 전국에 가맹점·직영점을 포함한 매장 수가 80개에 불과했던 이디야 커피를 문창기 회장이 인수하여 엄청나게 확장한 것이다.

　2015년 이디야 커피는 본사에 '이디야 커피 랩 Ediya Coffee Lab'이라는 플래그십 스토어를 오픈했는데 500평 정도의 규모로 로스팅부터 베이커리까지 갖추었다. 일반적인 이디야의 이미지를 전혀 찾아볼 수 없는 방식으로 공간을 보여주었는데, 이디야 브랜드 컬러는 보통 푸른색이지만 이디야 랩에서는 검정색을 주로 사용했고 재료나 공간 내부의 콘텐츠 또한 차별화된 이미지로 보여주었다. 자동차는 대리주차 서비스를 해주고 있는데 커다란 문을 열고 매장에 들어서면 왼쪽에 '원두 퍼포먼스 바', 오른쪽에는 '로스팅실'이 있다. 안쪽으로 들어가면 메인 Bar가 있고 좀 더 걸음을 옮기면 베이커리룸과 R&D룸까지 만나게 된다. 2층에는 고객들이 커피를 즐길 수 있는 편안한 좌석들이 마련되어 있다.

입구로 들어서서 왼쪽을 보면 커피원두를 접해 볼 수 있는 '원두 퍼포먼스 바'라는 테스팅 Bar가 있다. 이곳에서는 커피 랩이 엄선한 프리미엄 원두커피를 시음할 수 있고, 바리스타와의 상담을 통해 본인 취향에 맞는 원두 블렌딩 Blending이 가능하다. 이곳의 바 테이블 Bar Table은 황동을 두드려 제작한 아주 손이 많이 간 비싼 작품인데 이곳에서 원두와 기념품 등 굿즈를 구매할 수 있다.

입구 오른쪽에 원두를 로스팅하는 공간은 유리로 되어 있어 안에서 로스팅하는 것을 볼 수 있는데, 공장형 대형 로스터기부터 최신식 스마트 로스터리까지 설치되어 있다.

Ediya Coffee Lab _
서울

Ediya Coffee Lab _
서울

Ediya Coffee Lab _
서울

이곳에서 만든 베이커리 코너는 파티시에가 레시피를 개발하는 공간인 베이커리룸이 있고 그 옆으로 커피의 맛을 연구하고 개발하기 위한 R&D를 위한 공간도 있다.

메인 바 Main Bar 에서는 모자와 유니폼을 입은 바리스타들이 직접 커피를 내려주는데, 이곳 테이블 재료도 황동을 두드려 만들었고 메인 바 천장에서 떨어지는 오브제는 골드 체인을 이용해서 커피원두 모양으로 만들어서 연출했다. 고객은 이곳을 통해 커피를 주문하고 픽업할 수 있는데, 특히 '사이폰 커피'를 주문하면 바리스타가 증기의 압력을 이용해 커피를 추출하는 장면을 경험할 수 있다.

전체적인 분위기는 밝은 것보다는 어두운 톤으로 되어 있는데 2층과 연결된 계단 주변에는 다양한 작가들의 작품들이 있다. 블랙 컬러의 천장과 공간 안쪽의 벽면은 붉은 벽돌과 헤링본 스타일로 블랙 우드 인테리어를 연출했는데 테이블도 장인이 만든 것이라 하고 의자들도 터프한 느낌의 금속과 우드를 사용했다. 가장 마음에 드는 공간은 바리스타 월드 챔피언들의 손바닥 부조를 전시해 놓은 벽면인데 바리스타를 존중한다는 느낌이 드는 공간이다.

서울에서 개최된 2017 월드 바리스타 챔피언십 [WBC]에서 출전 바리스타들의 연습

Ediya Coffee Lab _
서울

장소로 제공되었다고 전하는데, 천장과 연결된 벽면 스크린에서 이디야 바리스타들의 홍보영상을 확인할 수도 있다. 이렇게 볼 때 이디야가 바리스타들을 굉장히 소중하게 생각하며 대우하고 있다는 느낌을 받았다.

2층으로 올라가는 계단은 원형으로 되어 있어 공간 활용을 높였는데, 꽤 넓은 2층 공간은 다양한 형태로 연출되어 있고 작품들도 여기저기 놓여 있다. 또 벽돌로 된 한쪽 벽면에는 사진작가들의 작품이 전시되어 있어서 공간을 품격 있게 만들어준다. 특히 화장실을 세심하게 디자인했다고 느꼈는데 남자 화장실의 소변기 사이에 칸막이를 높게 설치해서 프라이버시를 존중해 주고 있었다. 이런 조그마한 디테일에서 사람들은 좋은 이미지를 느끼게 된다.

이디야 커피가 우리나라 토종 브랜드로서 매장을 3,800개까지 확장할 수 있었던 이유는 합리적인 가격을 추구하기 때문이라고 생각한다. 합리적인 가격은 자칫 저렴한 느낌으로 연결될 수 있는데, 이디야는 이런 점을 해결하고자 이디야 커피 랩의 스페셜한 공간을 통해 수준 높은 이미지를 보여주었다. 다시 말해 브랜드가 추구하는 방향을 이 공간에서 직접 보여준 것이다.

최근에 국내 커피 프랜차이즈 업체 가운데 '메가 커피 Mega Coffee'와 '컴포즈 커피 Compose Coffee'가 무섭게 성장하고 있다. 이디야 같은 경우는 소비자들이 스타벅스나 다른 커피브랜드에 비해 비교적 합리적인 가격으로 접근할 수 있도록 가격대를 정해서 성장했다고 볼 수 있다. 그런데 설립된 지 몇 년 되지 않은 메가 커피와 컴포즈 커피는 메뉴도 저렴한 가격대이지만 창업에 들어가는 비용을 비교적 접근하기 쉬운 금액으로 정해 창업을 꿈꾸는 젊은이들이 많이 진입할 수 있도록 해서 성공하고 있다. 게다가 손흥민 선수나 BTS 뷔를 모델로 섭외해 브랜드 이미지를 끌어올리고 있는데, 저가 시장에서 2024년 1월 25일 기준 메가 커피 매장은 2,785개를 돌파했으며, 컴포즈 커피 매장은 2024년 2월 기준 2,460개에 이른다고 한다.

이처럼 치열한 경쟁 상황에서 스타벅스는 기존의 카페이미지에서 탈피해 프리미엄 이미지를 내세우기 위해 상하이·뉴욕·도쿄·시애틀에 대형 플래그십 스토어를 만들었다. '스타벅스 리저브 로스터리'로 고급이미지를 내세우고 브랜드 확장을 꾀하고 있는 것이다. 프리미엄 커피인 리저브를 만들어 가격을 높이는 전략을 펼치고 있으며, 굿즈는 물론이고 베이커리 브랜드 '프린치 Princi'와 티 브랜드 '티바나 Teavana'에 이어 칵테일까지도 선보이고 있다.

상하이의 리저브 로스터리는 2017년 오픈했는데 넓이가 약 2,787제곱미터이고 두 개 층으로 이루어져 있다. 중국 최대 전자 상거래 업체 알리바바와의 협업을 통해 IT기술을 접목한 체험 서비스를 즐길 수 있다는 점도 이 프리미엄 매장의 강점이다. 매장 곳곳을 스마트폰으로 스캔하면 커피 생산 및 가열 제조의 전 과정을 증강현실로 즐길 수 있고 알리바바 어플을 이용해 매장 내 커피를 주문하고 결제도 가능하다.[44]

우드 유닛으로 마감된 천장은 원두를 떠올리게 하고 2층까지 채워진 원두 보관용기의 외부는 한자로 디자인 포인트를 주어 중국의 느낌을 강조했다. 파이프를 통해 나온 원두가 로스팅되는 과정을 지켜보는 것도 즐거움을 준다. 2층에는 티바나가 위치하고 있어서 다양한 차를 마실 수 있고 칵테일도 즐길 수 있다. 몇 번 방문했지만 항상 사람들이 많아서 북적인다.

도쿄의 경우에는 나카메구로 Nakameguro 천 옆에 4층 건물로 서있는데, 디자인을 맡은 쿠마 켄고 Kuma Kengo는 메구로 천변에 심어져 있는 유명한 벚꽃을 테마로 실내를 꾸몄다.[45]

중국의 대형 커피보관 용기는 한자로 디자인되었는데 이곳은 벚꽃이 떨어지는 모습으로 디자인되어 있다. 또 창을 통해 빛이 들어오게 하여 밝은 분위기를 연출했는데, 테라스에서 벚나무들이 어우러진 아름다운 나카메구로 천을 바라볼 수 있다. 이곳을 체험하기 위해 방문한 적이 있는데 대기하는 사람이 너무 많고 전화번호로 대기표를 신청해야 하는 상황이라 결국 내부에 들어가지 못하고 돌아왔다. 하지만 너무 예쁜 곳에 위치

스타벅스 리저브
로스터리 _ 상하이

해 있어서 벚꽃이 필 때 꼭 한번 방문하고 싶은 공간이다.

스타벅스는 기존 매장을 통한 매출에는 한계가 있을 수 있지만 굿즈를 이용한 마케팅
이나 리저브 로스터리를 전개하는 방식으로 돌파구를 찾고 있다. 이외에도 기존에 사용
하던 컬러가 아닌 골드와 블랙을 사용한 고급스러운 공간을 만들어 고급 브랜드 이미지
를 입힌 프리미엄 리저브 매장을 확장하고 있다.

비즈니스나 프로젝트 구상할 때 가장 중요한 것은 결국 예산이다. 공간을 만든다면
얼마 정도의 예산에서 진행할 것인지 정해야 한다. 사업비 중에서 너무 많은 돈을 공간
에만 투자하면 사업을 길게 유지할 경영비가 없어서 도중에 포기하는 경우가 발생할 수
있기 때문이다. 가끔 공간을 연출하는 디자이너들이 너무 작품 위주의 작업을 하려는 경
향이 있는데, 이렇게 공간에 욕심을 내다 보면 생각보다 투자비용이 많이 들어 나중에

스타벅스 리저브
로스터리 _ 도쿄

마케팅이나 유지비에 사용하려는 예산을 다 사용해서 곤란해지는 경우가 발생한다. 그러므로 비즈니스에서는 비용적인 요소가 중요하다는 것을 반드시 인지하고 적정 예산을 세워야 한다.

정리하자면 사업에 들어가는 소요 비용이나 예산을 정하고 마케팅이나 사업 전략에 따라 제품 단가를 정해야 하며, 비슷한 업종의 경쟁이 심해질 때는 어떤 가격 전략을 펼쳐야 할지 고민해야 한다. 결론적으로 가격적인 요소는 공간이미지 경영을 하는 데 영향을 많이 주는 요소이다.

7장 ———————————— 브랜딩은 어떻게 해야 할까?

일반적으로 브랜딩은 하나의 이미지로 표현되고 인식되는 브랜드 아이덴티티Brand Identity라고 할 수 있다. 브랜드 아이덴티티는 브랜드 네임·로고·캐릭터·슬로건·징글·패키지·컬러 등의 구체적인 아이덴티티 요소에 그 제품이나 서비스의 본질, 또는 그 기업의 철학 등과 같은 추상적 아이덴티티 요소가 더해져 소비자가 특정 브랜드에 대한 동일성을 연상할 수 있는 브랜드의 모든 구성 요소들을 얘기한다.

미국의 경제학자 '롤랜드 홀Roland Hall'이 주장한 '아이드마AIDMA 법칙'은 소비자가 상품을 구매하기까지 5단계의 과정을 거치게 된다는 것이다. 소비자는 먼저 어떤 상품에 주목해야[Attention] 흥미를 가지게 되고[Interest] 구매 욕구가 생기면[Desire] 기억하게 되고[Memory] 그것이 구매행동으로[Action] 이어진다는 법칙이다. 하지만 2004년 일본 광고대행사 '덴츠Dentsu'는 '아이사스AISAS'라는 새로운 구매행동을 내세웠는데, 주목Attention부터 시작하여 흥미Interest, 검색Search, 구매Action로 이어진 뒤 공유Share에 이른다고 보았다. 즉 상품과 만날 수 있는 채널이 광고뿐만 아니라 SNS 등으로 다양해지면서 소비자는 광고에 주목하고 흥미를 느끼게 되면 지인이나 SNS 등으로 정보를 수집한 뒤 상품을 구매하고 후기를 공유하는 것이다. 한마디로 소비자의 성향이 다른 구매자들에게도 영향을 미치는 능동적인 방향으로 변화하고 있다는 것이다.

상품을 구매하려고 할 때 사람들은 일반적으로 기능이나 가격, 디자인이나 브랜드에 흥미를 가지게 되지만, 값비싼 고가의 상품이나 공유하고 싶어 하는 상품의 경우에는 여기에 몇 가지가 추가된다. 그것이 어떤 스타일 Style이고 어떤 가치 Value가 있으며 어떤 스토리 Story가 있고 서비스 Service는 어떠한지가 중요한 요소가 되는데, 이 모든 것들은 구매력을 높이는 요소로서 브랜드 아이덴티티라고 할 수 있다.

브랜드 아이덴티티를 설명하기에 가장 적합한 기업으로는 항상 새로운 제품과 디자인을 기다리게 하고 비싼 가격에도 전 세계 팬들을 열광하게 하는 '애플 Apple'을 들 수 있다. 그렇다면 애플의 공간은 어떤 모습일까?

뉴욕 센트럴파크 건너편에 자리한 5번가의 애플 플래그십 스토어 건물은 큰 애플 로고가 새겨진 유리 큐브의 형태로 인근의 어떤 건물과도 차별화되며 멀리서도 눈길을 끈다. 이 플래그십 스토어는 애플사의 제품들을 24시간 자유롭게 경험해볼 수 있는 브랜드 체험형 문화공간으로 오픈되었다. 투명 유리 큐브 건물은 뉴욕을 방문하는 사람이라면 누구나 반드시 둘러보고 기념사진을 찍는 관광 명소가 되었으며, 애플 마니아들에게는 평생 한 번은 순례해야 할 성지와도 같은 존재로 다가섰다. 공간에서 느껴지는 이 투명감은 기업이미지 조차도 투명하게 느껴지게 한다. 애플은 신제품을 발표할 때 이곳에서 가장 먼저 하고 있는데, 그래서인지 항상 사람들로 붐비고 각종 언론에서 매장의 리뉴얼 소식까지 주요 뉴스로 다룰 정도로 큰 인기를 끌고 있다.

2017년 애플은 시카고에서 노스 미시간 애비뉴 North Michigan Avenue와 시카고강을 잇는 새로운 연결점이 될 '애플 미시간 애비뉴 Apple Michigan Avenue'를 선보였다. 시카고는 강과 밀접하게 연결되어 있는 도시인데, 이 투명한 건물은 양쪽 모두 화강암 계단으로 광장에 이어지며 광장에서 강변과 그 너머의 시야가 탁 트이도록 설계되었다. 애플의 최고디자인책임자 CDO 조니 아이브 Jony Ive는 "애플 미시건 애비뉴는 내부와 외부의 경계를 없애고 중요한 도심 연결성을 되살리는 데 중점을 두었고, 지금까지 강변과 단절되어 있었던 유서 깊은 도심 광장을 다시 강과 연결시켜 도시의 움직임이 자연스럽게 강가로 흘러들 수 있는 새로운 장을 마련했다."라고 했다.[46]

이 건물의 모든 요소는 도시와 시카고 강 사이의 경계를 최소화하도록 디자인되었는데, 가로 111피트 약 33.8미터에 세로 98피트 약 29.9미터 넓이의 탄소섬유 소재 지붕 또한 최대한 얇게 설계되었다. 또 건물 구조 전체를 4개의 내부 기둥으로 지탱하여 높이

32피트약9.8미터의 유리 전면을 가리지 않도록 했는데 지붕만 떠 있는 모습이다.

이곳은 투명한 유리와 밝은 우드 테이블과 탁 트인 시야가 특징인데 당시 애플의 소매 담당 수석부사장 안젤라 아렌츠 Angela Jean Ahrendts는 "시카고 미시간 애비뉴 매장에 대해 누구나 부담없이 애플의 제품과 서비스, 유익한 교육 프로그램을 모두 체험해볼 수 있는 장소, 애플의 새로운 비전을 보여주는 모범사례가 될 것"이라고 하면서 신개념의 애플 매장을 "또 하나의 애플 제품"이라고 강조했는데, 이는 공간이미지가 얼마나 중요한지를 강조한 것이다.[47]

이탈리아 밀라노에 있는 애플의 '피아자 리버티 Piazza Liberty' 플래그십 스토어는 '광장廣場'과 '분수噴水'라는 두 가지 기본 요소가 합쳐진 곳으로, 밀라노에서 가장 인기 있는 보행자 거리 가운데 하나인 '코르소 비토리오 에마누엘레 Corso Vittorio Emanuele'에서 바로 떨어진 곳에 위치해 있다. 방문객들은 새로운 분수를 보고 광장 쪽으로 이끌리게 되는데, 애플과 글로벌 플래그십 디자인을 위해 지속적인 관계를 맺고 있는 런던 소재 '포스터 플러스 파트너스 Foster + Partners'가 디자인한 이곳의 천장은 원형경기장의 계단식 스타일을 따른다. 또 인공광(光)과 자연광이 결합되었고 지붕과 계단을 통해 움푹 들어간 매장 깊숙한 곳까지 햇빛이 스며들어 밀라노의 빛과 리듬으로 인테리어를 연결시켜 넓고 밝은 미술관 느낌을 주고 있다.

이렇게 애플은 투명감과 함께 심플함, 그리고 온기가 느껴지는 편안함을 매장에 구현하는 방식으로 고유의 브랜드 아이덴티티를 공간에도 녹여냈다.

최근에는 소비자들이 ESG에 대해 많은 관심을 보이고 있는데 이것은 Environment, Social, Governance의 머리글자를 딴 단어이다. 기업이 친환경, 사회적 책임 경영, 지배구조 개선 등 투명 경영을 고려해야 지속 가능한 발전을 할 수 있다는 철학을 담고 있는데, ESG는 개별 기업을 넘어 자본시장과 한 국가의 성패를 가를 키워드로 부상하고 있다.

애플코리아는 한국의 4번째 애플 스토어인 '애플 잠실'을 2022년 9월 22일 잠실 롯데월드몰 1층에 열었는데, 이곳에는 10개 국어를 구사하는 직원들이 근무하고 탄소중립을 위해 100퍼센트 재생에너지로 운영된다고 한다. 2018년부터 애플은 전 세계 44개국의 모든 매장과 사무실 등에서 100퍼센트 재생에너지를 사용하고 있는데, 나무 벽, 테이블, 애플 로고가 박힌 유리, 패널 등은 모두 국내에서 수급한 자재로 만들어졌다

고 한다.[48]

    매장에는 최신 애플 제품과 애플 뮤직, 애플 TV+ 등 다양한 서비스를 경험할 수 있는 공간도 마련되어 있다. 이처럼 애플은 투명 경영을 한다는 것을 공간을 통해 보여주려고 투명한 유리라는 소재를 활용했다는 생각이 든다. 애플이 인기가 있는 이유는 여러 가지가 있겠지만 제품디자인은 물론 ESG까지 고려한 공간 연출과 스토리로 브랜드 아이덴티티를 더욱 확실히 해서 전 세계 팬 층을 사로잡고 있다고 볼 수 있다. 싱가포르에서는 마리나 베이 샌즈 몰 앞바다에 최초로 물 위에 세워진 애플 매장을 선보였는데, 이 원형의 공간은 싱가포르 야경에 한몫하고 있다.

    많은 것을 하지 않으면서도 확실하게 브랜드 이미지를 인식시킨 사례로 애플 이상의 브랜드가 있을까?

    최근에는 럭셔리 브랜드나 유명 브랜드들이 레스토랑이나 카페를 오픈하고 있다. 매장 내부의 공간을 사용하기도 하고 별도의 공간에 카페를 만들어 브랜드 확장을 시도하고 있다. 한번 브랜딩이 잘 되면 그 브랜드 이미지에 어울리는 콘셉트로 다양한 아이템들을 전개하기가 수월하고 비즈니스 범위를 확장하기 쉽다. 하지만 새롭게 확장한 비즈니스가 잘못되면 기존의 브랜드에 나쁜 영향을 주는 경우도 있기 때문에 주의해야 한다.

8장 ───── 테마와 콘셉트는 어떻게 만들까?

우리가 디자인을 할 때는 어떤 테마와 어떤 콘셉트로 전개할 것인지를 생각하게 된다. 공간을 디자인할 때는 더욱 테마와 콘셉트가 필요하다. 테마는 말 그대로 중심 과제나 주된 내용을 한마디로 표현하는 것이라고 할 수 있고, 콘셉트는 드러내고 싶은 주된 생각이나 개념 혹은 실현시키기 위한 방법을 얘기한다. 이러한 테마나 콘셉트가 있어야 그 다음 단계인 스타일이나 이미지를 만들어 낼 수 있다. 그 순서는 뒤바뀌기도 하지만 공간 기획이나 비즈니스 기획에 있어서도 꼭 필요한 요소라고 할 수 있다.

《끌리는 컨셉 만들기》에서 김근배 교수는 콘셉트에 대하여 말했는데 "컨셉이란 'con'의 '여럿이 함께'라는 의미와 'cept'의 '붙잡다'는 의미를 합친 단어로 '여럿을 붙잡아서 하나로 만든 것'을 의미하고 《논어》에 나오는 '일이관지 一以貫之' 흐트러진 구슬을 하나의 실로 꿴다는 의미와 정확히 일치하고 컨셉은 기획이나 전략을 실행할 때 여러 방향으로 흩어지지 않게 만드는 것을 말한다."라고 했다.[49] (디자인 분야에서는 '컨셉'이라는 용어로 많이 사용하고 있다.)

예를 들어 스타필드 하남의 경우 오픈 당시 '쇼핑 테마파크'를 테마로 하고 "아침부터 저녁까지 가족과 친구들이 함께 쇼핑하고 맛있는 음식과 레저를 즐기고 편히 쉴 수 있는 곳 스타필드 하남으로 원데이 트립One Day Trip을 제안합니다"라고 했는데 이런 내용이 콘셉트가 된다고 할 수 있다. 이 콘셉트를 살려 여러 공간들이 기획되고 디자인되었다.

잠실 롯데월드몰의 '베질루르 선셋 에비뉴Basilur Sunset Avenue'라는 공간은 유럽 노천카페 해질녘 거리를 콘셉트로 연출되었다. 베질루르는 세계적인 홍차 생산국인 스리랑카에서 만들어진 고급 홍차 및 허브티 브랜드인데 브랜드 이름이 곧 테마라고 할 수 있다. 테마와 어울리는 콘셉트를 위해 고급스러운 블루와 골드 컬러를 사용하고 해질녘 선셋을 표현하기 위해 사각박스를 이용하여 노을이 진 이미지의 천장 조명으로 전체공간에 연출했다.

롯데월드몰 'Basilur Sunset Avenue' _ 서울

이렇게 테마와 콘셉트가 정해지면 그에 따른 공간이미지를 연출하기 쉬워지고 그 이미지가 브랜드 이미지로 연결되어 브랜드 아이덴티티로 자리 잡게 된다. 또한 앞에서 살펴본 여러 가지 요소들을 고려한 공간을 기획할 수 있고 디자인 스타일이나 이미지를 구현할 수가 있다. 결국 이런 내용이 스토리텔링으로 이어져 광고나 홍보할 때 마케팅 전략에 활용된다.

많은 사람들이 알고 있는 일본을 대표하는 라이프스타일 브랜드로 '무지 MUJI · 無印良品'가 있는데, 이것은 1980년에 설립된 생활용품 · 의류 · 가구 · 학용품 · 식품 등을 만드는 일본 브랜드이다. 무인양품 無印良品은 일본어로는 무지루시료우힝 むじるしりょうひん이라고 하는데, 여기서 無印이란 '브랜드가 없다'이고 良品은 '품질이 좋은 제품'이라는 뜻이다. 즉 '상표가 없는 좋은 물건'이라는 의미인데, 비한자권 국가에서는 앞의 두 음절을 따와 MUJI라는 상표를 사용한다. 의류 · 식품 · 문구 · 생활용품 브랜드라고 생각하면 되는데 1991년 런던에 첫 해외매장을 오픈했고 국내에서는 주로 판매만을 위한 매장을 전개하고 있는데, 심플한 일본의 라이프스타일을 대표하고 있다.

2018년 MUJI는 중국에 '무지 호텔 센젠 MUJI Hotel Shenzhen'을 오픈했는데 "MUJI

에 의한, MUJI다운 호텔, 더도 덜도 말고 이대로 충분한 공간"이라는 콘셉트로 브랜드의 모든 것을 호텔에 표현했다. 이 호텔에는 "MUJI답다"가 테마가 되어 곳곳에 표현되었는데, 정돈된 심플함과 재생 목재와 친환경 벽지를 사용하고 세세한 부분에도 브랜드의 자연주의 철학을 담아 MUJI라는 브랜드가 갖는 특유의 분위기를 보여주었다.

MUJI는 센젠에서 먼저 시도해본 다음 베이징Beijing에 이어 도쿄 긴자Ginza에도 2019년 지하 1층에서 지상 10층에 달하는 '무지 호텔 긴자MUJI Hotel Ginza'를 오픈했다. 이곳은 일본에서의 첫 호텔로 MUJI에서 제안하는 의식주를 체험할 수 있는 플랫폼이라고 할 수 있다.[50]

지하 1층의 '무지 다이너MUJI Diner'에서는 자연식, 즐거움, 전통, 나눔을 테마로 하여 채소를 중심으로 제철 해산물이나 고기 등을 사용한 요리를 즐길 수 있다. 벽돌과 고목을 사용해 식품 창고 이미지를 연출하고 해산물이나 고기 등의 진열장이 눈길을 끄는 오픈 키친은 캐주얼하게 연출되었다. 유리로 만들어진 '두부 공장'에서는 조리하는 모습을 직접 볼 수 있는데, 호텔에서 제공되는 두부는 모두 이 공장에서 만들어지고 있다.

1층에는 냉동식품이나 인스턴트 카레, 과자 등 무인양품의 식품 시리즈 등 생활에 기본이 되는 상품이 확대되어 천장까지 가득 채워진 진열대가 있다. '마르셰나 베이커리'에서는 아침 7시 30분부터 바로 구운 빵을 판매하는데, 완성 시간을 알려주는 칠판이 있기 때문에 막 구운 따끈따끈한 빵을 구입할 수 있다. '브렌드티 공방'은 계절 과일이나 채소를 사용한 신선한 주스도 판매하고, 32종류의 오리지널 레시피부터 때와 장소, 기분에 맞춰 선택한 찻잎까지 그 자리에서 브렌딩해 준다. 또 선물용 캔은 여러 가지 모양으로 된 도장을 찍어 나만의 디자인을 할 수 있어 선물하기에 좋다. 선물 주머니는 긴자를 중심으로 한 도쿄 지도가 그려진 것과 달마·종이학·매실꽃 등이 프린트된 두 종류의 디자인이 있다.

2층에는 여성복·남성복·가방·구두 매장이 있고, 3층에는 양말과 이너웨어를 비롯해 헬스&뷰티, 문구나 오피스 용품, 자전거, 여행용품 등을 판매하고 있는데 생활에 기본이 되는 상품들이 압도적인 볼륨감으로 진열돼 있다.

4층에는 거실 및 주방이나 테이블 용품, 아동복, 생활편의시설 등이 있는데 '파운드 무지Found MUJI'에서는 MUJI가 찾아낸 세계 각국의 좋은 물건을 현대의 생활에 맞춰 개량해 적절한 가격으로 재탄생한 물건들이 있다. '디자인 공방'에서는 성인들도 평상시

사용할 수 있는 자수나 책 수리, 주문 사진집을 만들 수 있는 서비스가 제공된다. 과거와 현재, 동과 서에서 오랫동안 내려온 5,000권의 '무지 북스 MUJI Books'가 진열되어 있어 옛날 책을 구입할 수 있다.

5층에는 침실, 수납, 가전과 조명, 청소와 세탁용품 매장이 있는데 '무지 서포트 MUJI Support'에서는 수납 상담이나 주문 가구 시공 상담 등 인테리어 상담자의 서비스를 받을 수 있다.

6층에 있는 '아틀리에 무지 긴자 Atelier MUJI Ginza'는 2개의 갤러리 Gallery 등으로 구성된 무인양품의 복합 디자인 문화의 발신 기지다. 1년간 같은 테마로 상설 전시를 실시하는 '갤러리 1'과 3개월마다 전시 내용을 교체하는 '갤러리 2'에서 다양한 디자인 문화를 접할 수 있다. 또한 '아틀리에 무지 긴자 살롱 Atelier MUJI Ginza Salon'은 디자인에 관한 교류를 즐길 수 있는 곳으로서 술과 함께하는 편안한 시간을 제공한다.

6층의 '무지 호텔 MUJI Hotel' 프런트 안쪽에는 일본식 레스토랑 'WA'가 있는데 일본 각지에서 전통적으로 내려오는 음식에 대한 지혜를 제철 식재료로 맛볼 수 있다. 테이블 벽면에는 오래된 배의 일부분인 철판을 사용하여 옛 것과 새 것이 융합하는 긴자를 느낄 수 있도록 했다.

7~10층까지는 객실로 되어 있는데 프런트의 배경 벽면에는 100년 전에 도쿄를 달렸던 노면 전철의 포석을 재활용해서 표현했다. 호텔 내부는 '안티-고저스, 안티-칩 Anti-Gorgeous, Anti-Cheap'이라는 콘셉트에 여행 장소도 일상생활의 연장이라는 느낌으로 편안하게 지낼 수 있도록 조성되어 있다. 9개 형식으로 구분된 객실은 총 79개에 이른다.

객실에는 안쪽을 조금 높은 다다미로 설치해 '세탁 가능한 매트리스'를 사용하거나 가족 단위가 이용할 수 있는 객실의 침대를 2단으로 설치했다. 다다미 공간은 편안하게 책을 읽으며 쉴 수 있도록 돼 있고, 욕실에는 노송나무 욕조도 있어 나무의 따스함과 기분 좋은 향을 즐길 수 있다. 객실에 놓인 생활편의시설과 잡화의 대부분은 MUJI의 상품으로 하룻밤 사용하며 생각한 뒤에 점포에서 구입할 수 있는 구조이다.

무지 호텔 긴자는 'MUJI다움'을 테마로 한 의식주 플랫폼으로 제품 판매만을 목적으로 하는 기존 매장 개념에서 탈피하여 경험이나 체험의 공간을 추구한다. MUJI에서 제안하는 의식주를 체험할 수 있는 공간으로 실용적인 일본의 라이프스타일을 MUJI다움으로 표현하고 있다.

스웨덴의 대표기업인 이케아의 경우에도 본사가 있는 스웨덴 엘름훌트 Älmhult에 이케아 제품으로 구성된 호텔을 만들었다. 이케아 제품을 직접 체험하고 이케아가 생각하는 라이프스타일을 제안하고 있는데 이처럼 브랜드 제품이나 이미지 자체가 테마가 되는 경우가 가장 효과적이라고 할 수 있다. 하지만 그렇지 못할 경우에는 어떤 테마나 콘셉트로 공간을 연출해야 할지 고민하게 된다.

테마와 콘셉트가 있는 공간이미지를 만드는 게 꼭 돈이 많이 들거나 어려운 것은 아니다. 그 사례로 서울 경복궁 근처에 게스트하우스 '숨바꼭질 Hide & Seek Guesthouse'의 경우를 들 수 있는데, 이곳은 오래된 양옥을 리모델링해서 만든 독특한 게스트하우스이다. 원래 주 출입구는 골목 안쪽에 위치하고 있는데 담을 허물고 그곳을 게스트하우스 입구로 사용하고 있다.

Hide & Seek
Guesthouse _ 서울

몇 계단 올라가면 현관문이 있고 안으로 들어가면 거실공간이 나오는데 이는 로비공간처럼 사용된다. 객실은 다섯 개로 사이즈별로 1명부터 가족이 머물 수 있는 공간까지 다양하다. 내부 장식은 이전의 양옥에 있었던 발코니 난간을 떼어내 여기저기 디자인 포인트로 사용했다. 또 계단 좌우의 벽은 붉은 벽돌을 조각하여 쌓아올린 형태인데, 기존 양옥의 합판 벽체를 떼어냈더니 붉은 벽돌이 나와서 그것을 조각하듯 다듬어서 만들었다고 한다.

객실 내부에는 옐로우 계열의 따뜻한 색감을 사용했고 침대는 나무로 낮게 만들었는데, 우리나라 주택의 낮은 천장구조 때문에 침대가 높으면 공간이 답답해 보일 거라 염려해서였다고 한다. 이곳의 게스트하우스는 따뜻하고 한국적인 가정의 느낌을 주는 공간으로 마치 어릴 적 집안에서 숨바꼭질을 하고 놀던 때를 떠오르게 한다.

이곳의 지하 공간에 있는 카페가 재미있는데 원래 길 쪽에는 출입구가 없었는데 외부에서 지하로 바로 통하는 출입구를 만들었다. 기존에 있었던 좁은 지하 공간과 기계실이었던 공간을 확장해서 숙박하는 사람들이 식사할 수 있는 공간을 만들어낸 것이다. 이곳의 이름은 '소꿉놀이'로서 숙박하지 않아도 식사와 차를 마실 수 있는 공간인데, 계단을 내려가는 곳에는 어린아이들이 소꿉놀이하는 일러스트 액자들이 걸려 있다. 이 액자는 동대문에서 구한 그림이 있는 값싼 천으로 만들어졌는데, 카페 이름과 같은 소꿉놀이 콘셉트로 찾아내서 공간 전체의 콘셉트를 살려냈다. 내부 여기저기에 놓인 소품들과 그릇들도 당연히 잘 어울리는 것들로 연출했는데 오픈 당시 주인의 감각이 돋보이는 공간이다.

외국에서 오는 친구들이 서울에서 우리나라 일반 가정집의 모습을 경험하고 싶어 할 때 추천하고 있는 곳이다. 이곳은 큰돈을 들이지 않고 주변에 있는 재료들을 사용해 공간과 어울리는 테마와 콘셉트를 만들었고 서울시에서 추천하는 게스트하우스가 되었다. 때로는 큰돈을 들여 공간이미지를 만들기보다는 예산이 부족한 가운데 아이디어로 승부한 공간이 더 감성적인 결과를 보여주는 경우가 많다.

9장 _____ 스토리텔링은 어떻게 완성할까?

스토리텔링은 이야기하기 혹은 이야기를 전달하는 과정이라고 할 수 있는데, 주로 문화 원형을 이용하여 콘텐츠를 만드는 과정에서 이루어진다. 그렇다면 공간 속에서 스토리텔링은 어떻게 이루어지며 어떤 효과를 낼까? 광고에서 많이 사용하는 방법으로는 인기가 있는 유명인이나 성공한 사람들을 광고 모델로 채용하게 되는데, 바로 모델의 이미지가 기업이나 브랜드 이미지와 연결되기 때문이다. 공간에서는 역사와 전통이 깊은 브랜드나 기업의 경우 역사 속에서 스토리를 발견해 새롭게 부각시키기도 하고, 신생기업이라 할지라도 전통을 잇는다는 느낌으로 접근하기도 한다.

판매하는 제품이나 서비스를 이용해 스토리를 만들어내기도 하는데, 이처럼 스토리는 브랜드를 만들거나 기업을 만들면서 시작되는 이야기를 소재로 만들어 나가게 된다. 한 가지 예로 미국의 롱거버거 Longaberger를 들 수 있는데, 이는 데이브 롱거버거 Dave Longaberger가 1973년에 시작한 제조업체이자 유통업체이다. 1978년부터 홈쇼를 통해 바구니를 판매하게 되었는데, 예전에 우리나라에서 화장품 방문판매를 한 것과 같은 시스템으로 마케팅을 했다. 롱거버거는 오하이오주에 있는 본사 건물을 만들면서 자신들이 판매하는 바구니 모양을 7층 높이의 18만 평방피트약 16,722제곱미터 규모로 만들어 그 지역의 랜드마크가 되었다. 지금은 사라졌지만 다른 기업이 롱거버거를 인수하면서 해당 건물을 호텔로 바꾸겠다는 의지를 표명하기도 했다.

이렇게 기업의 제품을 연결시켜 공간에 스토리를 만드는 방법도 있을 수 있고 여러 가지 방법으로 공간에 스토리를 만들어 고객들이 경험하게 할 수도 있다. 이렇게 하면 능동적인 고객들이 SNS를 이용하여 공유하게 되는데 이는 마케팅 전략에 있어 중요한 요소가 되고 있다.

공간은 계속 변화하고 있다. 어느 순간 생겨나고 사라지며 또다시 생겨나 마치 생물처럼 움직인다. 건물들 또한 아예 철거되어 사라지기도 하고 그 자리에 새로운 공간으로 탄생하기도 한다. 과거의 임무를 벗어던지고 다른 역할을 부여받아 새로운 이미지로 재탄생하는 것이다.

동대문 근처에 경동시장이라는 재래시장이 있다. 이 경동시장에는 1960년에 극장으로 문을 열었지만 제 기능을 다한 폐극장이 2022년 12월 스타벅스 경동1960점으로 재

스타벅스 경동1960
'금성전파사' _ 서울

탄생하게 되었다. 스타벅스는 이 공간을 LG전자와 함께 고객경험을 극대화하는 곳으로 만들었다. 극장으로 들어가면 입장권을 판매했을 것 같은 입구 쪽에 넓은 LED스크린이 펼쳐져 아름다운 자연의 영상으로 고객을 맞이한다. 그 옆으로는 LG전자의 전신인 금성 Gold Star을 모티브로 금성전파사 기분고침코-너, 스타일고침코-너, 개성고침코-너, 새로고침코-너 등 레트로 감성으로 꾸며 MZ세대의 놀이터를 만들었다.

극장 상영관으로 들어가면 무대 쪽으로 내려다보이는 곳에 스타벅스 메뉴를 주문하는 직원들이 일하는 공간이 나온다. 또 계단으로 이루어진 상영관의 관객석은 고객들의 카페 좌석으로 만들어졌는데, 천장이나 벽면의 오래되고 낡은 모습을 그대로 드러낸 채 새로운 고객들의 체험 공간으로 탄생했다.

고종이 커피 애호가였다는 스토리는 유명하다. '스타벅스 환구단점'은 과거 소공동점을 리모델링하면서 고종이 대한제국 황제 즉위를 앞

스타벅스
'경동1960' _ 서울

둔 때에 하늘에 제를 드리고 황제즉위식을 거행한 곳인 환구단과 황궁우 등 우리문화유
산의 주요 요소를 주제로 내부공간에 구현했다. 환구단은 제사를 지내는 3층의 원형재
단과 하늘신의 위패를 모시는 3층 팔각 건물 황궁우, 돌로 만든 북과 문 등으로 되어 있
었다. 그 뒤 1913년 조선총독부가 황궁우, 돌로 만든 북, 삼문, 협문 등을 제외한 환구
단을 철거했다. 환구단은 대한제국의 자주독립을 대내외에 널리 알리는 상징적 시설로
당시 고종황제가 머물던 황궁 현재의 덕수궁과 마주보는 자리에 지어졌다.

이러한 스토리를 주제로 이곳 매장 내부의 음료제조 탁자와 건물 기둥에는 환구단 석
조삼문 황궁우로 가는 정문의 벽돌 모양을 반영하고 상품판매 진열장에는 환구단의 기단 위
에 있는 황궁우의 팔각지붕 형태를 반영했다. 외관의 윗면을 기와로 마감하고 단청을 반
영한 디자인을 선보였고 내부에는 좌식 공간, 방석, 디딤돌, 창호 형식 등 한옥을 반영한
디자인을 공간에 표현했다. 또 이와 관련된 굿즈를 개발하기도 하면서 우리 문화유산을
그 공간에 풀어냈다. 이곳은 감추어져 있는 문화유산을 다시 한 번 끄집어내어 건물 뒤
쪽에 남아 있는 황궁우에 대해 우리가 관심을 가지고 지켜볼 수 있도록 한다.

❶ 스타벅스
　 환구단점 _ 서울
❷ 환구단점 뒤편에
　 자리한 황궁우 _
　 서울

이렇게 공간을 이용한 스토리텔링 전략을 사용할 때는 이미지만이 아니라 콘텐츠가 중요한데, 콘텐츠를 만들 때는 어떤 원형을 가져다 스토리와 연결시킬 것인가가 관건이 된다. 공간에서 스토리를 생산해내는 기업으로 명품브랜드를 많이 소유한 LVMH의 루이비통 같은 경우도 아예 문화공간을 만들어 자신들의 정체성과 역사성을 스토리로 만들어 보여주고 있다고 앞에서 언급했다. 명품브랜드인 '에르메스 Hermès'의 경우도 마찬가지인데 이 브랜드는 프랑스의 대표적인 패션브랜드로 1837년 티에리 에르메스 Thierry Hermès가 프랑스 파리에서 말안장과 마구용품 사업을 시작하면서 탄생했다. 초기에는 승마를 즐기는 왕족과 귀족 사이에서 인지도를 얻기 시작했다고 한다.

대부분의 명품 브랜드들이 주식회사에 소속된 것과 달리, 현재까지 6대에 걸쳐 가족기업의 형태로 사업을 이어오고 있다. 최초로 가죽 핸드백을 만들고 백Bag에 처음 지퍼를 달았으며 실크 스카프를 탄생시킨 기업으로서, 명품브랜드 하면 누구나 에르메스를 꼽는다.

1993년에 파리의 에르메스 매장을 방문했을 때 일본인들이 줄을 서서 기다리는 장면을 봤는데, 쇼윈도에 장인이 조각한 듯한 커다란 나무 말을 전시해 마구용품으로 시작한 브랜드의 스토리를 이미지로 전달하고 있었다. 특히 그레이스 켈리Grace Patricia Kelly 와 제인 버킨Jane Birkin의 이름을 딴 '켈리백'과 '버킨백'이 유명한데, 유명인들이 사용한 백을 스토리텔링에 이용해 제품 이름까지 그렇게 부르고 있다. 지금은 버킨백을 구매하려면 가격이 비싼 것이 문제가 아니라 옷이나 그릇, 신발, 시계 등 다른 제품을 구매하면서 매장 직원들과 친해지거나 VIP명단에 들어가야 제품이 들어오면 연락을 받아 구매할 수 있다고 할 정도이다.

에르메스는 2010년 파리에서 전혀 예상치 못한 독특하고 새로운 공간 디자인을 선보였는데, 파리 생제르맹데프레Saint-Germain-des-Prés 지구의 중심부에 위치한 루테티아Lutétia 수영장을 에르메스 부티크로 변화시킨 것이다. 이곳은 1935년에 지어진 수영장이고 2005년부터 역사 기념물로 등재된 곳인데 독특한 건축학적 특성과 '아르데코Art deco' 스타일의 매력을 그대로 살린 곳이다. 아르데코는 1920~1930년대에 유행한 장식미술의 한 양식으로 특유의 기하학적 패턴이나 라인 구성이 특징인데, 이곳은 수영장 폐쇄 후 다양한 용도로 사용되고 변형되었는데 2010년 에르메스 부티크로 바뀌어 에르메스 파리 세브르Hermès Paris Sèvres가 되었다.

에르메스는 이 건물을 새롭게 디자인하면서 역사적인 유적지로 지정된 건물에 새로운 활기를 불어넣어 조화롭고 창의적인 작업은 어떤 것인가를 보여주었다. 우선 수영장의 구조를 살리고 보존하면서 재해석하기로 했는데, 유일하게 수정한 것은 가벼운 구조물에 의해 지지되는 철근 콘크리트 복합 바닥 슬래브Slab를 이용해 수영장을 덮는 것이었다고 하고 그 아래에는 수영장이 완전히 보존되도록 했다.

정면은 원래 모습을 유지하고 다른 것들은 모던하게 수정했는데 매장에 들어서면 전체적인 오브제의 모습에서마저 장인정신을 느끼게 된다. 전체적인 디자인의 개념은 넓이보다 볼륨을 가지고 있는데 세 개의 유목민 오두막 같은 형태의 나무 프레임 오브제는 건물 안에 다시 하나의 하우스가 생기는 것을 표현했고 그 안에 아이템별로 제품을 전시했다.

한때 이곳에 있었던 물을 표현하기 위해 물이 흐르는 듯한 나무 프레임 오브제로 계단 난간을 만들어 오두막 이미지와 연결시켰다. 수영장을 개조해서 이런 건물이 탄생한 것이라고는 믿기지 않을 정도인데 그것을 표현하기 위한 것인지 모자이크 타일을 사용했다. 서점과 팬시용품 공간, 플라워 숍이 있고 카페에도 중앙에 오브제와 연결되는 아르데코 이미지의 의자들을 사용했다. 이곳에는 말안장을 모던화한 진열대가 있고 매장 위의 층 난간에도 기하학적인 아르데코 스타일을 그대로 사용했다.

전체 평면도를 보면 우측 입구로 들어가면 계단을 통해 자연스럽게 아래로 내려갈 수 있게 되어 있고, 1층 안쪽은 카페가 연결되어 아래를 내려다볼 수 있는 구조를 띠고 있다. 단면을 보면 전체 공간이 다시 그려지는데 맨 아래층에 수영장을 남겨 놓은 것을 알 수 있다. 이처럼 파리의 에르메스 부티크는 파리의 유산을 지키면서도 시대에 맞는 공간으로 새롭게 재탄생시켜 역사가 있는 기업의 면모를 보여주었다.

공간은 매우 유한할 수 있지만 제한적인 공간이라도 이야기가 있는 공간을 선택해 공간에 스토리텔링을 부여하는 기업들을 보면서, 공간을 어떤 방식으로 새롭게 만들지도 중요하지만 특별한 이야기를 품은 공간을 알아보고 선택하는 것도 무척 중요하다는 사실을 깨닫게 된다.

에르메스 서울은 도산공원 근처에 플래그십 스토어 '메종 에르메스 도산파크Maison Hermès Dosan Park'를 2006년 11월 오픈한 뒤 2014년과 2017년 두 번에 걸쳐 리노베

이션을 진행했다. 지하 1층에는 현대미술 전시공간인 아뜰리에 에르메스
Atelier Hermès와 카페 마당Café Madang이 있고, 1층부터 3층까지는 에
르메스 컬렉션을 보여주는 공간으로 사용되고 있다.

　　현재 이곳에서는 국내 아티스트들을 지원하고 있어 1층 쇼윈도에서는 계절을 이용해
국내 작가가 선보이는 윈도 디스플레이를 선보이고 있고, 지하의 아뜰리에 에르메스는
실험적이고 역동적인 예술 활동을 지원하는 현대미술을 위한 공간으로 사용되고 있다.
카페 마당에서는 호텔신라 최고의 쉐프가 선보이는 식사 메뉴와 디저트를 즐길 수 있는
데, 에르메스의 테이블 웨어, 크리스털, 실버 컬렉션과 함께 선보이고 있어 이곳에서 에
르메스의 세계를 간접 경험할 수 있다.

　　이처럼 에르메스는 한국에서도 문화공간을 만들어 아티스트들을 지원하면서 지속적
으로 스토리를 만들어 가고 있다. 역사는 하루아침에 만들어지는 것이 아니듯 이렇게 스
토리가 있는 공간에 새로운 스토리를 부여하거나 아예 문화공간을 만들어 예술을 들여
놓으면서 브랜드 역사를 만들어 가고 있다고 볼 수 있다.

　　하지만 꼭 역사가 깊어야 스토리가 만들어지는 것이 아니다. 일본의 전통술인 사케
양조장의 사례를 한번 살펴보면, 이곳의 경우도 공간에서 찾아낸 스토리를 이용했다. 오
래전 우연히 그 지역을 방문했다가 그곳에 사는 버스기사의 소개로 알게 된 곳으로 매우
흥미로웠다.

　　당시 일본 후쿠시마 현에 있는 '미야이즈미 메이조宮泉 銘釀'라는 사케 양조장은 일본
전통가옥으로 보이는 건물을 사용하고 있었다. 건물 상부에 미야이즈미라는 간판이 보
이고 입구에는 일본식의 독특한 사인이 세워져 있는데, 그곳에 세 사람의 사진과 함께
"山川三兄妹 誕生の地"라는 내용이 있다.

　　사진 속 세 사람이 그곳에서 태어났다는 점을 강조하고 있는데 세 사람 모두 이 아이
즈 지역뿐만 아니라 일본에서 유명한 사람들이었다. 참고로 야마카와 히로시山川 浩는
막부시대에 이 지역의 사무라이였으며, 이후 메이지 초기 일본 제국 군대에서 장군이 되
었다. 그 뒤 유명한 정치인이자 교육자로 살았다고 하는데 아이즈 전쟁의 역사를 쓴 최
초의 인물 가운데 하나였다고 한다.

　　야마카와 겐지로山川 健次郎는 에도 후기 일본의 사무라이로 물리학자에 대학총장을
역임했으며 전쟁역사가였다고 하고, 여자인 야마카와 사츠마츠山川 捨松는 일본 최초 여

미야이즈미 메이조
宮泉 銘釀 _ 일본

자 유학생으로 미국으로 유학한 메이지 초기의 일본인 교육자로 알려져 있다.

이렇게 설명이 되어 있는 간판을 본 뒤 미야이즈미 宮泉 로고가 있는 입구의 하얀 천 노렌 暖簾 을 통과해 안으로 들어가면 일본 전통식 정원이 나온다. 건물 외벽에는 전국 신 제품 평가회에서 4년 연속 금상을 탔다는 현수막이 걸려 있고, 그 반대편에는 술을 제조 할 때 중요한 물을 강조한 연출 공간이 나온다. 여기서 좀 더 안으로 들어가면 사케를 전 통 방식으로 만드는 방법을 직접 보여주는 공간이 나오고 술병이나 제조 도구들이 전시 되어 있다. 또한 술과 관련된 일본 전통 그림액자들이 걸려 있고 도자기로 만든 술병들도 찾아볼 수 있다. 사케를 만들 때는 쌀의 껍질을 벗겨내는 도정이라는 것이 중요한데 쌀을 어느 정도로 도정하면 어떤 사케가 되는지 설명되어 있고 다양한 방식으로 제조된 사케를 시음할 수도 있다. 또한 판매 공간도 있어서 이곳에서 제조하는 사케를 살 수 있고 된장이나 장아찌 같은 그 지역 토산품도 구입할 수 있어서 유명한 관광코스로 알려져 있다.

하지만 나중에 깨달은 중요한 사실은 이 매장의 공간이 보여주는 역사보다 사케 양조장은 오래되지 않았다는 것이었다. 예를 들어 일본은 오래된 호텔이나 유명한 료칸旅館이 가격도 비싸고 인기가 있으며, 200년이나 된 장어집이나 몇 대째 내려오는 우동이나 소바집 같은 곳도 유명세를 떨치고 있다. 그런데 이 회사는 1955년에 설립되어 이 집에 비해 역사가 그리 길지 않았는데, 일본 전통주를 제조하는 입장에서 유명한 사람들이 살았던 오래된 일본 전통가옥을 사서 그 사람들의 역사와 그 집의 역사까지도 스토리텔링하면서 양조장을 홍보하고 있었다.

가끔 우리 주변에서도 유명한 연예인이나 전 대통령이 살았다고 하는 집들이 거래될 때 이슈가 되기도 하고 북촌에 가면 한옥들이 비싸게 판매되기도 한다. 비즈니스를 하려고 하는 아이템이나 목적에 따라 부동산을 구매하거나 장소를 선정할 때 그리고 공간을 통해 스토리텔링을 하려고 할 때 그곳이 어떤 장소였으며 기존의 장소가 어떤 의미를 담고 있는지도 구매할 때 중요한 고려사항이라고 할 수 있다.

영종도에 가면 독특한 공간이 하나있다. 바로 '메이드림'이라고 하는 교회를 카페로 만든 공간이다. 신도시가 들어서며 120년 된 교회가 이전을 하게 되어 예배당이 방치되었는데, '에프엔 플레이스 FN PLACE'라는 기업이 이곳을 사들여 카페로 재탄생시켰다. 이곳은 기업형 카페라고 할 수 있는데, 에프엔 플레이스는 전국 170여 곳을 다니며 후보지를 물색하다가 이곳을 최종 선택했다고 하는데 교회였던 곳이라는 점을 스토리로 연결시켰다.

교회 메인 건물의 경우 붉은 벽돌의 외관과 스테인드글라스 느낌의 유리창은 그대로 보존하면서 교회 공간의 장점을 최대한 살려서 디자인되었다. 1층으로 들어서면 주문 카운터가 나오고 입장권을 사듯이 메뉴를 주문한 뒤 안으로 들어가면, 계단 주위로 거울과 스테인드글라스를 이용한 디자인의 벽기둥들이 펼쳐진다. 입구에 주문코너를 배치한 것은 구경만 하고 나갈 수 있기 때문에 카페 운영상 이런 레이아웃을 선택한 것 같다.

메이드림 카페 _
영종도

지하 1층은 '땅의 생성'이라는 주제로 동굴 같은 분위기로 만들어져 있고 중앙의 나무뿌리는 천장을 뚫고 위층으로 연결된다. 이어서 1층은 나무기둥 주변으로 검은 바닥에 물과 디딤돌들로 공간을 이어준다. 2층은 '태고의 정원'이라는 주제로 중앙에 커다란 나무가 공간의 볼륨을 풍성하게 하고 벽과 천장을 에워싸는 그린식물과 스테인드글라스 창을 통해 들어오는 빛들이 공간을 압도한다. 예전에 예배에 사용되었던 무대 공간에는 공연이 가능하도록 악기가 세팅되어 있는데 재즈공연이 열리기도 한다.

3층은 2층이 내려다보이는 공간으로 앞쪽은 뚫려 있는데 물을 이용한 공간분리로 특별한 좌석을 만들어 사진 찍기에 좋은 분위기가 펼쳐진다. 10인석의 '벌과 나비의 숲'이라는 단체석 천장은 검정색으로 되어 있어 어두우면서도 독특한 공간을 만들어낸다. 옥상에 오르면 야외 테라스 공간이 나오고 맨 꼭대기에 있는 소망의 첨탑은 사진 촬영을 위한 포토부스 공간으로 되어 있다.

이 건물의 특징은 계단에서 보이는 조명이 들어간 스테인드글라스 기법을 이용한 그래픽과 거울들인데, 어두운 분위기를 모던하게 이끌어준다. 또한 메인 건물 옆에 목회자

메이드림 카페 _
영종도

가 거주하던 사택을 시각·청각·촉각 등 오감을 직접 체험하는 체험형 전시공간으로 조성했다. 현재의 예배당이 들어서기 전에 처음 세워졌던 작은 건물은 외벽이 화이트로 마감되어 있는데, 이 매장의 마스코트인 메이와 드림이라는 사슴 두 마리를 체험하는 정원으로 변모했다. 건물 중간에 한쪽 벽을 트고 유리를 설치하여 사슴과 소통하는 공간으로 만들어진 것이다. 이곳은 외부 공간에도 선베드를 설치하는 식으로 야외테이블이나 조경까지도 신경을 쓰는 것 같다.

메이드림은 브랜딩 전문가인 김상률 대표가 이곳을 전개했다고 하는데, 기존의 예배당을 찾아내서 그 장소와 공간의 특수성에서 스토리를 이끌어내어 스토리텔링을 잘 적용한 사례이다. 하지만 이곳은 오픈한 지 얼마 되지 않았을 때부터 너무 많은 사람들이 몰려들어 주차난이 심하다고 한다. 1주차장과 2주차장이 있는데도 부족해서 최근 주차장 부지를 더 사들였다고 한다.

언젠가 서울 외곽의 전원 마을에 자리한 레스토랑에 간 적이 있는데, 공간과 음식 모두 훌륭한 이곳 역시 주차가 안 되고 동네 주민들이 불편을 겪고 있는 듯했다. 비즈니스 부지를 찾을 때는 야외나 시골마을의 경우 주차장이 필요하기 때문에, 너무 인기가 많을 경우도 고려해서 추후에라도 확장 가능한 공간을 선택하는 것이 좋을 것 같다.

최근 SBS 〈손대면 핫플! 동네멋집〉이라는 프로그램에서 유정수 씨가 디자인한 수원 성곽길 근처 하이볼 전문점 스토리를 본 적이 있는데, 공간디자인보다 그곳에 스토리를 만들어 나가는 과정이 흥미로웠다. 수원 성곽길이라는 지역 주변의 역사를 매장 공간으로 끌어들인 것뿐만 아니라 조선시대와 다산 정약용 선생의 스토리까지 연결시켜 공간 연출과 메뉴 개발까지 했다. 바로 이런 것이 스토리텔링인데 이런 노력과 시도가 고객으로 하여금 그곳을 찾게 하는 이유가 되기도 한다.

LG경제연구원은 '기대를 넘어선 자부심과 감동으로 고객이 열광하는 브랜드 만들기'라는 보고서에서 "스토리는 은유와 꿈, 상징 등을 통해 신비감을 조성하고 과거·현재·미래가 하나가 되는 신화를 창조하여 그 브랜드를 가진 사람은 다른 사람과 다르다는 느낌을 창출한다."라고 했다.[51]

브랜드에 스토리를 만들어 나가는 것은 여러 가지 방법이 있을 수 있다. 하지만 지속적으로 팬덤 Fandom을 만들어 나가고 유지하려면 오프라인 공간을 방문하게 하여 직접 소통하는 것이 더 효과적이라고 볼 수 있다. 오프라인 공간에서 직접 경험한 스토리는 사람들의 기억에 오랫동안 남을 수 있으므로 총체적인 공간 연출을 통해 그 공간에 어떤 스토리를 넣어야 할지 고려해야 한다. 또 스토리가 있는 공간을 선택해 자신의 브랜드와 잘 버무려 좀 더 강력한 스토리를 만들고 차별화하여 고객이 방문하고 싶어 하는 공간을 만드는 방법도 염두에 두어야 한다.

10장 _____ 이미지는 어떻게 만들까?

우리가 앞에서 살펴본 것처럼 테마나 콘셉트를 정하고 나면 공간을 어떤 이미지나 어떤 스타일로 연출할 것인가를 생각하게 된다. 이러한 스타일이 자연스럽게 연결되어야 브랜드 아이덴티티와 연결되어 강력한 팬덤을 만들어 갈 수 있다. 따라서 공간의 이미지를 만들기 위해서는 공간의 스타일을 정하는 것이 효과적인데, '스타일 Style'에 대한 사전적 의미는 미술·건축·음악·문학 등에서 어떤 유파나 시대에 특유한 양식을 말한다. 그중에서 미술에 있어 양식이라 하면 작가의 개성적인 표현방식에 바탕을 둔 개인 양식, 집단 특유의 공통된 표현방식에 기반을 둔 시대 양식 및 민족 양식, 지역 양식, 유파 양식 등이라 할 수 있다.

공간에서 스타일이란 공간을 꾸미고 표현하는 양식으로서 그 공간이 가지고 있는 특징 있는 사조나 트렌드 혹은 분위기를 의미한다. 따라서 사람들의 라이프스타일과 기호에 따라 공간을 여러 가지 스타일로 연출하고 바꿀 수도 있다. 정리하자면 공간에서 스타일은 "공간의 구성 요소들이 나타내는 마감재의 종류 및 문양 그리고 색채의 특성, 공간의 형태, 규모, 가구, 조명 및 공간에서 사용되는 장식품의 양식, 색상, 질감 패턴 등이 복합되어 나타내는 총체적인 분위기, 즉 공간의 특성을 의미한다."라고 할 수 있다.[52]

스타일은 특징적인 디자인 요소를 중심으로 구분하는 것과 디자인적인 사조로 구분하는 것, 일시적으로 유행하는 경향으로 구분하거나 지역적인 특성으로 구분하는 것 등이 있다. 이외에도 다양한 스타일이나 이미지를 만들어내고 이름을 붙여 디자인을 차별화하고 발전시켜 나갈 수 있다. 예를 들어 스타일을 특징적인 디자인 요소를 중심으로 구분할 때 로맨틱 스타일 Romantic Style, 에스닉 스타일 Ethnic Style, 클래식 스타일 Classic Style, 하이테크 스타일 High-Tech Style, 엘리건트 스타일 Elegant Style, 컨트리 스타일 Country Style, 모던 스타일 Modern Style, 미니멀 스타일 Minimal Style, 내추럴 스타일 Natural Style, 캐주얼 스타일 Casual Style 등으로 구분해서 사용한다.

디자인적인 사조로 구분할 경우에는 고딕 Gothic, 로마네스크 Romanesque, 바로크 Baroque, 로코코 Rococo, 아르누보 Art nouveau, 아르데코 Art deco 같은 과거의 역사 속에서 유행하던 디자인적 특징들을 가지고 구분한다. 또한 시대적으로 일시적으로 유행하는 트렌드를 반영하여 젠 Zen, 퓨전 Fusion, 빈티지 Vintage 스타일 등과 같이 구분하기도 하고, 오리엔탈 Oriental, 아메리칸 American, 유러피안 European, 모로칸 Moroccan, 스칸디나비안 Scandinavian 등 지역적 특성을 사용하여 스타일을 만들어 내기도 한다.

그렇다면 왜 이런 스타일을 만들어야 할까? 그것은 결국 여러 요소들을 하나의 테마나 콘셉트로 연결해서 디자인 특징으로 사용하고 이를 스토리로 만들어 마케팅 전략이나 비즈니스 전략에 사용하기 위해서이다. 광고의 경우 하나의 이미지나 카피, 메시지를 짧은 순간에 어필하여 소비자를 사로잡는 것처럼 공간에서도 하나의 메시지로 이야기할 수 있어야 소비자의 기억에 그 이미지가 저장되기 때문이다.

우리가 잘 차려진 한식 밥상을 대할 때 주요 메뉴가 없으면 무엇을 먹어야 할지 젓가락이 방황을 하는 경우가 있다. 이럴 경우 식사한 뒤 배는 부른데 머릿속에 오랫동안 남는 것이 없는 것처럼 여러 스타일이 섞이게 되면 자칫 평범한 공간으로 남아 소비자를 사로잡기 어렵다.

안국역 근처에 가면 아침부터 매장 앞에 사람들이 북적이는 곳이 있는데 항상 대기 줄이 길어서 마음먹고 일찍 찾아간 뒤 기다려서 들어간 적이 있다. 왜 그렇게 사람들이 줄을 서는 걸까? 물론 이곳에서 판매하는 베이글은 다른 곳과는 차별화된 맛을 제공하기는 한다. 포장으로 가져가면 기다리는 시간이 줄어드는데도 사람들은 오랫동안 줄을 서서 그곳에 들어간다. 왜 그럴까?

이곳은 이름부터가 '런던베이글뮤지엄'으로 안국점의 외부에서 보면 오래된 런던 거리의 베이커리 같은 느낌이 들도록 했다. 어닝을 이용한 Sign과 외부에 드러난 벽돌부터 창문 스타일과 입구의 도어프레임 등 내추럴하면서도 투박하고 빈티지한 느낌으로 연출되어 있다. 입구의 그래픽은 물론이고 기다리는 동안 사진을 찍을 수 있는 포토존도 동물을 이용한 유니크한 그래픽을 써서 콘셉트에 어울리는 투박한 느낌을 강조했다.

내부에 들어가면 빈티지한 벽돌이 시선을 끄는데, 벽돌 위에 부분적으로 다시 퍼티와 페인팅을 해서 마치 벽의 한 부분을 벗겨낸 듯한 오래된 감성을 표현하고 있다. 천장도 터프하게 지나가는 파이프를 그대로 오픈시켰고 조명도 소박한 소켓 전구를 사용했다. 또한 영국 국기를 이용한 장식과 내추럴한 우드의 집기 주변에 놓인 영국스러운 소품들이 정돈되지 않은 채로 감성을 뿜어내고 있다. 벽면의 유니크한 그래픽부터 유리나 거울에 쓰인 글씨를 이용한 장식, 메뉴를 설명하는 팝 사인 POP Sign들이 자연스러운 감성을 자아낸다.

이곳에서 가장 중요한 것은 제품, 즉 베이글이 주인공인데 이곳의 이름처럼 다양한 버전의 베이글이 있고 베이글과 어울리는 커피, 수프나 치즈 샐러드 등도 메뉴에 들어가 있다. 베이글과 어우러지는 냅킨과 커피잔의 그래픽, 그리고 내추럴한 테이블과 의자 등 모든 것들이 완벽하게 조화를 이룬다.

런던베이글뮤지엄
안국점 _ 서울

최근 강남에도 오픈하고 롯데월드몰이나 스타필드 수원에도 점포를 확장하고 있지만, 아무래도 안국역 근처의 매장이 더 매력적으로 느껴진다. 이는 런던의 감각적이고 빈티지한 스타일을 정성들여 오롯이 그 공간에 담아냈기 때문이라고 생각한다. 이처럼 그 공간을 하나의 메시지로 전달하는 요소로서 스타일은 공간을 연출하는 핵심 키워드가 된다.

스타일을 설명할 만한 공간으로는 모로코의 제4도시 마라케시에 있는 모로코 최고의 호텔 '라 마무니아 La Mamounia'를 들 수 있는데, 모로코라는 지역적 특징이 잘 드러나 있어 모로칸 스타일을 한눈에 이해할 수 있는 멋진 곳이다. 이곳은 19세기 모로코 왕세자를 위한 궁전이 있던 곳인데, 20세기 초 모로코를 점령한 프랑스 정부는 1923년 이곳을 호텔로 둔갑시켜 마라케시를 찾는 명사와 부호들이 묵는 사교의 장소로 만들었다. 특히 윈스턴 처칠 Winston Leonard Spencer Churchill은 열성적인 라 마무니아 팬이었다고 한다. 이곳은 미국 드라마 〈섹스 앤드 더 시티 Sex and the City〉에서도 등장하고 최근에 넷플릭스에서 상영된 영화 〈애나 만들기 Inventing Anna〉에도 등장한다.

이 호텔은 입구에서부터 입구의 아치 모양이나 마감에 이르기까지 모로칸 스타일의 이미지와 아라베스크 스타일을 사용했다. 이때 아라베스크 스타일은 아라비아 풍風이라는 뜻으로 이슬람교 사원의 벽면 장식이나 공예품의 장식에서 볼 수 있는 아라비아 무늬를 말하는데, 문자나 식물, 혹은 기하학적인 문양이 어우러져 교차된 곡선 가운데 융합되어 가는 환상적인 무늬가 특징이다.

이색적인 복장을 한 가드맨이 열어주는 문으로 들어서면 라운지의 화려한 모습과 아치를 이용한 기둥과 조명, 타일로 연출한 바닥과 분수가 있는 중정의 모습에 모로칸 스타일을 한눈에 느낄 수 있도록 되어 있다.

조명을 이용한 연출을 한 스파 입구의 모습은 환상적인데 마조렐 블루 Majorelle Blue를 사용한 빛 계단을 따라 올라가면, 마사지, 바디 트리트먼트 및 미용실을 갖춘 웰빙 공간이 나온다. 마조렐 블루는 1924년 프랑스의 예술가 자크 마조렐 Jacques Majorelle(1886~1962)이 모로코 마라케시에 있는 마조렐 가든 Majorelle Garden을 건축하고 정원 벽, 분수, 별장에 매우 강렬한 파란색 음영을 그렸다. 그는 모로코 타일, 베르베르 뷔르누스 Berber burnouses 및 카스바 Kasbahs와 원주민 어도비 주택과 같은 건물의 창문 주변에서 색을 발견했다고 하는데, 마조렐이 사용한 이 깨끗하고 강렬하며 상쾌한 파란색을 마조렐 블루라고 한다.

이곳의 스파는 2,500제곱미터 약 760평에 달하는데 실내 수영장을 중심으로 9개의 트리트먼트 룸과 5개의 야외 방갈로, 테니스장, 헬스 시설까지 갖추었다. 이곳 스파에서는 아치의 모양과 타일, 그리고 툭 튀어 나온 공간에서 모로칸 스타일을 느낄 수 있는데, 샤워기 하나하나에도 모로칸 스타일을 찾아볼 수 있다.

'르 바 마조렐 Le Bar Majorelle'은 자크 마조렐의 이름을 딴 장소로 창문은 스테인드글라스로 디자인되었는데, 스테인드글라스는 금속산화물이나 안료를 이용하여 구워낸 색유리를 접합하여 만든 유리 공예이다. 이것은 7세기경 중동지역에서 비롯되었으며 11~12세기경 유럽의 기독교 문화권에 들어와 교회 건축의 필수 예술작품으로 자리 잡았다고 한다.

이곳의 다양한 Bar와 레스토랑들은 각각 테마에 맞춰서 분위기가 다르게 연출되어 있지만 모로칸 스타일을 기본으로 하고 있다. 객실 룸의 내부 모습도 우아하고 편안한 느낌을 주는데, 침대 헤드나 천장의 몰딩에서도 모로칸 스타일을 확인할 수 있다. 또 룸 도어의 게이트 부분에는 아치가 연출되어 있고 침대 공간에도 아늑하게 보이도록 아치로 분리되어 있어 궁궐 같은 느낌을 받게 된다.

스위트 룸은 7개의 테마로 꾸며졌는데, 윈스턴 처칠의 그림이 걸려 있는 스위트 처칠과 자크 마조렐을 헌정하는 의미로 지어진 마조렐 스위트 등이 있다. 이 호텔은 예전에는 모로칸 스타일을 공간에 최대한 활용하여 한눈에 이해하기 쉽도록 했는데, 최근 리모델링하여 약간은 모던하게 변화되었지만 여러 가지 스토리가 곳곳에 묻어 있다.

최근에는 '호캉스'라는 용어가 대세이다. COVID-19로 해외에 나가기 힘들었던 것이 국내에 호캉스를 더욱 부추겼다고 할 수 있다. 아예 개인의 주거 공간을 호텔처럼 꾸미려는 소비자도 늘고 있는데, 이는 호텔에서 사용하던 침구류, 디퓨저, 바디용품 등을 그대로 집에 들여와 '프리미엄' 경험을 이어가겠다는 시도로서 호텔 기업들은 이와 관련된 상품들을 판매하는 다양한 전략을 펼치고 있다.[53]

하지만 단지 비싸고 좋은 제품만 사용한다고 멋진 공간이 되는 것은 아니다. 이럴 때 필요한 것이 스타일이라고 할 수 있는데, 개인 공간에도 테마를 만들고 특정 스타일을 활용한다면 손님을 초대했을 때 훨씬 다양한 대화를 나눌 수 있고 친밀감을 더욱 높일 수 있다.

서울에서 경험할 수 있는 스타일의 사례로 '레스케이프 호텔 L'Escape Hotel'을 꼽을 수 있다. 이 호텔은 2018년 7월 부티크 호텔로 오픈하게 되었는데, 신세계조선호텔은 공간 디자이너로 자크 가르시아 Jacques Garcia를 선택했다. 자크 가르시아는 프랑스 정부로부터 최고 권위인 레종 도뇌르 Légion d'Honneur 훈장을 수여받은 부티크 호텔 인테리어의 대가이고 프랑스의 호텔 파리 L'Hotel Paris와 호텔 코스테 Hotel Costes, 뉴욕의 노마드 호텔NoMad Hotel 등 고급 부티크 호텔 등을 탄생시켰다.

부티크 호텔은 규모는 작지만 독특하고 개성 있는 건축 디자인과 인테리어, 운영 콘셉트, 서비스 등으로 기존 대형 호텔들과 차별화를 이루었다. 세계적인 대형 호텔 체인점이 대규모의 현대적 시설과 표준화된 서비스를 자랑한다면, 부티크 호텔은 각자의 개성을 바탕으로 고객 개개인의 요구에 부응한다고 할 수 있다.

자크 가르시아는 레스케이프 호텔을 통해 19세기 유럽의 가장 화려하고 아름다운 '벨 에포크Belle Époque' 시대의 프랑스 문화의 우아함과 섬세함을 담은 공간을 선보였다. 벨 에포크는 유럽사의 시대 구분 중 하나로서, 프랑스어로 '아름다운 시절'이란 뜻을 지니고 있다. 보통 19세기 말부터 제1차 세계대전 발발 전까지 전 유럽이 평화를 누리며 경제·문화가 급속하게 발전한 태평성대를 뜻한다.

이 시대는 살롱 문화의 전성기였고 문학·음악·미술 등 다양한 분야의 예술가들이 모여 그들의 세계관과 사상들을 나누며 창작의 꽃을 피워낸 시기이다. 자연에서 영감을 받은 나뭇잎, 꽃 등의 자연물을 본떠 복잡한 곡선을 사용한 것이 특징인 장식 예술 아르누보, 다시 말해 '새로운 예술'이 성행하던 시기였다.

레스케이프는 지상 25층 규모로 204개 객실을 포함해 현대적인 느낌의 중식당 '팔레드 신Palais de Chine', 26층에 위치한 컨템포러리 레스토랑 '라망시크레 L'Amant Secret', 7층에서는 스타벅스 레스케이프 R점 등이 있다. 레스케이프 라이브러리L'Escape Library에서는 쇼팽이 일생 동안 즐겨 연주했던 '플레옐Pleyel' 피아노 선율을 들을 수 있다. 전체 공간은 고풍스러운 파리 살롱 느낌으로 어둡지만 서가에 은은한 간접조명을 연출해 철학·종교·문학·여행·쿠킹 등 다양한 책들을 비추고 있고, 그린 톤의 푹신한 소파에서 책과 매거진을 감상할 수 있도록 되어 있다.

이벤트룸Event Room은 럭셔리 연회, 기업 행사, 프라이빗 모임 등 다양한 이벤트를 진행하는 공간으로서, 프렌치 스타일의 패턴이 돋보이고 고객이 원하는 스타일에 따라 다채로운 연출이 가능하다.

로비로 올라가는 엘리베이터에 오르면 프랑스어 안내 방송이 나와 프랑스 현지에 온 듯한 착각이 든다. 엘리베이터 내부의 모습도 벨 에포크 시대의 디자인으로 연출되어 있는데, 특히 의상 드로잉 액자가 있어서 그 시대의 분위기를 느끼게 한다.

L'Escape Hotel _
서울

L'Escape Hotel _
서울

객실 룸은 여러 형태가 있지만 벨 에포크 시대 프랑스 귀족의 저택에서 영감을 받은 앤티크 가구들과 공간을 완성하는 풍성한 색감이 화려함을 더한다. 스위트룸의 경우 블랙 우드Black Wood와 골드 몰딩Gold Molding을 사용한 포인트 벽 연출, 화려하게 프린트된 벽지를 사용한 벽면 마감이 특징이다. 화장실은 욕실과 분리하기 위해 거울을 이용한 도어를 썼고 욕실에는 스탠드형 욕조가 자리해 있으며, 블랙과 화이트를 이용한 유니크한 바닥 타일, 블랙 대리석과 페인팅으로 마감되었다.

벽지와 같은 프린트의 패브릭과 타슬로 연출된 침대 헤드, 화이트 침구, 레드 컬러의 커튼과 패브릭, 골드를 이용한 팬던트와 스탠드 조명에서 나오는 노란 불빛, 골드 프레임 액자, 앤티크한 테이블과 소파, 레드 카펫이 강렬하고 화려한 느낌으로 연출되어 프렌치 감성을 흠뻑 느낄 수 있다.

이렇게 기존의 호텔과는 다른 과감한 컬러 사용이나 재료의 독특함 그리고 화려한 가구와 어두운 조명 연출 때문인지 처음 오픈했을 때는 반응이 좀 엇갈렸다. 하지만 실제로 그 공간을 경험해 보니 잠시나마 파리의 클래식한 공간에 와 있는 듯했고 처음 가졌던 낯설음이 오히려 신선하게 다가왔다. 사실 일반적인 호텔이라는 공간이 거의 비슷비슷할 수도 있는데, 서울에서 색다른 공간을 경험하고 싶어 하는 소비자들을 위해 우리가 상상하는 파리의 감성을 벨 에포크 시대의 스타일로 잘 풀어냈다고 생각한다.

호텔 곳곳을 은은하게 물들이는 로즈 향기는 레스케이프의 시그너처 향까지 감각을 추가했다. 영국 V&A 뷰티와 협업을 통해 호텔 로비에는 V&A 뮤지엄의 아트워크를 담은 패턴 디자인과 V&A 뷰티 제품들을 레스케이프 특유의 인테리어와 함께 어우러지도록 아트 갤러리 콘셉트로 연출해 예술적 경험을 제공했다. 이처럼 이 호텔은 자기 콘셉트와 어울리는 이벤트로 고객이 다시 이곳을 방문해야 하는 이유를 만들어내고 있다.

이렇게 공간 구성 요소들이 보여주는 총체적인 분위기, 마감재의 종류 및 문양, 그리고 색채의 특성, 공간의 형태, 규모, 가구, 조명 및 공간에서 사용되는 장식품의 양식, 색상, 질감 패턴 등이 복합되어 스타일을 만들어 내고 공간이미지를 만드는 요소가 된다. 이때 고객이 지속적으로 방문할 이유를 만들어내기 위한 이벤트도 스타일과 콘셉트와 연관되는 내용이어야 그 이미지를 꾸준히 유지할 수 있다.

11장 _____ 브랜드는 어떻게 성장시킬까?

어떻게 비즈니스를 전개하고 어떻게 운영하며 마케팅은 어떻게 할 것인지, 그리고 브랜드를 어떤 이미지로 전개하고 성장시킬지에 관해서는 매우 전략적으로 접근해야 한다. 비즈니스를 하고자 하는 아이템이 소비자에게 확실히 필요하고 선택을 받을 수 있는지가 가장 중요한데, 처음부터 그런 선택을 받을 수 있을지 면밀하게 검토해야 한다는 말이다. 그래서 우리는 다양한 방법으로 소비자들이 선택할 수 있도록 마케팅을 전개해야 한다. 소비자의 마음을 얻기 위해 트렌드를 조사하는 것은 물론이고, 소비자의 니즈를 분석하면서 자신이 구상하는 비즈니스와 어울리는 방향을 찾기 위해 노력해야 한다. 하지만 소비자의 니즈와 트렌드를 알았다 해도 이를 비즈니스에 도입하려면 이미 그 트렌드는 지나가버려 약간 뒤떨어진 느낌이 들 수도 있다. 이 때문에 결국 자기만의 브랜드 아이덴티티를 확실하게 정립해서 트렌드를 만들어 나가는 방법이 오히려 더 신선하고 고객에게 매력적으로 다가갈 수 있다.

다른 방법이나 특별한 마케팅으로 성공한 사례가 많겠지만 여기서는 공간을 가장 잘 활용한 마케팅 전략으로 엄청난 효과를 거두었다는 점에서 아이아이컴바인드가 진행하고 있는 '젠틀몬스터Gentle Monster'의 전략을 살펴보고자 한다.

젠틀몬스터는 선글라스 및 안경을 주력 상품으로 제작·판매하는 브랜드로서 2011년 서울에서 김한국 대표에 의해 설립되었다. 〈별에서 온 그대〉라는 드라마에서 전지현이 쓴 선글라스로 유명해졌는데, 그 당시 드라마가 중국에 수출되면서 '천송이 선글라스'로 유명해져 중국에서 엄청난 인기를 끌었다. 지금은 헐리웃 스타들뿐만 아니라 많은 사람들이 사랑하는 브랜드가 되었는데, 그렇다면 이 브랜드가 단지 이런 광고 마케팅만으로 이만큼 성장하게 되었을까?

기존의 안경점은 안경 프레임으로 가득한 진열대와 벽면을 떠올리게 되는데, 젠틀몬스터는 공간에 대한 심도 깊은 연출과 스토리 전개로 안경이라는 아이템을 세계 명품 시장 반열에 올려놓았다고 해도 과언이 아니다. 내가 젠틀몬스터를 처음 접하게 된 것은 2014년 홍대 근처를 지나가다가 독특한 콘크리트 건물을 발견했을 때였다. 입구가 마치 폭격을 맞은 것 같은 모양이 독특해서 설치 미술 전시인가 하고 안으로 들어갔는데 노출콘크리트 공간에 환상적인 조명과 함께 구름이 연출되어 있었다. 2층을 지나 3층으로 올라갔더니 그제야 안경이 보였는데 다양한 안경들을 착용해 볼 수 있어 놀이터 같은 느낌을 받았다.

나중에 알고 보니 이 전시는 8번째 '퀀텀 프로젝트 Quantum Project'로 '플라이 어웨이 홈 Fly Away Home'이라는 주제를 담고 있었다. 퀀텀 프로젝트는 25일마다 공간의 연출을 바꾸었던 프로젝트로 36회까지 진행되었고 현재는 플래그십 스토어가 되어 지속적으로 연출을 바꾸어가고 있다. 여기서는 'BAT'라는 프로젝트를 진행하기도 했는데 일상적인 콘텐츠를 젠틀몬스터 관점에서 바라보고 해석한 공간으로 익스페러먼트 Experiment, 콘텐츠 Contents, 스페이스 Space 등 세 가지 메인 키워드로 만화방을 만들기도 하고 카페를 만들기도 하면서 지속적으로 관심을 끌었다.

서울 논현동에서 출발한 젠틀몬스터는 대구, 부산, 가로수길 등에 플래그십 스토어를 세워 독특한 스토리와 차별화된 연출을 끊임없이 보여주었다. 그리고 나서 중국·미국·유럽 등 전 세계 유명 도시에 플래그십 스토어를 오픈하면서 새로운 스토리와 공간 연출로 사람들의 이목을 집중시켰다.

초창기 연출은 유니크하게 진행되었는데, 예를 들어 상하이 IFC Mall의 매장에서는 '개구리주의 Frogism'라는 콘셉트를 전개했다. 나중에 그 의미를 찾아보니 프로기즘은 개구리를 뜻하는 프로그와 새디즘을 결합한 것으로 어린 시절 개구리를 관찰하고 만지작거리는 장난 행위, 다시 말해 인간 마음에 숨어 있는 가학적 심리학을 나타냈다고 한다. 사전에 나와 있는 뜻은 늙을수록 사람의 온기나 정이 그리워 어울리려고 하는 원초적 본능을 이르는 말로서, 따로 살던 개구리들이 한데 몰려들어 겨울잠을 자는 자연현상

❶❷❸
젠틀몬스터 '8번째
퀀텀 프로젝트' _
서울

❹❺
젠틀몬스터
'9번째 퀀텀
프로젝트' _ 서울

을 빗댄 표현이라고 하는데 이런 스토리를 공간에 독특하게 풀어냈다.

젠틀몬스터는 이렇게 공간에 스토리를 부여해 연출을 하고 일정 기간이 지나면 다시 새롭게 공간을 바꾸어 나가는 작업을 계속하고 있고, 제품 자체도 독특하고 세련된 디자인으로 항상 새로움을 보여주고 있다. 또한 톱스타는 물론이고 해외 유명 패션 브랜드들도 먼저 손을 내밀어 2016년 봄·여름 시즌 뉴욕 패션위크에서 5개 브랜드와 협업하며 런웨이 Runway를 통해 자사 제품을 선보였다. 그 뒤 알렉산더 왕, 펜디 등 협업하는 글로벌 패션 브랜드가 늘어났고 손흥민 선수나 블랙핑크 제니 등 유명인을 비롯하여 많은 디자이너 및 브랜드들과 협업하며 다양한 디자인을 선보이고 있다.

2019년 새롭게 오픈한 중국의 대표적인 최고급 백화점 SKP-S백화점 베이징점에서는 전체 공간을 맡아 디자인을 했는데, '미래와 화성 Future & Mars'이라는 주제로 화성에 이민을 간 사람을 상상해 스토리를 공간 전체에 풀어냈다. 이때 젠틀몬스터 제품을 판매하는 매장도 이 백화점 3층에 입점해서 창의적인 공간을 선보였다.[54]

이곳에서 젠틀몬스터는 새로운 기법과 공간연출 방식으로 사람들을 놀라게 했는데, 특히 미래지향적이면서도 아날로그적 정서가 들어간 공간을 풀어내면서 키네틱 아트를 비롯해 최첨단 소재와 기법을 사용해 그동안 쌓아온 스토리와 공간연출 노하우를 마치 아트 전시장에 왔다는 생각이 들 정도로 연출했다.

2021년 젠틀몬스터는 서울 도산공원 근처에 '하우스 도산 Haus Dosan'을 오픈했는데 지하 1층부터 지상 4층까지 아이아이컴바인드가 펼치고 있는 브랜드를 모아 놓았다. 이곳에는 젠틀몬스터와 코스메틱 브랜드 '탬버린즈 Tamburins', 디저트 카페인 '누데이크 Nudake'가 함께 입점했다. 누데이크는 이곳에서 새로운 형태의 디저트를 선보여 사람들을 줄 세웠는데 특히 생일 케이크는 '누데이크 케이크'로 한동안 SNS에 도배되었다.

이곳 역시 다양한 구조물과 조형물을 비롯하여 로봇들까지 동원하여 연출되었는데, 1, 2층의 공간은 건물을 뜯어낸 듯한 날것의 연출을 보여주고 3층으로 올라가면 2미터에 달하는 거대한 거미를 연상시키는 로봇 '프로브 Probe'가 공간을 압도한다. 4층에는 탬버린즈가 있는데 구부렸다 폈다를 반복하며 춤추는 듯한 로봇들과 함께 연출된 오브제들이 자연스러운 향을 추구하는 탬버린즈 특유의 이미지를 드러내고 있다.

젠틀몬스터 플래그십
스토어 (2017) _
서울 가로수길

❶❷
Haus Dosan
젠틀몬스터 _ 서울
❸❹
Haus Dosan
탬버린즈 _ 서울

최근 젠틀몬스터가 중국 상하이에 오픈한 '하우스 상하이 Haus Shanghai'의 1층에는
누데이크가 자리하고 있는데, 메인 공간에는 시그너처인 거대한 로봇 프
로브의 움직임과 함께 말 형상의 키네틱 아트를 선보이며 누데이크만의
실험정신과 판타지를 담아냈다.

2층에는 젠틀몬스터 매장이 위치하고 있는데 젠틀몬스터가 추구하고자 하는 새로운
경험을 '순환 Circulation'을 테마로 풀어낸 다양한 설치물과 아트워크 영상이 있고, 매장
의 양쪽 끝에는 전시공간이 자리해 있다.

3층에는 카운터와 라운지에 대하여 부여해 왔던 고정관념에서 벗어나 새로운 접근법
을 보여주고, 공간 끝에 자리한 전시공간에서는 젠틀몬스터만의 큐레이션이 담긴 다양
한 미디어아트 전시 및 협업으로 구현된 팝업 등이 일정한 기간 동안 선보인다.

4층에는 중국에 오픈된 탬버린즈의 첫 번째 플래그십 스토어가 위치해 있다.[55]

아이아이컴바인드가 표현하고 있는 공간들을 설명하려면 책 한 권을 써도 모자랄 정
도이다. 공간 하나하나를 만들고 연출할 때마다 새로운 스토리를 제시하면서 다양한 채
널들을 이용해 고객들과 소통하고 있으며, 안경이라는 아이템을 시작으로 코스메틱, 카

페로 그 영역을 확장하고 있다. 젠틀몬스터의 공간들을 지켜보면서 이번에는 어디에서 이런 스토리를 가져왔을지 그 원형을 생각해보게 되고 그들이 만드는 공간을 체험하기 위해 계속 방문하게 된다.

《명품마케팅: 브랜드 신화가 되다》에서 김대영 저자는 "왜 한국은 명품브랜드를 탄생시키지 못하는가"라는 물음에 답하면서 "한국산 제품이 뛰어난 품질에도 불구하고 명품의 반열에 오르지 못하는 가장 근본적인 이유는 한국이라는 국가의 문화적 이미지가 아직 취약하기 때문"이라고 하였다. 또한 "명품은 무엇보다도 신비스러운 이미지가 중요하고 사람들은 명품브랜드가 들려주는 신화에 매료되고 그 신화의 등장인물이 되고자 한다. 명품브랜드들은 모두 다르고 Different 나으며 Better 특별하다 Special"라고 하면서 우리나라 제품은 앞의 두 가지 조건은 충족하지만 특별함을 충족시켜야만 하고 그것은 신화만이 만들어 낼 수 있다고 하였다.[56]

역사적으로 오래된 유럽의 명품브랜드들은 자신들이 지닌 역사나 문화 속에서 스토리를 이끌어내고 이를 신화로 만들어 명품브랜드를 유지하고 있다. 하지만 그들에 비해 신생 브랜드인 젠틀몬스터는 '공간'을 통해 새로운 시각으로 스토리를 만들어 연출하는 방법으로 사람들이 오프라인 공간으로 직접 와서 보고 느낄 수 있게 했다. 한마디로 공간 경험을 만들어 나가면서 이미지를 경영하고 젠틀몬스터만의 아이덴티티를 만들어 나가며 세계적인 브랜드로 거듭나고 있다.

모두가 젠틀몬스터 같은 공간을 기획하기는 어렵겠지만 이번 사례를 통해 비즈니스를 어떻게 운영하고 마케팅은 어떻게 전개할 것이며, 공간이미지를 어떻게 경영할 것인지에 대해 통찰력을 얻었으면 좋겠다. 젠틀몬스터의 사례처럼 비즈니스 목표나 전략에 맞게 여러 조건들을 고려한 기획이 되어야 브랜드를 성장시킬 수 있다.

제 3 부

How to Manage the Image of Space

공간이미지 연출, 이것만은 이해하라

상업 공간의 기본 구성 요소로는 외관Façade, 입구Entrance, 벽Wall, 바닥Floor, 천장 Ceiling이 있다. 상업 공간을 기획할 때는 원하는 공간을 먼저 이해해야 하는데, 비용이 들어간 만큼 최대의 효용을 이끌어내야 하기 때문에 어떻게 공간을 활용해야 하고 어떤 부분을 주의해야 하는지를 이해하고 있어야 리스크를 줄일 수 있다.

1-1 외관

상업 공간에 있어서 외관은 오프라인 공간을 방문할 때 가장 먼저 접하게 되는 곳으로서, 공간의 이미지와 성격, 전략을 이곳에서 잘 드러내야 고객에게 효과적으로 다가설 수 있다. 위치하는 환경이나 건물 형태 그리고 구조에 따라 표현 방법은 다르겠지만, 외관에서 그 공간의 이미지와 성격, 전략이 드러나지 않으면 그 효과는 떨어지게 된다.

무엇을 취급하는 공간인지, 보여주기 위한 쇼룸인지, 판매를 위한 공간인지 알 수 있어야 고객들이 쉽게 접근할 수 있지만, 경우에 따라 전략적으로 외관을 전혀 신경 쓰지 않고 디자인하는 경우도 있다. 부동산을 직접 구매해서 건축을 하게 되면 외관 전체를 원하는 콘셉트로 디자인할 수 있겠지만 일반적인 경우는 건물을 임대하거나 부분적으로 공간을 임대해서 사용하는 경우가 많기 때문에 부분적인 디자인을 하게 된다. 이때 외관은 고객을 매장 안으로 유도하는 첫 관문이기 때문에 전략적으로 신경을 가장 많이 써야 한다.

외관은 온라인상의 유튜브 섬네일Thumbnail과 같은 역할을 한다고 볼 수 있는데, 섬네일을 보고 관심을 가질 만한 내용인지 판단한 뒤 클릭하게 되는 것과 같다. 오프라인 공간에서 외관은 고객이 그곳에 들어가고 싶게 만드는 역할을 해야 하기에 앞서 얘기한 것처럼 공간의 이미지와 성격이 드러나도록 연출되어야 효과적이다.

외관을 디자인하는 방법에 대해 몇 가지 사례를 살펴보면 다음과 같다.

가. 독특한 형태로 시선을 사로잡는 사례

갤러리아백화점은 외관에 신경을 쓰는 것으로 유명하다. 서울 압구정동에 위치한 본점의 경우 세계적 건축가 벤 반 버클Ben van Berkel과의 협업으로 LED를 이용한 미디어파사드를 선보였고, 수원 광교점은 세계적인 건축가 렘 콜하스Rem Koolhass가 이끄는OMA가 설계했는데 모자이크 석재로 이루어진 건물에 기하학적인 형태의 독특한 창문이 눈길을 끌고 있다.

갤러리아백화점
광교점 _ 수원

앞에서 소개한 하우스 오브 디올의 경우 패션브랜드답게 외관에 디올의 여성스러움을 강조한 디자인을 선보였는데, 일반적인 사각형 모양의 건물 형태에서 벗어난 곡선 디자인으로 눈길을 사로잡는다. 또한 성수동의 디올 성수의 경우에도 팝업 공간으로 기획된 곳이지만 파리의 몽테뉴가 30번지의 전설적 외관을 연상시키는 화려한 구조의 외관과 함께 오픈된 정원을 배치해 복잡한 성수동이지만 새로운 형태의 성채 같은 느낌으로 눈길을 끌고 있다.

Dior성수 _ 서울

하지만 이렇게 외관의 형태를 독특하게 할 경우 비용이 많이 들어가고 공간 활용도가 떨어질 수 있기에, 이런 방식은 테마가 있거나 패션성을 강조하고 싶은 경우, 혹은 럭셔리브랜드의 외관 연출에 많이 사용된다.

어느 주택가에 4층짜리 독특한 건물이 들어섰다. 이 건물은 1층만 상가로 사용할 수 있고 2, 3, 4층은 주택으로 사용되는 상가 건물이었는데, 다른 건물에 비해 독특하고 눈에 띄는 디자인을 사용했다. 이런 상가 건물의 경우 공간 활용도를 생각해서 사각으로 짓는 경우가 대부분이고 포인트 부분에 재료를 다르게 사용하여 디자인을 하는 경우가 많은데, 이곳은 이런 기존의 방식과는 달리 무척 독특하게 만들어졌다. 1층은 카페로 시작했는데 완성도가 높은 외관 디자인을 선보였지만 몇 년 지나지 않아 다른 식당으로 바뀌었고 그 식당도 사람이 별로 없다.

이 건물은 다른 건물보다 건축에 비용을 많이 사용하였지만 결국 공간 활용에 문제가 있었다고 보이는데, 주변 여건이나 고객들의 특성을 잘 파악하지 못하고 건축주가 좋아하는 디자인으로 만든 것이 문제가 되지 않았을까 생각된다. 소비자가 오지 않으면 그 공간을 유지하기가 힘들어진다. 외관만 독특하고 멋지게 만든다고 성공하는 게 아니라는 얘기다. 건물이 여러 건물 사이에 있을 경우 너무 많은 비용을 들이는 것보다 참신한 아이디어로 해결하는 것이 보다 더 효과적일 수 있다.

나. 브랜드 이미지나 성격을 외관에 표현한 사례

뉴욕의 맨해튼을 걷다 보면 웨스트 52번가 21번지에 있는 건물이 눈에 띄는데 폴로 기수들의 마네킹을 건물 외부에 많이 세워 놓아 굉장히 독특해서 시선이 가는 곳이다. 이곳은 뉴욕의 '21Club'으로서 1929년부터 뉴욕 부자들이 21Club에서 만찬을 즐겼다고 하는데, 상류층이 즐기던 스포츠 '폴로Polo'의 기수를 형상화하여 재미있게 표현했다.

21Club _ 뉴욕

21Club은 많은 유명 인사의 와인 컬렉션을 갖춘 장소로도 알려져 있으며, 프랭클린 루스벨트 대통령 이후 조지 W. 부시 대통령을 제외하고 모든 미국 대통령은 21Club에서 식사를 했다고 한다. 또 많은 유명 인사들이 이곳을 방문했다고 하는데 영화 〈티파니에서 아침을〉, 〈섹스 앤드 더 시티〉, 〈007 죽느냐 사느냐〉, 〈사브리나〉의 공통점이 바로이 21Club이라고 한다. 이곳은 험프리 보가트와 로저 무어를 위한 진짜 미국 음식을 파는 레스토랑이라는 이미지와 함께 희미한 흑백영화를 배경으로 등장하는 금주법 시대의 고급 클럽을 떠올리게 하는 곳이다. 이곳 바Bar의 천장에는 유명한 고객들의 장난감이 연출된 Bar의 천장은 이 공간의 역사를 들려주고, 편안한 느낌을 주는 벽돌을 비롯해 붉은색 의자와 화강암 테이블까지 Bar의 모든 게 무척 인상적이다. 이곳은 전통적이면서 우아한 가구가 비치되어 있는데 금주법과 관련된 다양한 이야기와 함께 오래된 역사와 전통을 보여주었다.

이곳은 LVMH에 의해 인수되었는데 COVID-19로 인해 실내 식사가 금지되자 문을 닫은 상태이다. 거의 100년 동안 뉴욕 경험의 상징적인 공간이었던 이곳은 지금의 형태로 재개장되지 않고 새로운 역할로 다시 태어날 것이라고 한다.[57]

21Club이 폴로라는 스포츠를 활용해 부자들의 장소로 매장의 성격을 간접적으로 표현한 것처럼, 외관에서 그 공간의 성격을 표현하는 것도 고객의 선택에 도움을 준다.

Burberry _ 서울 청담동

다. 브랜드가 가지고 있는 아이덴티티를 사용하여 표현한 사례

서울 청담사거리 모퉁이에 서 있는 버버리 매장은 2015년 오픈하면서 그 특징적인 요소인 체크 문양을 건물 전체 외관에 표현하여 누가 봐도 버버리임을 알 수 있게 했다. 낮에 보는 것보다 밤에 보면 은은한 조명을 통해 패턴이 더 자세히 드러난다.

중국 상하이의 티엔즈팡Tianzifang 근처에 있는 '리울리Liuli' 갤러리의 경우 건물의 낮과 밤이 바뀌는데, 낮에는 독특한 소재가 돋보이고 밤에는 조명을 활용해 그 주변에서는

Liuli China _ 상하이

랜드마크가 될 정도로 눈에 띈다. 유리공예품을 전문으로 하는 갤러리의 독특한 개성을 외관에 표현한 것이다.

　이처럼 건물 전체에 브랜드 아이덴티티를 사용하는 경우도 있지만, 대부분의 상업 공간은 건물 일부분을 임대해서 사용하는 경우가 많기 때문에 비즈니스를 그만두고자 할 때 원상복구라는 문제가 대두된다. 따라서 비용이 많이 들어가는 디자인보다 유리를 활용하거나 나중에 떼어낼 수 있는 디자인을 하는 경우가 많다. 주얼리 브랜드 스와로브스키는 크리스털을 모티브로 외관에 표현했는데 나중에 철거하기 쉬운 디자인을 사용했고, 컬러풀한 디자인을 많이 선보이고 있는 스와치는 아오야마 매장에서 유리라는 소재를 활용해 컬러를 표현했다.

❶ Swarovski _
　도쿄 긴자
❷ Swatch _ 도쿄
　오모테산도

　이처럼 가능하다면 건물 외벽을 활용하고 그것이 어려우면 빛을 가리는 어닝Awning을 사용하여 디자인을 할 수 있다. 만일 창문이 있다면 프린팅이나 그래픽을 이용해 연출할 수도 있고, 사인과 함께 연결되는 디자인을 하는 것도 방법이 될 수 있다.

혹시 건물 앞쪽으로 동선과 관계없는 여유 공간이 있다면 그 공간까지 활용해서 연출하는 것도 좋다. 순식물성 뷰티브랜드인 리아네이처는 예전 삼청동 매장부터 한남동 매장 그리고 양평 문호리에 있는 매장에 이르기까지 매장 앞쪽의 공간을 잘 활용하였는데, 그곳에 제품 이미지와 어울리는 식물들과 꽃을 연출해서 내추럴한 자연의 이미지를 전하고 있다.

리아 네이처
(구)삼청동 매장 _
서울

라. 시각적 효과로 눈에 띌 수 있게 한 사례

독특한 재료를 사용하거나 색채를 이용하거나 조명을 이용해서 시각적으로 외관이 눈에 확 띄게 하거나 궁금증을 유발시켜 고객을 매장으로 유입하는 방법을 사용하기도 한다. 하지만 그 공간의 성격이나 전략을 잘 드러내는 방법을 써야 하는데, 자칫 잘못 사용하게 되면 오히려 그 효과가 떨어지게 된다. 한남동에 위치한 '디젤 DIESEL'은 건물 전체에 오렌지 컬러를 페인팅하고 대형 로고를 시각적으로 노출시켜 브랜드 이름을 확실하게 알리고 있다.

신세계백화점 본관에서는 매년 겨울이 되면 건물 전체에 영상을 설치해 시각적으로 눈에 확 띄게 해서 영상으로 만든 스토리를 통해 확실하게 이미지를 전달하고 있다.

성수동에 자리한 '엠프티 Empty'라는 공간은 아예 입구를 제외한 나머지 공간을 회색

DIESEL _ 서울
한남동

Empty _ 서울
성수동

으로 뒤집어 씌웠다. 사인도 알아보기 힘들 정도로 작은 사이즈여서 자세히 봐야 알 수
있다. 패션 편집매장인데 안으로 들어가면 여러 브랜드들이 심플한 공간에 연출되어 있
다. 이렇게 외관을 감추어 오히려 들어가 보고 싶게 하는 기법도 있는데 비교적 제품 가
격대가 높은 경우에 많이 활용된다.

　　외관은 매장이 위치하는 환경, 건물 형태, 구조에 따라 그 표현 방법이 다르지만, 공
간의 이미지나 성격, 전략이 나타나도록 디자인하는 것이 좋다. 또 취급하는 아이템이나
제품이 고가인지 저렴한지를 알 수 있게 디자인되어야 타깃 고객의 호기심을 효과적으
로 자극할 수 있다.

상업 공간에 있어서 입구는 고정 고객을 위한 공간인지 일반 고객을 위한 공간인지에 따라 그 위치와 형태가 달라질 수 있다. 고정 고객을 위한 매장, 특히 고가품 매장일 경우 입구는 눈에 잘 띄지 않는다. 혹은 도어맨이 있어서 고정 고객에게는 서비스를, 일반 고객에게는 매장의 성격을 확실하게 보여주는 역할을 한다. 럭셔리 브랜드나 고급스러운 공간들은 대개 가드맨들이 문을 열어주는 경우가 많다. 가드맨이 문을 열어주는 경우 입구에서부터 차별화된 서비스를 제공하는 셈인데, 가끔은 부담스러워서 들어가기 꺼려지는 경우도 있다. 그래서 이런 방식은 일반적인 매장보다는 차별화된 서비스를 제공하는 고급 매장에 많이 사용된다.

호텔 입구나 럭셔리 브랜드 매장 같은 경우도 고객들은 남의 눈에 띄지 않고 그 공간을 방문하고 싶어 하거나 자동차를 이용하는 경우가 많다. 이 때문에 입구 배치를 건물 앞쪽이 아니라 측면이나 뒤쪽으로 하거나, 메인 입구를 지하에 조성해서 대리 주차를 맡기고 들어갈 수 있도록 서비스하곤 한다. 이는 청담동에 있는 브랜드들이 대부분 많이 사용하는 방식인데, '루이비통 메종 서울'의 경우에도 발레파킹하는 부스를 눈에 띄게 노출시키고 오히려 출입구는 측면에 마련해 두었다.

고급 매장의 경우 부동산이 비싼 위치에 있는 경우가 많기에 전면 공간은 쇼윈도 역할을 하는 것이 효과적일 수 있다. 도쿄 아오야마의 카페 앤드 바Café & Bar인 '월Wall'은 입구에 간판도 없고 찾기가 어려운 곳에 있는데, 아무나 갈 수 없는 곳이라서 오히려 더 인기가 있다. 하얀색 벽면에 간판조차 없는데도 겨우 입구를 찾아 들어가면 반전이 펼쳐지는 그런 곳이다. 안으로 들어가면 플랜트 월Plant Wall이 펼쳐져 있고 기다란 바 테이블이 놓여 있다. 이 매장은 입구를 찾기 어려워 아무나 들어가기 어려운 공간이라는 점에 마케팅 포인트를 주는 전략을 사용했다.

그러나 자주 이용해야 하는 식당이나 카페 같은 곳은 입구가 찾기 쉬운 곳에 있어야 한다. 예전에 어떤 건물 1층의 식당 주인이 계속 바뀌고 아이템도 자꾸 바뀌는 것을 본 적이 있는데, 인테리어가 여러 차례 바뀌었지만 입구는 여전히 예전 매장과 동일한 위치

Louis Vuitton
Maison Seoul _
서울

에 자리 잡고 있었다. 그 식당을 이용할 때마다 입구가 왜 그곳에 위치하고 있는지 항상 의문이었다.

가끔은 건물을 설계하는 사람들이 아이템을 고려하지 않은 채 준공허가를 위한 상가 계획을 해서 입구를 만드는 경우가 있는데, 입점하는 매장들도 아무런 생각 없이 입구를 그대로 이용해서 디자인한 것을 보곤 한다. 하지만 매장의 아이템이나 비즈니스의 목적에 따라 고객의 동선이나 흐름을 따져본 뒤 돈이 들더라도 입구의 위치나 디자인을 다시 바꾸는 작업이 필요할 수도 있다. 어떻게 하면 고객을 공간 앞에 멈추게 해서 안으로 들어오게 하느냐가 일반 고객을 유치하려는 매장을 위한 포인트인데, 이 때문에 유동 인구의 흐름에 따라 공간 입구가 달라져야 한다.

예를 들어 중앙에 출입구가 있는 경우 좌우 앞쪽에 물건이 쌓여 있거나 가판대 같은 것을 놓아두는 경우가 많은데, 이렇게 하면 사람들이 그냥 스쳐 지나가게 된다. 오히려 쇼윈도를 안쪽으로 더 들어가게 하거나 각도를 주어 설치하게 되면 사람들이 공간에 진입하기 쉬워진다. 길을 지나가면서 쇼윈도를 구경하다 보면 그 흐름으로 인해 입구로 들어가게 되는 것이다. 쇼핑몰에 있는 매장의 경우에도 유동 인구의 흐름을 잘 연구해서 입구를 계획해야 하는데, 로드샵과 마찬가지로 각도를 주어서 입구를 만들면 고객이 자연스럽게 유입될 수 있다.

입구를 눈에 띄게 하고 싶은 경우 차별화되고 독특한 디자인을 통해 해결할 수도 있다. 일본 도쿄 오모테산도에 있는 '도큐 플라자Tokyu Plaza'는 에스컬레이터를 타고 올라가야 매장들과 만나게 되는 방식으로 독특하게 연출되어 있다. 제법 큰 규모의 사거리에 있는 이 건물의 입구는 연마된 스테인리스로 만들어져 있는데, 이로 인해 이미지가 거울처럼 반사되어 보이고 독특한 형태를 띠어 에스컬레이터를 타고 올라가다 보면 마치 새로운 세계로 들어가는 것 같은 차별된 입구로 디자인되었다.

Tokyu Plaza _ 도쿄
오모테산도

혹시 공간이 지하일 경우 입구가 눈에 잘 들어오도록 조형물을 설치하거나 외관이 눈에 잘 띌 수 있도록 하는 차별된 디자인이 필요하며, 공간의 성격이 잘 드러나도록 하는 것이 중요하다. 길 안쪽에 매장이 위치하고 있는 경우에는 자연스럽게 안쪽으로 들어올 수 있도록 입구에 독특한 연출이나 포토 포인트를 만들어 유도하는 것이 좋다. 뷰티 브랜드 정샘물 첫번째 플래그십 스토어인 '정샘물 플롭스' 입구의 경우에도 사진 촬영을 하다가 안으로 자연스럽게 유도되도록 긴 골목을 포토 포인트로 이용한 연출을 하고 있다.

논현동을 지나다가 보면 지하철역이 있는 사거리에 입지가 너무 좋은 건물의 1층 매장이 자주 비어 있고 임대문의라고 쓰인 것을 오랫동안 볼 수 있었는데, 그 건물의 경우

정샘물 플롭스 _
서울 가로수길

다른 건물에 비해 1층 공간의 높이가 낮았다. 예전에는 건물의 사용 면적만 생각하고 높이를 고려하지 않고 건물 설계를 하는 경우가 많았지만, 최근에는 건물을 지을 때 1층 높이를 높게 한다. 건물의 높이에 따라 건축에 들어가는 비용이 많이 나오기도 하고 지자체에 따라 높이를 제한하기도 하는데, 상업용 건물일 경우 반드시 높이에 신경을 써야 한다.

1층 공간이 너무 낮아 보이는 경우 사람들이 답답함을 느끼고 잘 들어가지 않는 경우가 있기에 만약 높이가 낮을 경우에는 높아 보이는 디자인을 하는 것이 좋다. 가능하다면 1층과 2층을 연결해서 입구 디자인을 하면 높아 보이는 효과가 있다.

❶ 1, 2층을 연결한
건물 디자인 _
서울 가로수길
❷ 1, 2층을 연결한
건물 디자인 _
서울 도산대로

전주에 있는 '아원'이라는 곳은 의외의 입구를 가진 공간이다. 한옥 호텔과 갤러리 카페가 있는 곳으로 외형은 돌담과 콘크리트의 벽으로 오래된 성곽 같은 느낌을 준다. 이 공간의 입구는 굉장히 좁은데 들어서자마자 우측으로 꺾여 한 사람이 겨우 들어갈 수 있는 좁은 통로를 통과해야 한다. 이 통로를 따라가다 보면 갤러리가 나오는데, 왼쪽으로 돌아서 카페로 들어가게 된다. 중간에 물이 있어서 건너가지 못하고 돌아서 들어가는 방식으로 디자인되어 있는데 의외의 입구 전개가 큰 재미로 다가온다.

아원 _ 전주

카페로 들어가면 Bar가 있고 넓은 테이블에 의자들이 있어서 노출콘크리트 벽의 미술작품을 감상하거나 음악을 들으면서 차를 마실 수 있다. 한쪽에 계단이 있는 좁은 공간을 따라 올라가면 왼쪽에 화장실이 나오고 좀 더 올라가면 예상치 못한 공간이 눈에 들어온다. 갑작스러운 자연과의 만남이 펼쳐지는데 멀리서 출렁이는 산들이 옹기종기 모여든 한옥들과 어우러지고, 물까지 자연스레 배치되어 무척이나 아름다운 풍경을 완성한다.

이곳은 전부 한옥 호텔로 사용되는 공간인데, 마치 산속의 조각 뮤지엄 같은 느낌이 든다. 자연 속에 한옥을 곳곳에 배치함으로써 말로 표현하기 힘든 아름다움을 연출한 것이다. 한옥은 고택을 전부 해체한 뒤 다시 조립한 것이라고 하는데, 이곳은 게스트들이 갈 수 있는 시간대가 있고 오후에는 숙박을 하는 사람들만 이 공간에 머물게 된다.

아원 _ 전주

아원을 방문했을 때 이곳을 기획하고 운영 중인 회장님을 만났는데, 그는 전주에서 오래도록 사업을 하신 분으로 주변에 카페들도 많이 운영하고 있었는데 아원이란 공간을 직접 설계했다고 한다. 건축이나 디자인 관련 전공을 한 것은 아니지만 어릴 때부터 외국 여행도 많이 하고 직접 현장을 다녀 보면서 끊임없는 시도를 해왔다고 한다. 그래서 그런지 틀에 박힌 생각을 하는 게 아니라 오히려 창의적인 공간을 만들어 냈다고 볼 수 있다. 어려운 여건의 공간을 아주 효과적으로 사용한 곳으로서 의외의 입구를 소개하고 싶을 때마다 떠오르는 공간이다.

최근에는 한옥을 이용한 공간이 많아지고 있는데 북카페로 인기가 있는 청주의 한 카페도 미술관에 들어가는 듯한 드라마틱한 입구를 만들었다. '인문아카이브 양림 & 카페 후마니타스'라는 다소 긴 이름의 카페가 그 주인공인데, 이곳도 주차장에 차를 대고 입구를 찾으면 마치 박물관에 들어가는 것처럼 느껴진다. 한마디로 입구에서 약간 내리막으로 내려가는 듯한 느낌을 받게 되는데, 입구의 전개방식만으로도 사람들에게 신선한 경험을 선사한다. 이 카페 내부에서는 연꽃 정원이 보이는데 그 광경이 무척이나 아름답다. 반대편에는 노출콘크리트 공간에 배치한 서적들이 놓인 라이브러리가 있고, 위층에

인문아카이브 양림 & 카페 후마니타스 _ 청주

는 한옥스타일의 토론 장소 및 사서가 있는 북카페가 자리하여 입소문을 만들어내는 스토리의 공간이 되었다.

이렇게 입구의 상황이나 환경이 좋지 않더라도 비즈니스에 따라 다양한 아이디어를 이끌어내어 난점을 오히려 장점으로 승화시키는 등 해결 방법은 많이 있다.

1-3 벽

벽의 종류에는 크게 내력벽·가벽·파티션으로 구분할 수 있는데 동선을 위한 통로벽도 있다. 가끔 오래된 건물에서 시원한 공간을 만들기 위해 벽을 없애고자 하는데, 누구나 다 알 수 있는 얘기지만 내력벽은 철거할 경우에는 건물이 무너지는 경우가 있다. 이 때문에 어떤 종류의 벽인지 구분할 필요가 있고 어떤 연출을 하고자 할 때는 벽을 어떻게 구성하고 마감하는 것이 효과적인지를 신중하게 고려해야 한다.

먼저 내력벽은 건물의 구조로 사용되는 벽으로 콘크리트·벽돌·목재·금속 등으로 기본 벽체를 만들고 그 위에 페인트·목재·금속·대리석·타일·식물·벽지 등으로 마감하는 것이다. 최근에는 콘크리트 구조를 그대로 드러내는 노출콘크리트 연출도 많이 사용되는데, 누구를 위한 공간이며 누가 사용하는 공간인지에 따라 어떤 마감을 필요로 할지 고민해야 한다. 예를 들어 아이들을 위한 공간에는 아이들이 움직이다가 피부에 직접 스칠 수 있는 노출콘크리트나 벽돌, 차가운 느낌의 금속 재질은 피하는 것이 좋다.

가벽은 필요한 공간을 구분하고 디자인하기 위해 사용되는 벽으로 목재나 금속, 벽돌 등으로 기본 골조를 만들고 그 위에 목재·금속·대리석·타일·식물·벽지·인테리어필름·페인트·유리 등 다양한 재료로 마감하는 것을 말한다. 공간을 구분할 때 많이 사용하므로 용도에 따라 어떤 마감재를 사용해야 할지 고려해야 한다.

가벽을 설치할 때 주의할 점은 공간의 용도에 따라 방음에 대해 신경을 써야 하는데, 국내에서는 층간 소음문제로 살인까지 벌어지기도 하는 등 소음은 커다란 문제를 야기할 수 있다. 오래전에 작업한 공간으로 벽에 대해 신경을 많이 썼던 프로젝트가 생각난다. 서울 삼익악기 건물에 위치한 '삼익아트홀'은 주로 클래식 음악 연주회나 다양한 행

삼익아트홀과 엠팟홀
_ 서울

사를 하는 공간이면서 피아노 쇼룸으로도 사용하도록 설계된 곳이다. 시간이 지나 같은 층 바로 옆의 오피스 공간을 '엠팟홀'이라는 밴드공연이 가능한 공연장으로 바꾸게 되었는데, 이때 가장 힘들었던 부분은 방음과 공간 활용 문제였다. 이곳을 영화관처럼 방음이 잘 되도록 디자인하는 동시에, 공간 사이즈가 크지 않은 이곳의 공간 효율성도 높여야 했다. 두 공간이 바로 옆에 붙어 있었기에 방음에 대한 고민을 충분히 해서 벽두께와 충진재, 방음소재 등을 고려하여 설계했다. 이를 통해 양쪽에서 공연이 있을 경우에도 문제가 없도록 하면서 공간을 최대한 효율적으로 사용했다.

밴드 공연장은 벽뿐만 아니라 천장과 바닥까지 방음용 충진재와 방음소재를 사용해야 했다. 클래식에 활용하는 공간의 경우 흡음이 필요한 부분과 적당한 울림까지도 고려해야 해서 신경을 많이 썼던 프로젝트였다. 이처럼 아이템에 따라 방음이나 흡음이 필요한 경우에는 천장 끝까지 벽을 마감하면서 벽두께나 벽 내부에 충진재를 용도에 맞게 사용하여 마무리해야 한다.

Stem Coffee _
서울 코엑스

코엑스몰에 있는 '스템 커피 Stem Coffee'의 경우 공간이 넓어 중간에 가벽을 설치해 공간을 분리하는 데 활용했다. 또한 메가박스와 연결되어 있어 입구에 가벽 통로를 만들어 영화 시사회가 있을 때는 이곳을 통해 배우들을 등장시키는 드라마틱한 공간으로 활용하기도 한다.

벽면은 겉으로 보기에는 가벽인지 내력벽인지 여부를 가늠하기가 쉽지 않다. 다시 말해 골조 기둥과 기둥 사이를 연결해 가벽을 세우고 마감하는 경우, 일반적으로 가벽인지 내력벽인지 겉으로는 구분하기가 어려울 때도 있다. 기본 골조가 드러난 상태라면 알기 쉽지만 마감이 된 상태에서는 알기 어려울 수도 있기에, 디자인할 때는 미리 건축도면을 확인해서 연출 방법을 생각해야 한다.

간이벽인 파티션은 고정된 벽이 아니라 움직일 수 있거나 가볍게 공간을 분리할 때 사용하는 것으로 금속이나 목재 등으로 프레임을 만들어 사용하고, 패브릭이나 다양한 소재를 이용해서 연출하기도 한다. 넓은 공간일 경우 파티션을 이용해 다양한 연출을 할 수 있는데, 재료나 디자인에 따라 공간의 이미지가 드러나기 때문에 이것 역시 기획할 때 꼭 참고해서 최대한의 효과를 거두는 게 좋다

상업 공간에 있어서 통로벽은 광고나 홍보용 혹은 이미지 연출 공간으로 종종 사용되는데, 여기에는 주로 그래픽을 많이 활용한다. 빈 벽으로 놔두는 것보다 재미있는 아이디어나 일러스트를 활용해서 연출하면 전체공간을 신경 쓰고 있다는 느낌을 주어 긍정적인 이미지를 전할 수 있다.

판매 공간에서의 벽면 활용은 일반적으로 집기·선반·소품·그래픽 등으로 처리하는 경우가 많다. 그런데 집기만 가득 채운다면 지루하고 저렴한 공간이 되기 쉽고, 너무 비워 두면 공간 효율성이 떨어진다. 이 때문에 적절한 공간 배분이 중요하며 재료를 어떻게 사용하느냐에 따라 공간의 분위기가 결정된다. 예를 들어 스타필드에 어떤 프랑스 패션 브랜드가 입점했기에 잔뜩 기대하고 찾아간 적이 있다. 과거에 파리에서 하는 패션쇼에도 참석할 만큼 내가 좋아했던 브랜드였는데 리빙용품으로 한국에 들어와서 기대했지만 조금 실망스러웠다. 브랜드를 잘 아는 사람들은 괜찮을 수 있지만 일반 고객에게는 다른 브랜드와 그다지 차별화되지 않은 연출을 보여주었기 때문이다. 떠올려보면 매장 벽면에 너무 많은 제품을 연출하여 브랜드 이미지나 성격이 잘 드러나지 않는 상황이었다. 이는 고가의 상품에는 사용하지 않는 방법으로 아주 고가가 아니라 해도 가격대를 고려하지 않은 연출이라고 생각되었다. 현재는 그곳에서 보이지 않고 온라인만 운영되는 것 같다. 당시 그 매장을 운영했던 사람들은 문을 닫게 된 이유를 알고 있을까?

매장에 제품을 많이 진열하는 방식은 저렴한 가격대나 균일가의 제품에 적용하는 경우가 많은데, 이런 연출로 성공한 케이스는 '다이소Daiso'가 아닐까 싶다. 다이소는 거의 균일가로 1,000원에서 5,000원 이하의 제품만 판매하고 있어 고객들은 오롯이 제품에만 집중해 자신이 원하는 것을 발견하는 재미를 느낄 수 있다.

벽면을 활용해서 연출할 때는 브랜드 이미지를 어떻게 전달할 것인지, 제품을 보여줄 때 어떤 방식으로 보여줄지, 보여줄 제품 규모는 어떻게 할지를 잘 고려해서 디자인해야 한다.

1-4 바닥

상업 공간에서의 바닥은 공간의 기능이 무엇인지에 따라 어떤 재료를 사용할지가 결정되고 누가 사용하는 공간이며 어떤 콘셉트인가에 따라 재료와 컬러 사용이 정해진다. 예를 들어 찜질방의 경우 돌과 대리석을 많이 사용하는데, 특히 소비자가 머무는 공간은 바닥이 미끄럽지 않도록 안전을 최우선으로 신경 써야 한다. 또한 아이들이 사용하는 공간의 경우에도 미끄럽지 않고 넘어져도 다치지 않게 탄성이 있는 소재를 사용하는 것이 좋다.

엘리베이터 홀이나 통로 공간처럼 사람들이 많이 지나다니는 공간에는 대리석을 비롯한 석재나 타일이 많이 사용되는데, 관리가 용이하고 두께가 있어서 전체를 바꾸거나 신축 건물을 세울 때 많이 사용된다. 이미 정해진 공간이나 기존에 사용하는 건물에 대리석이나 돌을 사용할 경우에는 두께가 있어서 높이에 차이가 생길 수도 있기에 신경을 써야 한다. 콘셉트 때문에 사용해야 할 경우에는 복합 대리석타일을 사용하기도 하는데, 이것은 타일에 대리석을 얇게 부착한 것으로 두께가 일반 대리석이나 천연석보다 얇다.

바닥에 패턴을 사용하는 것은 디자인을 위한 경우가 많은데 콘셉트를 전달하기 좋은 방법일 수 있으나 사용할 때 정말 신중해야 한다. 여의도 어느 쇼핑몰의 경우 바닥에 대리석을 사용했는데 너무 어지럽게 패턴을 넣었고 천장에도 복잡한 패턴을 사용하였다. 복잡한 쇼핑공간에서 사방이 어지러우면 오랜 시간 머물기가 힘들 수 있다. 쇼핑몰은 오래 머무르게 하기 위한 전략을 세우는 곳인데 이렇게 바닥 기획을 잘못하면 바닥이 너무 돋보여 주변에 있는 매장들의 시각적 효과가 떨어진다. 또한 소비자 입장에서 장시간 머물기가 어려워 주의가 필요하다.

타일은 바닥에 사용할 때 안전에 대하여 신경을 써야 하는데, 벽에 사용할 수 있는 타일과 바닥에 사용할 수 있는 타일을 구분해서 사용해야 한다. 장식적인 요소의 타일과 바닥에 사용하는 타일은 강도가 다르고 미끄러운 부분도 있어 안전성 부분에 중요하기 때문에 꼭 알아보고 사용해야 한다.

요즘은 다양한 종류의 타일이 나와 있어서 원하는 표현들을 멋지게 할 수 있는데, 이렇게 소재를 다양하게 사용할 경우 타일 두께나 사이즈를 잘 확인해서 다른 재료와 무리 없이 사용될 수 있는지 확인해야 한다. 잘못하면 높이 차이가 나거나 이상한 디자인이 나와서 수정하기가 어려울 수도 있다. 또한 같은 타일을 사용할지라도 통로 쪽과 경계를 표시하기 위해 타일의 컬러를 다르게 사용하기도 한다.

호텔이나 연회장 같은 곳에서 많이 사용하는 바닥재로 카펫 Carpet을 들 수 있는데, 카펫은 흡음도 되고 소리가 나지 않아야 하는 곳에 많이 사용된다. 통로에는 롤 카펫을 많이 사용하는데 이것은 카펫이 롤로 말려 있어서 통으로 깔아서 사용된다. 요즘은 원하는 디자인을 넣어서 제작해 주기도 하는데, 미국 같은 경우에는 카펫만 전문적으로 디자인하고 스타일링을 해주는 스페셜리스트들이 많이 활동하고 있다. 비용을 고려할 때 우리나라에서는 소요량이 많은 큰 공간 외에는 주문 제작이 현실적으로 어렵다. 카펫은 콘셉트에 따라 장식적으로 사용되기도 하는데, 바닥에 포인트를 주는 방법에 따라 디자인이 달라지기에 신경 써서 관리해야 하는 재료이다.

우드 Wood는 내추럴하고 따뜻함을 느끼게 해주는 바닥 소재로서 밝기 톤이나 나무 수종에 따라 이미지가 달라지고 시공 방법에 따라 느낌이 달라지는데, 일반적인 방법보다 디자인 차별화를 위해 사용된다. 시공방법 가운데 쉐브론 Chevron은 갈매기형 V자 문양을 뜻하는 프랑스어로서 모서리 부분이 사선으로 가공돼 시공할 때 갈매기 모양을 띠는 것을 말하며 60도 각도로 사용된다. 쉐브론이 마루 자체가 각도가 있었다면 헤링본 Herringbone의 경우에는 마루가 네모 형태인데 시공할 때 각을 주는 방법으로서, 기존의 일자 시공방법보다 비용이 조금 더 비싸지만 최근 많이 사용되고 있다.

최근에는 재료를 믹스해서 사용하는 경우도 많다. 예를 들어 관리가 용이한 장점 때문에 우드와 타일을 같이 사용하곤 하는데, 음식이 떨어질 수 있는 공간에는 타일을 사용하고 나머지 공간에는 우드를 사용하기도 한다. 타일의 차가운 면과 우드의 따뜻함을 믹스해서 많이 사용하는데, 재료가 다르기 때문에 바닥재 높이가 차이가 나는지 알아보고 수평이 유지될 수 있도록 기초 바닥 마감을 하고 사용해야 한다. 우드 느낌으로 만들어진 타일들도 많기에, 매장에 우드를 표현하고 싶을 경우 우드 느낌의 타일을 사용하는 경우도 많다. PVC타일은 일반적으로 오피스에서 많이 사용하는 익숙한 소재로서 관리가 쉽고 다른 재료에 비해 가격적으로 저렴하다. 이 때문에 많이 사용되는데 요즘에는 우드를 비롯한 다양한 느낌의 패턴들이 나와 있다.

최근에 카페 같은 곳에 많이 사용하는 방법으로는 셀프 레벨링과 에폭시를 들 수 있는데, 수평몰탈에 투명 에폭시를 발라 코팅된 느낌으로 사용하는 것이다. 이것은 베이스에 여러 가지 컬러를 바르고 투명하게 코팅하는 것인데, 이런 방식을 적용하면 다양한 연출이 가능하다.

공간에 변화를 주기 위해 바닥 높이를 다르게 하는 경우도 많다. 좁은 공간에서는 바닥 높이를 다양하게 표현하기 어렵지만, 넓은 공간을 디자인할 때는 바닥 높이를 차별화해서 연출하면 공간이 훨씬 재미있어진다. 카페나 레스토랑의 좌석도 여러 형태의 가구들을 배치하는 경우가 많은데, 자주 방문하는 고객들은 다양한 형태의 좌석에 앉는 것만으로도 새로움을 느낄 수 있다.

요즘 드라마를 보면 오피스 공간에서 같은 층이라도 회장실이나 지위가 높은 사람이 머무는 공간의 경우 바닥의 높이에 차이를 둔 것을 볼 수 있다. 이는 바닥의 높이를 달리함으로써 권위의 차이를 표현한 것이다. 천장이 낮지만 않으면 바닥 높이를 다르게 함으로써 공간을 훨씬 더 생동감 있고 창의적으로 표현할 수 있다. 내부도 그렇고 야외의 공간도 바닥 높이에 따라 공간의 분위기가 달라진다.

하지만 아이들이나 장애인이 머무는 공간에서는 무엇보다 안전에 주의해야 하며, 최근에 등장한 로봇들을 이용한 공간의 경우에도 바닥에 대해 그 어느 때보다도 신경을 써야 한다. 요즘 공항이나 백화점 쇼핑몰은 물론이고 식당에도 셀프 로봇이 많이 등장했는데, 로봇을 사용하는 공간은 수평에 많은 신경을 써야 하며 동선 및 활용 공간을 고려해서 디자인해야 한다.

1-5 천장

천장은 형태에 따라 곡선·직선·사선을 디자인에 적용하고 마감 재료를 다양하게 사용하거나 높이에 변화를 주어 디자인의 차별화를 줄 수 있다. 전체적으로 천장을 같은 높이로 마감하는 경우에는 깔끔해 보일 수 있으나 자칫 단조로울 수 있다. 이 때문에 평면보다는 곡선을 사용하거나 높이를 다르게 하기도 하고, 조명을 사용하거나 차별화된 재료나 컬러를 사용하기도 한다.

곡선, 직선, 혹은 사선을 띠는 천장의 형태는 그 공간의 기획 콘셉트나 생김새에 따라 결정되기도 한다. 천장이 높은 경우에는 콘셉트에 따른 디자인을 적용하기가 쉬운데, 곡선의 형태들은 공간을 독창적으로 보이게 하지만 직선보다는 비용이 더 들어간다.

일반적으로 천장 마감은 석고보드에 페인트 마감을 하는 경우가 많다. 마감 재료를 다르게 사용하여 단조로움을 피하거나 천장을 노출된 형태로 사용하는 방식은 카페나 레스토랑을 연출할 때처럼 요즘 트렌드를 전개할 때 많이 쓰인다. 하지만 관리를 잘 하지 못하면 청결에 문제가 생길 수 있기 때문에 보이지 않는 부분까지 꼼꼼히 관리를 해주어야 한다.

상업 공간에서의 천장의 높이는 공간의 기능에 따라 적절하게 설정하는 것이 좋다. 하지만 천장이 높은 곳이 공간 활용도 좋고 너무 낮을 경우에는 답답해 보일 수 있기 때문에, 천장이 높아 보이는 디자인을 하는 것이 좋다. 또 넓은 공간일 경우 사람들이 많이 모이고 집중이 필요하기에 흡음재 등을 사용하여 울림 현상을 조절해야 한다. 이런 경우에는 천장에 흡음보드를 이용하기도 하고 텍스보드를 부분적으로 사용하기도 하는데, 텍스보드는 주로 오피스에 흡음과 심플한 마감을 위해 많이 사용된다.

콘셉트나 포인트를 주고 싶다면 굳이 비싼 재료가 아니라 주변에서 얻기 쉬운 재료들을 사용해서 단조로운 천장에 콘셉트를 연출할 수도 있다. '쿠마 켄고 Kuma Kengo'가 디자인한 후쿠오카의 스타벅스 매장은 기존 건물의 형태를 보존하면서 내부 벽부터 천장까지 나무 소재로 연결시켜 독특한 연출을 했다. 이밖에도 패브릭을 이용해서 포인트 연출을 하기도 하고 값싼 PVC원단을 이용한 배너 Banner를 사용해서 천장 연출을 하기도 한다. 또 바리솔 Barrisol을 이용해서 낮은 천장을 높아 보이게 하면서도 밝아 보이게 연출하는 등 다양한 재료와 기법으로 콘셉트 있는 천장을 연출할 수도 있다.

초등학교 저학년을 위한 영어학원 브랜드인 크레오 Creo 강동 하남캠퍼스를 디자인한 적이 있는데, 이곳은 안전이 우선되어야 하는 공간이어서 전체적으로 차별화하기는 어려웠다. 하지만 이 브랜드의 주요 컬러인 블루를 사용하여 라이브러리 공간의 천장과 통로 공간의 천장을 페인트로 포인트를 주어 디자인했다. 복잡해 보일 수 있는 라이브러리 공간이지만 천장을 잘 활용해 창의적인 느낌의 공간을 만들었다.

Creo 강동
하남캠퍼스

　천장 작업에서 무엇보다 먼저 고려해야 할 부분은 소방 문제이다. 그래서 상업 공간에서는 소방 문제 때문에 디자인 작업이 원하는 대로 잘 안 되는 경우가 많은데, 소방이 안 되면 영업 허가 문제가 발생하기 때문에 반드시 방염이 필요하고 소방 기준에 합당한 소재를 사용하여 연출해야 한다. 무엇보다도 안전이 최우선이라는 점을 고려한 디자인이 되어야 한다.

2-1 배치

상업 공간에 있어서 배치는 공간을 사용 용도와 법적 규제 혹은 기능별로 나누어 배치하는 일을 말한다. 일반적인 공간의 배치는 주어진 공간의 목적이나 기능에 따라 필요한 공간을 나누고 배치를 하는 것이 공간 기획의 기본 작업이라고 할 수 있다.

새로 건축을 하는 경우에 공간 배치는 건축가에게만 맡겨둘 것이 아니라 내부 디자인이나 조경이나 관련된 여러 분야의 전문가들과도 상의해서 배치에 참고하는 것이 좋다. 일반적으로 건축을 완료하고 인테리어를 하게 되면 공간을 뜯어고치는 경우가 많다. 이 때문에 내 고객들은 건축을 새로 계획하는 경우 건축 설계과정부터 공간에 대한 검토를 나와 같이하고 있다. 건축물이 아무리 멋지다고 해도 공간의 용도나 기능이 잘못 설계되면 고치기 힘들기 때문에, 상업 공간의 경우 여러 변수를 다각도로 검토해서 사용자가 불편함이 없는지, 기능이나 효용에 문제가 없는지 검토해야 한다. 특히 앞에서 얘기한 대로 트랜스포머처럼 공간을 사용할 경우 효용성에 대한 것도 우선 검토해야 한다.

앞에서 얘기했던 공간 기획에 필요한 요소들을 고려하여 사업 기획이 끝났다면, 필요한 공간들의 목록을 뽑아 레이아웃을 정하고 그에 따른 공간디자인을 하게 된다. 이것은 여의도에 있는 '더 현대 서울'을 중심으로 살펴보겠다.

일반적으로 백화점의 지하 공간에는 슈퍼마켓을 입점시키거나 전략적으로 꼭 들러야 할 만한 이유를 만들 수 있는 브랜드를 유치하는 경우가 많다. 특히 COVID-19 이후 사람들은 답답한 지하 공간에 들어가기 꺼려하는 경향이 있다. 따라서 상업 공간에 있어서 지하에 무엇을 어떻게 구성할 것이며 어떤 브랜드를 배치할 것인지에 대한 문제는 항상 고민이 될 수밖에 없다.

건물을 기획할 때 사용 용도나 목적에 따라 지하를 주차장 용도로만 사용하기도 하고 부동산 비용이 비싼 지역일 경우 지하 공간을 상업 공간으로 활용하기도 한다. 이때 지하 공간을 늘리기 위해 깊이 땅을 팔수록 건축 비용도 많이 들어가서 기획 시 예산과 활용 범위를 고려해야 한다. 또 어떤 상업 공간이든 그곳만의 강점이 무엇인지 알아야 하고 그 강점을 살려 소비자의 감성을 자극할 수 있어야 지속적으로 살아남는 공간이 될 수 있다. 하지만 약점을 강점으로 바꿀 수 있는 전략이 있다면 그 가치는 더욱 커지게 된다.

여의도 더 현대 서울은 각 층별로 테마를 정해서 층을 구성했는데, 특히 지하 2층에 있는 '크리에이티브 그라운드 Creative Ground'는 지하철역에서 진입이 가능한 곳이라는 특징을 살려 MZ세대를 타깃으로 전체 층을 구성했다. 브랜드 또한 일반 백화점에는 없고 잘 알려지지 않은 신선한 브랜드들을 전략적으로 유치했다.

사실 백화점의 지하 2층은 유명 브랜드들도 잘 입점하지 않는 공간인데 그럼 단점을 전략으로 바꾸어 여의도 더 현대 서울밖에 없거나 젊은 세대에게 어필하는 온라인의 유명 브랜드를 입점시키는 전략으로 기획해서 효과를 거두고 있다. 특히 오픈 당시 여유 동선으로 만들었던 공간과 팝업 공간을 배치해 지속적으로 팝업 매장을 운영하면서 지하 공간을 MZ세대의 놀이터로 만들었다. 중앙 에스컬레이터를 중심으로 스타벅스 리저브를 배치하고 영 패션 브랜드들과 트렌디한 아이템 그리고 팝업 매장 배치 등 작은 매장들과 대형 매장들의 배치가 동선의 흐름을 고려하여 배치되었다.

지하 1층 '테이스티 서울 Tasty Seoul'은 푸드 식품관이라고 할 수 있다. 더 현대가 이곳에 식품관을 배치한 것은 기존에 쇼핑몰 설계가 이미 식품관을 위한 설계로 되어 있어 다른 층으로 옮기기에는 무리가 있는 상황이었다고 한다. 따라서 중앙 에스컬레이터에서 눈에 띄는 곳에는 참신한 디자인의 푸드 트럭들을 위치시켜 신선함을 주고 중앙에는 작은 브랜드들을 배치했다. 이어서 사이드에는 대형 매장들을 배치했는데, 이곳에 입점한 브랜드들도 MZ세대가 좋아하는 유명한 맛집들로 구성해 줄을 서게 했다.

1층 매장은 익스클루시브 라벨 Exclusive Label인 럭셔리 브랜드들로 구성되어 있는데 한쪽에는 코스메틱 브랜드를 배치하고 반대편에는 팝업 공간을 배치했다. 이런 식으로 고객들이 다양한 경험을 할 수 있도록 했는데 팝업 공간은 자주 변화하는 공간으로 항상 새롭고 신선한 이미지를 줄 수 있어 눈에 띄는 1층에 배치했다. 또 우측에는 분수대를 배치했는데, 이는 직사각형의 공간에 구석까지 고객의 동선을 유도하기 좋은 전략이라고 할 수 있다. 6층의 레스토랑도 주변에 식물들을 많이 배치해 마치 공원의 레스토랑에 와 있는 것 같은 느낌을 주고 있고 다이닝 공간 곳곳에도 그린 식물로 연출해서 콘셉트를 유지시켰다.

CH-1985는 현대백화점 문화센터의 새로운 시작으로 MZ세대의 뉴 프리미엄 기준에 맞춘 콘텐츠 플랫폼이라고 할 수 있다. 이곳 라운지는 다양한 서비스와 체험을 도와주는 공간으로 투명한 유리 폴딩도어를 사용하여 오픈형 스튜디오 형태로 만들어져 있는데, 소수를 대상으로 강의를 하거나 다양한 체험을 위한 장소로 사용된다. 원하는 시간에 원하는 강의를 쾌적한 공간에서 할 수 있고, 가족이나 친구와 만나거나 커뮤니티 모임을 가지고 싶을 때 공간 대여도 할 수 있는 등 프라이빗하게 사용할 수 있다. 현대백화점은 문화센터를 폐쇄된 공간이 아니라 6층의 오픈된 공간으로 배치하여 차별화시킴으로써 홍보효과까지 보고 있다. 이렇게 공간을 배치할 때 기능이나 테마 혹은 목적과 전략에 따라 자연스럽게 흐르도록 배치하는 것이 굉장히 중요하다.

스타필드 수원은 기존 가족 중심의 1세대 스타필드에서 MZ세대를 위한 스타필드 2.0시대를 표방하며 2024년 1월에 오픈했다. 이곳은 트레이더스, 다이소 등 비교적 넓은 공간을 필요로 하는 브랜드들을 지하에 배치했고 저층부를 키즈와 젊은 가족들 중심의 공간으로 설정했는데, 외부에서 2층으로 바로 진입도 가능하다. 이곳 3층에는 별마당 키즈존을 배치하고 그 주변에는 키즈와 관련된 브랜드들을 배치했다. 이런 점은 고층에 키즈존이 있는 기존 백화점들과 차별화되어 오히려 새로운 느낌을 주었다.

이곳은 전체 공간에서 두 군데 포인트 공간을 두고 있는데, 어린이를 위하거나 가족 중심의 이벤트 공간과 MZ세대를 위한 공간으로 나누어 놓은 것도 인상적이다. MZ세대를 위한 포인트 공간으로는 이곳 4층부터 7층까지 위아래로 뚫린 공간에 배치한 별마당 도서관을 들 수 있는데 22미터 높이로 조성하여 인증샷의 성지로 만들고 있다.

4개 층의 난간과 기둥들을 이용해 가득히 책을 꽂아 연출했는데 우드를 사용하여 안정감이 있다. 한쪽에서는 기다랗게 극장식으로 만든 대리석 계단과 우드로 만든 자리에 앉아 책을 보며 유리 천장에서 내려오는 빛을 받으며 여유로운 시간을 보낼 수 있다. 프라다가 렘 콜하스와 시도했던 뉴욕 프라다 에피센터 New York Prada Epicenter가 생각나는 공간이다. 반대편에는 그 공간을 멋지게 사진으로 담아낼 수 있게 포인트를 주었고 유리 난간과 약간의 벤치들을 배치했다.

스타필드 수원
'별마당 도서관'

　서가 주변에는 층별로 카페들을 배치했는데 특히 5층에 있는 바이닐 카페 Vynil Café 는 음료 한 잔이 포함된 입장료를 내고 들어가서 편안한 소파에 앉아 본인이 좋아하는 음악을 골라 들으면서 음료를 마시는 공간이다. 어찌나 인기가 좋은지 평일에 방문했는데도 여유자리가 없을 정도로 붐볐다.

　그렇다면 제품 판매 공간인 일반 매장의 경우 상품 배치는 어떻게 하는 것이 좋을까? 상품 배치는 매출에 영향을 미칠 수 있기 때문에 무척 중요한데 패션아이템이나 일반 소매 매장의 경우 일반 상품은 주력 상품, 부속 상품, 보조 상품, 전략 상품 등으로 나뉜다.

　주력 상품은 매장에서 판매하고 싶은 주요 아이템에 속하므로 주요 전시공간에 배치한다. 부속 상품은 주력 상품과 같이 매칭해서 판매하려고 하는 아이템으로서, 주력상품을 본 다음 선택할 수 있도록 카운터 주변에 배치하여 효과를 높일 수 있다. 보조 상품은 매장의 중앙에 배치해서 주력 상품을 보다가 눈에 띌 수 있게 해서 효과를 높이는 방법이 좋고, 전략 상품은 전략적으로 판매하고자 하는 상품이기 때문에 매장의 쇼윈도나 카운터 근처의 공간에 배치하는 게 적합하다고 볼 수 있는데 판매 공간에서는 전략 상품의 기획 및 배치가 무척 중요하다. 판매 공간의 상품 배치는 임의로 하는 것이 아니라 고객의 동선을 고려한 이런 전략을 생각하면서 배치하는 것이 좋다. 그리고 아이템에 따라서 날씨, 이벤트 등 상황에 따른 전략 상품을 선택해 회전율을 높이는 것도 중요하다.

그러면 Bar나 카페의 경우 배치는 어떻게 하면 좋을까? 대체로 프랜차이즈나 판매 중심의 매장에서는 카운터나 주방이 입구에서 볼 때 좌측이나 우측 사이드에 위치하는 경우가 많고, 좌석 배치도 좌석 수를 많이 확보하기 위해 통로나 좌석 사이의 간격이 너무 좁은 경우가 많다. 판매 중심의 마인드로 너무 많은 좌석을 배치하거나 빠른 회전을 위해 너무 불편한 가구를 설치하게 되면 고객이 방문하기 어려울 수 있다. 또 이미지를 위해 가구를 너무 적게 배치한 경우와 주방을 너무 적게 만들거나 크게 조성할 경우에는 매출과 연결되므로 전체 그림을 그려보고 여러 가지 경우의 수를 생각해서 전략적이고 합리적으로 공간을 배치해야 한다.

일반적으로 전문 바리스타나 소믈리에 혹은 쉐프가 직접 운영하는 경우에는 카운터나 주방이 입구와 마주보는 곳에 배치되는 경우가 많다. 어떤 곳은 주방의 면적이 상당히 커서 손님이 앉을 장소가 빈약한 경우가 많은데, 공간의 상황에 맞게 적절한 배치가 필요하다. 또 입구와 마주보는 곳에 카운터가 배치되었을 경우에는 출입하는 고객들과 인사를 나눈다든지 밝은 미소로 소통하는 것이 중요할 수 있다.

2-2 동선

동선은 사람의 흐름을 얘기하는데, 판매 공간에서는 사람의 흐름을 방해하지 않는 동시에 직원들이 일하기 편한 동선이 필요하며 관리하기 쉽고 걷기 쉬우면서도 기능적이어야 한다. 쇼핑몰이나 공항 같은 곳은 카트나 아이들 유모차 등 사람들이 붐비는 곳이라 여유 있는 동선을 확보하는 것이 좋고, 직선형보다는 부드럽게 흐를 수 있는 완만한 곡선을 활용하는 것이 효과적이다.

판매 공간에 있어서 공간의 형태와 동선의 관계를 살펴보면 매장이 직선형의 경우 편의점, 슈퍼마켓 등 셀프 형식의 매장에 많이 사용되는데, 제품 위치도 정해져 있는 경우가 많고 제품들이 찾기 쉽게 배치되어 있다. 사선형의 경우는 매장의 품격을 높이거나 고객을 구석까지 유도하기 위해 사용되고, 곡선형의 경우는 회전율이 높은 매장이나 전문점에 적용되는데 자연스럽게 동선을 유도해서 매장을 돌아보게 하는 기념품 샵이나 액세서리 매장 등에서 많이 사용된다.

하지만 공간의 크기나 건물의 생김새에 따라 필요한 공간을 어떻게 구성할지를 고민하고 동선을 어떻게 유도하여 원하는 목적을 이룰지를 고려하여 기획해야 한다. 동선이 너무 넓거나 좁아도 사람들의 흐름이 끊길 수가 있기 때문에 이를 잘 고려해야 하는데, 이케아의 경우 전 세계적으로 동선이 같은 형태로 이루어져 있다. 먼저 쇼룸에서 전체적으로 제품 이미지를 보여준 뒤 구매공간으로 이동할 수 있도록 계획되어 있고, 중간에 레스토랑이나 서비스 공간을 두어 잠시 휴게시간을 가질 수 있도록 배치되어 있다.

또한 구매 공간에 아이템 별로 번호가 있어서 그 번호를 따라 이동할 수 있도록 동선이 만들어져 있고, 중간에 조성된 지름길은 바쁜 사람이나 그 매장에 대한 경험이 많은 사람이 필요 시 건너뛸 수 있도록 했다. 크고 넓은 공간이지만 이케아가 의도하는 대로 동선을 유도하고 이케아만의 스타일을 만들어 전 세계 지점에서 같은 매뉴얼로 사용하고 있다.

이케아 고양점

일반 매장의 경우 동선에 있어서 진열과 통로 폭에 대해서도 고민해야 한다. 매장 출입구의 폭은 1인이 물건을 손으로 집어 자유롭게 통행할 수 있는 80~90센티미터 정도가 필요하고, 2인이 스쳐 지나가기 위한 최저 폭은 150~180센티미터 이상이 요구된다. 30평 전후의 소규모 매장 통로의 경우 그 폭은 100~150센티미터가 표준이지만, 매장 내부에서 전략 상품을 홍보하는 공간은 최저 150센티미터 이상의 폭을 유지하는 것이 좋고 계산대나 카운터 주변은 가능한 한 넓은 게 좋다.

카트를 이용하는 매장에서는 카트가 양방향으로 통행할 때 부딪치는 등의 문제가 없어야 한다. 통로의 폭을 너무 넓게 하면 공간을 효율적으로 사용하기 어려울 수 있기에 아이템과 공간 용도에 따라 적당한 동선을 계획해야 한다.

언젠가 청담동에 있는 어느 결혼식장에 갔는데 예식장 전체는 화려하고 좋았지만 결혼식이 끝나고 화장실을 방문했을 때 뭔가 문제가 있음을 느꼈다. 화장실 내부 공간도 협소했지만 통로도 너무 비좁고 불편해서 다른 공간에서 받은 고급스러운 이미지가 깨어지는 경험을 했다. 역시 화장실을 나오는 고객들이 불만을 토로하는 경우가 많았는데 요즘은 화장실 공간을 잘 디자인하는 것이 기본 중에 기본이다. 겉만 화려하기보다는 사소한 공간이라도 고객의 동선에 불편이 없는지 규모나 사이즈를 고려해야 하고 어쩔 수 없이 좁은 공간이라면 디자인으로 해결방법을 찾아야 한다.

앞에서 소개한 도쿄 하라주쿠의 앗또코스메의 경우 매장 통로에 비해 고객이 너무 많아서 한 번 돌아보는 것은 가능하지만 구매로 이어지기가 너무 어려웠다. 이런 경우에는 서서 상품을 볼 수 있는 여유 있는 동선을 확보하거나 고객수를 제한하는 것이 효과적일 수도 있다.

도쿄 긴자에 가면 스와치 Swatch 그룹의 플래그십 스토어가 있다. 이곳 1층은 광장과 같은 느낌으로 오픈되어 있는데 4층 높이의 한쪽 벽에는 식물을 이용한 플랜트 월 Plant Wall이 연출되어 있고 그 앞에 브레게 Breguet, 블랑팡 Blancpain, 오메가 Omega, 글라슈트 Glashutte 등 스와치 Swatch 그룹의 시계 브랜드 매장으로 직접 연결되는 승강기가 놓여 있다.

이 건물에서는 1층 외부에서 브랜드별로 원형 엘리베이터를 타고 매장에 올라가게 되는데, 탑승인원을 제한하고 있다. 다시 말해 고객은 타는 곳에서부터 대기하게 되는데, 이로 인해 엘리베이터를 타게 되면 오히려 굉장히 대접받는 느낌이 들게 된다.

인원수를 제한하는 방법은 럭셔리 브랜드들이 종종 사용해 왔는데, 최근에는 인기 있는 음식점이나 카페들도 고객으로 하여금 예약 앱을 이용하도록 해서 시간대별로 고객을 제한하는 방법을 사용하고 있다.

Swatch 그룹의 플래그십
스토어 _ 도쿄 긴자

3장 _____ 비주얼 머천다이징과 이미지 연출

공간이미지 경영을 위해서는 공간 연출에 필요한 것이 무엇이며 어떤 요소들이 공간 이미지를 만들어내는지 이해할 필요가 있다. 가장 중요한 것은 앞에서 설명한 내용들과 제품, 그리고 서비스를 하는 사람의 이미지나 태도라고 할 수 있겠지만, 여기서는 공간 이미지를 만드는 요소, 즉 연출 요소에 대해 살펴보고자 한다.

먼저 비주얼 머천다이징에 대해 이해를 함으로써 제품을 어떻게 돋보이게 할 수 있을 지 생각해 보고 배경이 되는 공간을 어떻게 연출하면 좋을지 살펴보자.

3-1 비주얼 머천다이징

공간이미지를 만들기 위해서 먼저 '비주얼 머천다이징 Visual Merchandising'을 이해할 필요가 있다. 비주얼 머천다이징은 계획된 상품을 시각화해서 보여주는 전략적인 시스템이라고 할 수 있다. 또 머천다이징 Merchandising은 상품 계획 을 말하고 상품을 계획하는 사람을 머천다이저 Merchandiser: MD라고 한다.

상품을 기획할 때는 공간기획 때와 마찬가지로 언제 팔 것인지, 누구에게 팔 것인지, 무엇을 팔 것인지, 어디서 판매할 것인지, 제품이나 디자인은 어떻게 포장할 것인지, 수

량과 예산은 얼마나 사용할 것인지, 그리고 어떻게 홍보하고 어떤 방법으로 판매할 것인지에 대한 것들을 총체적으로 계획하고 실행해야 한다.

이렇게 MD가 기획한 상품 계획을 시각화해서 고객에게 판매 공간과 상품의 좋은 이미지를 심어주는 전략시스템을 비주얼 머천다이징이라고 하는데, 이는 결국 공간과 상품에 매력을 불러일으키는 작업을 말한다.

비주얼 머천다이징이 잘 되면 소비와 매출이 증가하게 되는데, 이처럼 상품 기획 또는 매입 단계에서 최종의 소비자에게 어떠한 방식으로 매력을 어필할 것인가를 미리 계산에 넣은 시스템이 비주얼 머천다이징이라고 할 수 있다.

그렇다면 우리는 왜 이러한 비주얼 머천다이징을 사용해야 할까? 노벨경제학상을 받은 최초의 심리학자이고 행동경제학의 창시자인 '대니얼 카너먼Daniel Kahneman'은《생각에 관한 생각Thinking, Fast and Slow》에서 똑같은 정보라도 제시하는 방식이 다르면 다른 감정을 불러일으키기 쉬운데 이를 '틀짜기 효과Framing Effect'라고 설명했다. "예를 들어 가공육을 고를 때도 '지방 10퍼센트'보다 '90퍼센트 지방제거'라는 표기에 더 끌리는데 표현 방식은 달라도 명백히 같은 뜻인데 사람들은 주로 한 가지 표현 방식에만 주목한다."라고 하면서 "보이는 것이 전부다."라고 틀짜기 효과에 대해 설명하고 있다.[58]

비주얼 머천다이징은 이런 효과를 상업 공간에 구체적으로 표현해 원하는 목표, 즉 매출이나 홍보 효과를 극대화시키기 위해 매력을 발산시키는 전략이라고 볼 수 있다. 광범위의 비주얼 머천다이징에 대해 얘기하자면 언급할 게 너무 많아서 여기서는 일반적인 판매 공간의 연출 기법을 간단하게 살펴보고자 한다.

요즘은 드라마틱한 연출보다는 다양한 기법을 많이 사용하고 있다. 국민 가게인 다이소의 박정부 회장은《천원을 경영하라》라는 책에서 "상품은 진열하는 것이 아니라 표현하는 것"이라고 하였고 보이지 않는 상품이 어떻게 팔릴 수 있냐고 했다.[59]

그렇다면 상품을 표현하기 위해 우리는 무엇을 어떻게 해야 할까? 상품을 잘 표현하기 위한 연출 방법에 정답이 있는 것은 아니지만, 가장 많이 사용하고 있는 기본적인 연출 방법에 대해 살펴보고 자기만의 방법으로 응용해서 연출하는 것이 좋겠다. 앞에서 상업 공간의 기본 공간 구성에 대한 내용을 살펴보았는데, 판매하고자 하는 상품을 어떻게 공간에 연출하면 좋을지 생각해 보아야 한다.

먼저 어떤 위치에서 연출하는 것이 효과적인지 연출 위치에 대해 살펴보면, 첫 번째로 일반 매장에서 쇼윈도가 있는 경우 쇼윈도를 활용하는 것이 좋다. 이는 외부에서도 눈에 띄는 가장 좋은 위치에 있어서 업종, 업태, 취급하는 상품의 프레젠테이션 공간이라고 볼 수 있다. 쇼윈도를 본 고객이 매장 안으로 발걸음을 옮길 수 있도록 전략적으로 접근하는 것이 좋은데, 이처럼 쇼윈도에는 신상품이나 테마를 가진 전략적 상품을 전시하는 게 일반적이다. 유튜브에서 썸네일을 보고 클릭하듯이 쇼윈도는 그런 전략적 공간이라고 할 수 있다.

어쩌면 쇼윈도는 고객이 문을 열고 매장으로 들어가기 전에 매장과 처음 만나는 소통 공간일 수 있다. 젠틀몬스터는 한때 쇼윈도에 연출한 오브제를 오므라들거나 펴지거나 하면서 시선을 끌고 그곳을 고객이 들여다보도록 함으로써 고객과 쌍방향으로 능동적인 소통을 하는 연출을 선보이기도 했다.

젠틀몬스터 _ 서울
가로수길

최근에는 쇼윈도가 없는 경우가 많은데 사용 가능한 소비자의 눈길을 끌 수 있는 공간이 있다면 그곳을 적극 활용하는 것이 좋다. 카페 같은 공간의 경우에는 입구에서부터 망설이지 않고 쉽게 들어갈 수 있게 외관이나 입구를 쇼윈도라고 생각하고 어떤 콘셉트와 연출로 보여주는 것이 좋은지 생각해야 한다.

디올 성수에서는 정원이 있는 외부 공간에 협업하는 브랜드를 전격적으로 내세워 눈길을 사로잡았다. 2023년 디올의 최신 컬렉션인 ERL과의 협업으로 이루어진 디올 봄 ERL 캡슐 컬렉션 런칭을 기념하기 위해 자동차를 콘셉트로 공간에 표현했는데, 외부에는 추운 날씨에 유난히 돋보이는 화려한 컬러의 자동차를 전시해 눈길을 끌었다.

Dior성수 _ 서울

　두 번째로 스테이지Stage 연출인데 이것은 쇼윈도 다음으로 중요한 공간으로서, 가장 보여주고 싶은 전략 상품을 진열하는 곳이다. 이곳에는 같은 상품이 계속 진열되지 않도록 변화를 주는 연출이 필요하다. 상품을 주제로 한 포스터나 POP로 효과적 연출을 하고 상품은 자연스럽게 진열하며, 조명은 스포트라이트를 사용하는 것이 좋고 쇼윈도가 없는 매장은 쇼윈도 감각과 기법을 사용한 연출이 필요하다. 카페나 레스토랑의 경우 입구에 바로 좌석 같은 것을 놓기 어려운 경우가 많은데, 오브제나 연출 스테이지 혹은 테이블을 놓아 전략적인 공간으로 사용하는 것이 좋다.

　세 번째로 테이블Table 연출이 있는데, 여기에는 당일의 고객층, 시간대별 고객층 등을 고려한 변화 있는 연출이 필요하다. 높이는 고객의 시선이 머물 수 있는 정도가 최적이고 매장 중에 집기의 엔드 스페이스End Space나 빈 공간을 사용하는 것이 좋다. 또한 직접적으로 상품을 주제로 한 심플한 연출을 하거나 POP를 효과적으로 사용해야 하며 메시지는 간략하게 하는 것이 좋다.

　네 번째로 쇼케이스Showcase인데, 쇼케이스 연출에 있어서는 변화를 가지고 엑센트나 리듬감을 연출하는 것이 좋고 패션성이 높은 고가품은 뮤지엄이나 갤러리 감각으로 연출하는 것이 필요하다. 카페의 경우 쇼케이스 공간을 저장 공간으로만 생각해서 대충 진열하는 경우가 많은데 쇼케이스를 잘 연출하는 것이 제품을 구매하도록 유도한다는 것을 알아야 한다. 때로는 상품이 별로 없어서 쇼케이스를 비워 놓는 경우도 많은데 그러면 왠지 주문하기가 꺼려진다. 베이스가 되는 트레이는 물론이고 맛있어 보이는 사진이나 소품들도 활용해 연출해 보는 것이 어떨까?

다섯 번째는 선반 연출인데, 선반의 종류에는 쇼케이스적인 것, 상·하 이동식, 고정식, 접이식, 탈부착식, 매입식 등 다양하다. 선반 연출은 쇼케이스처럼 판매 위주의 제품을 연출하는 경우가 있고 이미지로 활용하는 경우도 있다. 하지만 선반을 진열 용도로만 간주해서 너무 많은 상품들을 연출하는 방식은 고가의 제품에는 적합하지 않을 수 있으니 주의해야 한다. 적절한 규모로 연출해야만 제품의 퀄리티나 고급 지향적인 이미지를 줄 수 있다.

제품을 활용해서 벽면에 연출할 경우 디자인성과 실용성을 적절히 사용하는 것이 좋은데 전체 공간보다 부분적으로 사용하는 것이 좋다. 또 전체를 연출 공간으로 사용할 경우에는 이미지가 중요시되는 매장에 연출하는 것이 바람직하다.

연출 기법으로는 다음과 같은 내용들을 기본으로 해서 아이디어를 도출한다고 볼 수 있다.

첫째, 강조성과 의외성이다. 너무 식상한 주제로는 시선을 끌 수가 없기 때문에 독특한 아이디어나 독특한 재료들을 사용해서 스토리를 보여주거나 의외성을 표현해서 시선을 끌어주는 기법이다. 요즘 MZ세대는 의외성을 매우 좋아하는데, 이는 SNS의 가장 맛있는 메뉴이다.

원더월 Wonderwall은 아티스트들을 위한 콘텐츠와 커머스 플랫폼으로 현대백화점 판교점 유플렉스 4층에 오프라인 매장을 오픈했다. 이 매장은 참신한 아이디어와 화이트 컬러를 이용해 연출했는데, 우주선 같은 기다란 원통형 오브제 집기와 영상 연출이 마치 팝업 스토어 같아 확실하게 시선을 끌었다.

현대백화점 판교점
'Wonderwall'

PK마켓에서는 매장 내부에 화려한 컬러의 트럭을 두어 연출 공간으로 사용하는 의외성을 보여주었는데, 최근에는 트럭이나 자동차를 내부공간으로 들여와 집기로 사용하거나 포토 포인트로 사용하는 경우가 많아졌다.

스타필드 고양 PK
마켓

미국에 있는 애버크롬비 앤드 피치Abercrombie & Fitch의 경우 매장 입구에 멋진 모델들을 서 있게 해서 매장으로 유도하는 마케팅을 펼치기도 했다. 또 룰루레몬Lululemon 등 요가복 매장의 경우에는 쇼윈도에서 사람이 직접 요가를 하는 마케팅을 전개하기도 했는데, 이처럼 의외성을 주어 시선을 사로잡는 경우도 있다.

Lululemon _ 서울

둘째, 계절감을 표현하는 것이다. 예전부터 많이 사용해 오는 방법인데 판매 공간에서는 계절성을 활용해 시즌을 선도하면서 충동구매를 유도한다. 계절감의 연출은 입구에서부터 유도하면 더 효과적인데 단독 매장이 아닌 오픈 매장의 경우에도 고객의 시선을 끌 수 있는 위치에 연출하는 것이 좋고 간단하게 표현할 수 있는 방법도 얼마든지 있다. 적은 비용으로도 연출할 수 있는데, 간단한 오브제 혹은 그래픽이나 패키지 상자를 이용해서 계절감을 표현할 수도 있다.

셋째, 뉴스성이나 화제성을 이용한 연출이다. 이 기법은 행사나 이벤트를 이용해서 연출하는 것인데, 예를 들어 발렌타인데이나 빼빼로데이처럼 이벤트를 만들어서 재미있게 보여줌으로써 소비를 할 수 있게 하는 전략이다.

넷째, 동적 요소를 이용한 기법이다. 여기에는 무브 Move 디스플레이를 연출 기법으로 많이 사용하고 있다. 사람들은 뭔가 움직이는 쪽으로 시선을 주기 때문에, 여러 매장들은 판매 공간에 제품의 동적 요소를 보여주는 대형 모니터를 많이 설치하고 있다. 또 새로운 ICT 발달로 이제는 영상뿐만 아니라 특수 계획까지 많이 시도되고 있다. 최근 젠틀몬스터는 사람 모양과 동물 모양 등 진짜 같은 착각이 들도록 움직이는 동적 키네틱아트와 로봇을 많이 사용하여 연출하고 있다.

다섯째, 핵심 상품을 돋보일 수 있는 위치에 연출하는 것이다. 이 기법은 시각적으로 눈에 띌 수 있는 위치에 연출을 하는 게 포인트라고 할 수 있다. 제품을 매장 내부에 배치하는 틀을 깨고 쇼윈도 기법을 사용하여 외부에 연출하기도 하는데, 매장 입구에 연출을 하거나 동선이 넓은 중앙 통로에 연출하여 고객이 지나가면서 바로 볼 수 있도록 하는 것도 효과적이라고 할 수 있다.

여섯째, 볼륨감 있는 연출이다. 식품이나 과일 같은 신선식품들은 볼륨감 있는 연출로 많이 표현되는데, 볼륨감이 있으면 왠지 신선할 것 같은 느낌을 주기 때문이다. 이로 인해 집기까지 볼륨감 있는 연출을 하기 위한 용도로 만들기도 한다. 유럽에서부터 시작된 이 진열 방법은 식품을 연출할 때 많이 사용되지만 저렴하다는 것을 강조하고 싶을 때도 많이 사용된다.

일곱째, 컬러를 이용한 연출이다. 이런 연출 기법도 많이 사용되는데, 트렌드 컬러나 의미 있는 컬러를 활용해서 시각적으로 시선을 끄는 것이 포인트라고 할 수 있다. 이 기법을 쓸 때는 주변 환경도 고려해야 하는데, 주변이 너무 복잡하거나 컬러가 많은 공간

젠틀몬스터 스타필드
하남

에 사용하면 오히려 효과가 떨어질 수 있다.

여덟째, 테마를 이용한 연출 방법이다. 같은 테마군끼리 모아 그루핑Grouping해서 보여주는 것도 중요한데, 테마 없이 아무렇게나 진열하는 것보다 테마나 스토리를 만들거나 컬러나 아이템 등을 구분해서 정리하면 공간이 훨씬 더 심플해 보이고 제품이 눈에 잘 들어온다. 예전에 어떤 패션디자이너의 매장을 연출할 때 많은 것을 하지 않고도 디자인별·아이템별·컬러별로 분류해서 코디네이션을 해서 보여주니 판매 공간이 정리되어 보이고 매출도 많이 올라서 효과를 본 적이 있다.

아홉째, 반복적인 연출 방법이다. 반복 연출을 통해 연출 효과를 극대화할 수 있다는 얘기다. 저명한 심리학자 '로버트 자욘스Robert Zajonc'는 임의의 자극이 반복되는 것과 사람들이 마침내 그것에 약간의 호감을 느끼는 것의 연관 관계를 연구해 왔는데, 어떤

대상에 반복되어 노출되면 인지적 편안함과 친숙함이 느껴진다고 하면서 단순 노출 효과라 불렀다.[60]

특정 광고를 자주 접하게 되면 구매할 때 더 친숙하게 느껴진다. 이처럼 직접 고객과 만나는 곳에서 제품을 반복적으로 연출해 고객이 시선을 움직일 때마다 자극을 반복시켜 친숙함을 유도할 수 있는데, 이런 반복적인 연출을 할 때도 뭔가 스토리가 느껴지게 하면 더욱 좋다.

열째, 스토리성이 있는 연출이다. 이것은 디스플레이 기법의 가장 기본적인 요소인데 그림을 보면서도 각자의 생각을 담아서 보듯이 연출도 이야기나 어떤 장면을 생각해서 전개하면 효과적이다. 스토리성이 있는 연출은 연출하는 사람이 제품과 이야기를 나누면서 하는 경우가 많은데 연출 도구가 많지 않아도 간단한 소품이나 제품을 가지고도 스토리를 만들 수 있다.

언젠가 스타필드 고양을 방문했을 때 Muji 매장에서 직원들이 직접 연출을 하고 있는 모습을 본 적이 있다. 제품을 이용해 적극적으로 연출하는 모습이 무척 인상적이었는데, 연출 기법도 활동적으로 바뀌어 기존의 분위기보다 새로운 느낌이 들었다. 단순한 진열을 넘어선 연출을 하고 있어서 전문가를 기용한 것인지 물어보았는데 직원들이 직접 하고 있다고 해서 놀랐다. 또한 올가 홀푸즈ORGA WHOLE FOODS라는 브랜드를 추가하여 식품 쪽과 플라워 등의 구매 빈도를 높이기 위한 전략이 추가된 것 같았다.

스타필드 고양
'MUJI'

스타필드 고양
'MUJI'

1994년경 밀라노를 방문했을 때 패션 매장의 판매 직원들이 직접 연출을 하고 있는 것을 보면서 세계적인 패션도시 밀라노의 위상을 실감했다. 왜냐하면 당시에 우리나라 패션 매장의 경우에는 연출 전문가들이 연출하고 있었기 때문이다. 사실 조금만 소비자의 입장에서 관찰하고 생각하면 제품이나 공간을 효과적으로 연출할 수 있는데, 본인을 작가로 설정한 뒤 주변 여건이나 날씨나 제품 그리고 고객에 대한 이해만 있다면 얼마든지 연출이 가능하다.

지금까지 비주얼 머천다이징에 대해서 알아보았는데, 아이템에 따라 연출 기법이 달라질 수 있기에 일반적인 내용을 중심으로 살펴보았다. 비주얼 머천다이징을 계획하고 실천하는 일은 소비의 증가와 매출 증가를 가져오기 때문에 판매 공간에서는 아주 중요한 요소이다.

3-2 이미지 연출

비주얼 마천다이징을 이해했다면 이번에는 이를 실천하기 위해 공간의 이미지에 영향을 주는 세부적인 요소들을 살펴보자.

색채

최근에 색채에 대해서 사람들의 관심이 많아지고 있는데, 색채는 공간이미지에 가장 많은 영향을 미치고 가장 먼저 시각적으로 인지하게 되는 중요한 요소라고 할 수 있다. 색채는 명도와 채도에 따라 느낌이 달라질 뿐만 아니라 주변과의 상호작용에 따라서도 느낌이 달라진다. 색이 주는 이미지들은 빛이나 조명 이외에도 여러 주변 요소에 영향을 받고 어떻게 믹스 앤 매치를 하는지에 따라 다른 느낌을 전달한다. 또한 테마나 콘셉트에 의해 배경이 되는 공간과 그 공간에 들어가는 여러 가지 요소들이 색이나 소재에 따라 다양한 영향을 주고받는다. 이 때문에 색채들 사이의 관계와 배색에 대해 많이 보고 느끼면서 왜 그런 느낌이 들고 어떤 요소가 어떤 영향을 주는지 확인해야 하며 어떻게 색채를 공간에 활용할 수 있는지 살펴볼 필요가 있다.

기업이나 브랜드들은 자기만의 주요색을 가지고 있는데, 그들이 왜 그런 색을 사용하고 있는지 몇 가지 사례를 살펴보면서 하고자 하는 비즈니스에 어떤 색을 사용하는 것이 이미지 전달에 효과적일지 생각해 보자.

하얀색 계열은 소박, 순결, 순수한 이미지이면서 가장 기본이 되는 색으로 주로 호텔이나 고급 리조트, 미술관에서 많이 사용한다. 하얀색만 사용할 경우 심플한 느낌을 주지만 사용 재료에 따라 이미지가 달라진다. 어떤 공간인지에 따라 다른 색과 같이 사용하는 경우가 많다.

베이징에 있는 '더후이 티스페이스 DeHui Tea Space'의 경우 하얀색을 사용해 미니멀한 티하우스를 만들었다. 일반적으로 중국에서는 티룸 색으로 짙은 갈색이나 빨강 등 어두운 색을 많이 사용하는데, 이곳은 흰색을 주요색으로 사용하고 밝은 우드 집기를 사용해 차별화된 티룸을 연출하였다. 들어가는 곳도 네모난 바닥 디딤돌을 사용하고 주변에는 하얀색 톤의 작은 돌을 깔아서 차별화시켰으며 하얀 천을 사용하여 공간을 분리하였다.

이곳은 번화한 거리에 위치하고 있어 주변이 너무 복잡하기 때문에 오히려 하얀색을 사용하여 심플함이 돋보이는 공간으로 연출해 힐링 스팟으로 만들었다.

검정색 계열은 세련미, 약간의 신비주의, 우아한 느낌 그리고 세련미를 드러낸다. 검정색이 주는 세련미 때문인지 Bar나 펍 Pub은 물론이고 카페와 패션 분야에서도 많이 사용된다. 카드도 블랙카드가 높은 등급으로 사용되는 것처럼 고급스러운 이미지에 활용되기도 한다. 신세계가 진행하고 있는 '유니버스 바이 제이렐라' 카페는 일반적인 카페에서는 사용하지 않는 검정색을 주요색으로 사용해 세련된 분위기의 공간을 제안하고 있는데 우주적인 카페 콘셉트 때문에 약간 신비로운 느낌을 주고 있다.

분홍색 계열은 부드러우면서 귀엽고 화사한 이미지를 가지고 있어 여성적인 공간에 많이 사용된다. 아모레의 에뛰드 하우스 매장은 분홍색을 테마로 하여 로맨틱하고 깜찍한 공주풍의 인테리어로 연출되어 있는데, 이 브랜드는 자유롭고 당당하게 자기 안에 숨겨진 공주를 찾아 나가는 것을 브랜드의 콘셉트로 삼았다. 이와 연계해서 고객으로 하여금 자신이 공주가 되었다고 느끼게 하는 프린세스 마케팅을 전개했다.

에뛰드 _ 서울 명동

분홍색 계열을 사용하여 공간이미지로 활용한 또 하나의 사례로는 미국에서 2014년 설립된 '글로시에 Glossier'를 들 수 있다. 글로시에는 뷰티 브랜드로 스킨 케어, 메이크업, 바디 케어 및 향수 제품들을 판매하는 D2C (Direct-to-Consumer)회사인데 소비자들과 직접 소통하는 데 익숙한 브랜드이다. 창업주 '에밀리 와이즈 Emily Weiss'는 잡지 〈보그 Vogue〉의 어시스턴트로 경력을 쌓았고 뷰티 블로그인 'Into The Gloss'를 운영했는데, 블로그 특성상 제품 후기와 다양한 뷰티 팁을 공유하고 뷰어들과 소통하면서 규모를 점점 키워나갔다. 나중에는 MTV에 출연하며 유명세를 타서 2014년 글로시에를 런칭했다. 당시 그의 블로그가 관심을 끌었던 이유는 킴 카다시안 같은 유명인들을 인터뷰하며 그들이 사용하는 화장품에 대한 정보를 공유했기 때문이다. 블로그가 활성화되면서 〈보그〉를 나온 그는 지인들의 도움으로 웹사이트를 오픈하고 편집자로서 수많은 포스트를 게재했는데, 독자들이 몰리면서 독자들의 피드백으로 독자가 원하는 제품이 무엇인지 알 수 있었다고 했으며 신제품에 대한 정보도 많이 얻을 수 있었다고 한다.

2013년 벤처캐피탈에서 200만 달러의 지원을 받은 그는 코스메틱 회사의 기술직과 디자이너 등 10명의 직원을 고용해 1년 뒤 글로시에를 런칭했다. 그리고 1억 달러의 자금을 추가로 지원받아 미국 대도시 5곳에 오프라인 매장을 오픈했다.[61]

2018년 말에는 소호 지역에 1호 매장을 오픈했는데 이것은 2개 층에 510제곱미터 규모로 구성되어 있었다. 이 매장에 들어서면 먼저 글로시에의 시그너처 컬러인 밀레니얼 핑크로 칠한 벽이 눈에 들어오는데 계단에 레드카펫을 깔아 마치 시상식장으로 들어가는 것처럼 대우받는 느낌을 주어 고객들의 인기를 끌었다.

매장 안에는 고객이 SNS에 올릴 수 있도록 오브제들이 많고 거울 주변에는 조명이 설치돼 있어 셀피 촬영을 유도한다. 특히 매장에 배치된 빨간 입술 모양의 소파와 상품 구매 시 패키지로 제공되는 핑크 에어캡 파우치는 많은 고객들이 방문 기념으로 촬영해 SNS에 올렸다. 이렇게 고객이 생성한 콘텐츠는 SNS 팔로워를 통해 확산되어 글로시에는 고객이 올린 사진과 동영상을 다시 공유하는 방식으로 콘텐츠를 만들고 프로모션으로 이어가고 있다.

글로시에 LA 멜로즈 플레이스에 있는 매장의 경우에는 내부와 같은 밀레니얼 핑크 컬러를 사용해 외부에 로고를 크게 강조하는 방식으로 눈길을 끈다. 매장 내부 곳곳에는 테스트 테이블이 있고 알루미늄으로 제작된 웨트 바Wet Bar와 화장품 케이스 대형 조형물이 포토존으로 자리하고 있다. 글로시에는 여성적인 느낌의 부드러운 밀레니얼 핑크 컬러를 뷰티라는 아이템의 공간 전체에 잘 녹여내 세계 여성들을 사로잡고 있다. 현재 미국에 10개, 런던에 1개의 오프라인 매장을 가지고 있으며 계속 확장하고 있다.

초록색 계열은 건강해 보이고 평화로운 이미지와 푸릇푸릇 생기 있어 보이면서도 친환경적인 느낌을 주는 컬러이다. 초록색의 대표적인 국내기업은 네이버라고 할 수 있고, 스타벅스 로고도 초록색을 사용해 편안한 느낌과 신뢰, 친환경적인 이미지를 전한다. 연두색 계열을 사용하는 올리브영은 전국 1,300여 개의 오프라인 매장을 가지고 있는데, '오늘드림'이라는 배송서비스를 통해 온라인으로도 주문할 수 있는 K뷰티 브랜드의 유통 플랫폼이라고 할 수 있다. 예전에는 올리브영에 입점한 대형 브랜드들도 많았지만, 현재는 유통 채널도 많아졌고 자체 온라인 채널들까지 있기에 올리브영에서는 PB상품 개발 및 중소브랜드를 입점시키는 전략으로 지속적으로 매출성장을 이뤄내고 있다. 일본과 중국에도 진출해 앞으로 세계 시장에서 활약할 것으로 기대되는 브랜드이다.

올리브영은 초기에는 외부나 사인에 연두색 계열을 많이 사용했다. 하지만 지금은 외관에 많이 표현하지는 않고 오히려 바탕에 회색을 사용하여 연두색 상징이 돋보일 수 있도록 세련되게 표현하고 있다. 명동 매장의 사례를 보면 오히려 매장 내부에 제품과 가까이 있는 공간의 포인트색을 콘셉트에 따라 초록과 연두색 톤을 사용하고 있다.

올리브영 _ 서울
명동

파랑색 계열은 신선하면서도 시원해 보이고 감성적으로 느껴지는 이미지 연출에 많이 사용된다. 또 앞서가는 이미지도 있기에 파랑색은 IT분야에서도 많이 사용되고 있는데 대표적으로 삼성전자가 파랑색을 사용하고 있다. 일렉트로 마트에서도 파랑 계열을 많이 사용하고 있고 아디다스도 파랑색을 많이 사용하고 있는데, 암스테르담에 있었던 아디다스 팝업 스토어는 신발 박스 모양으로 크게 만들어졌는데 신선하고 시원한 느낌의 파랑색 계열이 사용되었다. 또 롯데월드몰의 팝업 공간에서도 같은 느낌으로 사용되어 통일감을 주었으며, 2024년 현재 이디야나 파리바게트도 파랑색 톤을 사용하고 있다.

빨강색 계열은 정열적이면서 힘이 있어 보여 에너지를 높이고 섹시한 매력을 어필할 수 있는 색이다. 채도가 높은 빨강색은 파워풀한 에너지를 느끼게 해준다. 상하이의 르바롱 나이트클럽 Le Baron Nightclub의 경우에도 빨강색을 사용했는데, 빨강색은 Bar나 클럽에서도 많이 사용되는 정열적이고 자극적인 색임에 틀림없다.

빨강색은 정열적이고 강렬한 색으로 시각적으로도 눈에 잘 띈다. 공격성, 적극성, 변화 가능성을 높이는 효과가 있어서 아울렛 매장이나 세일하는 곳에서도 많이 사용하고 시각적으로도 눈에 잘 띄는 관계로 아이들과 관련된 공간에도 많이 사용된다. 시각적 효과를 위해 스타필드의 '토이 킹덤'에서도 빨강색을 사용했다.

보라색 계열은 약간 신비로우면서 화려하고 개성적으로 보이는 컬러이다. 시각적으로도 눈에 잘 띄고 화려해서 뷰티브랜드인 안나수이 Anna Sui에서도 브랜드 이미지 컬러로 검정색과 함께 사용했는데, 검정색과의 조합으로 강하고 시크한 개성적인 이미지를 보여주었다. CU편의점의 경우 보라색과 연두색을 같이 사용하고 있다.

노란색 계열은 다정해 보이거나 약간 순수해 보이는 이미지를 보여주며 포인트로 사용하기에 좋다. 노란색 계열은 카카오가 많이 사용하고 있는데, 젊고 신선한 이미지 때문에 뷰티브랜드에서도 많이 사용되고 있다. 코스메틱 브랜드인 클리오 Clio도 초창기에는 노란색 톤을 많이 사용하였지만, 이후에는 색조를 강조하면서 검정색을 많이 사용하고 노란색은 포인트로만 사용하고 있다. 록시땅 L'OCCITANE도 진한 노란색을 사용해 시각적으로 돋보이도록 매장을 전개하고 있다.

신세계푸드는 2019년 8월 노브랜드 버거를 출시했는데, 이는 버거를 중심으로 다양하고 맛있는 새로운 웨스턴 스낵을 제공하는 캐주얼 버거 하우스로서 시각적으로 강하고 젊은 느낌의 노란색을 사용했다. 현재 SSG랜더스 야구장에 노브랜드 버거 매장을 오픈하였고 전국적으로 프랜차이즈를 전개하고 있는데, 노란색을 바탕에 사용하고 로고를 회색으로 사용하고 있다.

메가커피는 밝은 회색 바탕에 하얀색 로고를 사용하고 주변 컬러를 노란색으로 사용

❶ 스타필드 하남의
L'OCCITANE
❷ 노브랜드 버거
원마운트점
❸ 빽다방 정약용도서관점

하고 있고, 빽다방도 노란색을 주요 컬러로 사용하고 있다. 젊은 느낌의 색이라 비교적
합리적인 가격대에 많이 사용하고 있는데 톤에 따라 너무 강해서 시각적으로 눈에는 잘
들어오지만 감도는 떨어져 보일 수도 있다. 이 때문에 자칫 해당 브랜드가 저가로 인식
될 수도 있어서 주의해서 사용해야 하고, 배경색으로 어두운 색채를 사용할 경우 시각적
으로 굉장히 강해서 콘셉트에 따라 잘 사용해야 한다.

주황색 계열은 발랄하고 상큼함, 친근하고 따뜻함까지 드러내는데 명랑해 보이면서
도 사교적으로 보일 수 있는 색이다. 에르메스에서도 패키지로 주황색을 사용하여 브랜
딩하고 있다. 세계적으로 유명한 오토바이 브랜드인 '할리 데이비슨Harley-Davidson'도
로고 컬러인 주황색을 판매 공간에 포인트로 사용하여 친근한 이미지를 보여주고 있다.
주황색은 따뜻함만이 아니라 식욕까지 돋우는데, 단순하고 심플한 공간에 포인트로 사

용하면 생동감을 주고 공간의 느낌을 바꿀 수 있다.

최근에는 유명한 가수나 그룹에서 주요색을 정해서 굿즈에 사용하는 것을 많이 볼 수 있다. BTS의 경우 보라색을 그룹 이미지 컬러로 사용하고 있는데, 라스베이거스 공연을 하면서 그곳 거리를 보라색으로 물들였다. 이처럼 색채는 브랜드 이미지를 확실히 전달하는 가장 기본적인 요소이며 매우 강렬하고 효과적인 수단이라고 할 수 있다.

미국에서 내가 작업한 공간으로 라스베이거스에 있는 LVCC라는 골프장이 있는데, 이곳은 남성 프로 골프투어인 리브LIV 골프대회가 열린 곳으로 CES가 열리는 라스베이거스 컨벤션이 위치한 곳의 바로 건너편에 있는 회원제 프라이빗 골프장이다. 이 클럽은 유서 깊은 역사를 갖고 있으며 라스베이거스의 전설인 엘비스 프레슬리Elvis Presley, 딘 마틴Dean Martin, 프랭크 시나트라Frank Sinatra가 자주 방문했다고 한다.

이곳을 인수한 회사의 의뢰로 작업을 하게 되었는데 클럽하우스를 가급적 최소한의 비용으로 간단하게 변화를 주고 싶다고 했다. 이 클럽하우스는 1968년에 지어진 오래된 곳이라 분위기가 조금 어두웠는데 골프 샵의 위치를 바꾸고 그 자리에 라운지를 만든 뒤 전체 통로의 컬러를 바꾸는 등의 작업을 진행했다. 주황색 통로 부분은 페인트로 하얗게 바꾸고 벽면에는 한국에서 공수한 회색 벽지로 마감을 했으며, 천장도 페인트로 분

라스베이거스의
LVCC

위기를 바꾸었다. 이렇게 배치를 바꾸거나 색채를 바꾸는 것만으로도 공간의 분위기를 바꿀 수 있다.

최근 SNS 발달로 포토 포인트를 만드는 것이 중요한 요소가 되고 있는데, 색을 이용해 자유롭게 믹스 앤드 매치MIX & MATCH해서 사용하는 공간이 많아지고 있다. 공간 연출에 있어서 색이 가지고 있는 느낌과 다른 영향을 주는 요소들을 잘 고려해서 사용하면 가장 저렴한 비용으로 확실하게 이미지를 인식시킬 수 있다.

재료

재료는 너무나 다양하기 때문에 소재들이 가지고 있는 기능이나 느낌을 콘셉트에 맞게 적절하게 사용하는 것이 좋다. 주로 상업 공간에 사용되는 재료로는 금속류, 벽돌, 시멘트 블록, 석재, 타일, 대리석, PVC Tile, 목재, 페인트, 인테리어필름, 카펫, 벽지, 패브릭, 유리, Back Paint Glass, 거울, 비닐시트, 아크릴, 식물 등 다양하다. 같은 재료라도 재료의 색이나 마감 방법, 패턴 등에 따라 이미지가 달라질 수 있다. 원하는 콘셉트나 이미지를 위해 재료의 특성을 잘 이해하고 사용해야 한다.

조명

밤하늘의 별을 올려다보거나 높은 곳에 올라 도시의 야경을 바라보거나 어두운 곳에서 반짝이는 빛을 보면 감성적이 되는데, 이처럼 빛은 사람의 감정을 변화시키기도 한다. 공간을 연출할 때 조명은 굉장히 중요한 요소인데, 이는 단순히 어둠을 밝혀주는 기능을 뛰어넘어 그 공간의 성공과 실패를 좌우하기도 한다.

예전에 미국 한인 몰을 방문한 적이 있는데 그곳 베이커리에서 빵이 너무 맛이 없어 보여 그 원인이 무엇인지 살펴본 끝에 결국 조명이 문제임을 확인하게 되었다. 그곳에서 사용한 색은 올리브 그린 중에서는 채도가 너무 낮았는데 조명까지 하얀 주광색 램프를 사용하는 바람에 주요 제품인 빵이 맛이 없어 보인 것이다. 조명 컬러를 사소하게 여길 수도 있지만 사실 이 조명은 정말 중요한 포인트라고 할 수 있다.

램프 색상의 경우 주광색이라 하는 것은 주로 하얀색 빛이 나는 것을 말하는데, 이는 전체를 밝게 하고 싶을 때 많이 사용된다. 마트나 편의점, 약국 등에서 많이 사용하고 있다. 전구색이라고 하는 것은 약간 노란빛을 내는 색으로 따뜻한 느낌을 주는 컬러이다. 이런 따뜻한 불빛 아래에서는 제품이 예뻐 보일 수 있다. 데이트할 때 어떤 공간에서 분위기가 더 로맨틱하게 느껴질까? 주백색은 주광색과 전구색의 중간 정도로 약간 아이보리 빛을 띠는데 자연광의 느낌을 주고 싶을 때 많이 사용된다.

쇼핑몰에 위치한 어떤 화장품 유통 브랜드의 경우 다양한 아이템을 취급하고 있었다. 제품의 크기가 작고 수량이 많은 매장이었는데 사람들이 별로 들어가지 않아 시간을 갖고 지켜보면서 문제점이 무엇인지 관찰한 적이 있다. 이곳 역시 문제는 조명이라고 생각되었는데, 당시 레일을 이용해서 천장에 조명을 뿌려 천장 전체를 빛으로 가득 채우고 있었다. 이렇다 보니 제품도 복잡하고 천장도 복잡해서 그 공간 자체가 혼란스러워 제품이 눈에 들어오지 않았다. 다행히 최근에 오픈한 다른 쇼핑몰을 방문했을 때 해당 브랜드의 천장 조명은 조금 개선되어 보였다.

조명기구로는 천장에 직접 고정시키는 직부등과 샹들리에, 주로 현관이나 입구에 사용되는 센서등, 천장에서 길게 내려오는 팬던트, 레일을 설치해서 레일에서 움직일 수 있게 한 레일등, 발코니나 화장실 같은 습기가 있는 곳에 사용하는 방습등, 천장에 전구가 들어가게 설치하는 매입등, 벽에 고정하는 벽부등(브라켓), 액자나 포인트가 되는 특정한 곳을 비추는 스포트라이트, 천장에 매입해서 사용하는 스포트라이트 매입등, 2구나 3구가 같이 묶여있는 멀티 매입등이 있다. 조명기구를 선택할 때도 공간의 여건이나 높이나 취급하는 아이템의 특성이나 콘셉트에 따라 선택해야 한다.

상업 공간에 많이 사용되는 조명 램프로는 백열등, 형광등, LED, 삼파장, 할로겐 등이 있는데, 요즘은 주로 친환경적이고 장시간 사용하면 비용도 절약되는 LED를 많이 사용하고 있다.

상업 공간의 조명을 조명 방식에 따라 구분하면 기본 조명, 부분 조명, 장식 조명, 상품 조명으로 구분할 수 있다.

기본 조명은 공간을 전체적으로 비춰주는 역할을 하는데, 기본 조명이 중요한 업종은 문구점, 약국, 편의점, 슈퍼마켓 등이다. 기본 조명으로는 주로 빛이 밝은 백색의 주광색이 많이 사용되어 고객들이 제품을 고르는 데 도움을 준다.

기본 조명으로는 일반적으로 형광등이나 LED등이 많이 사용되는데, 조금 더 디자인적으로 보이고 싶은 공간이나 밝은 분위기를 강조하고 싶은 공간에는 스트레치 실링 시스템 Stretch Ceiling System 조명을 설치하면 좋다. 국내에서는 바리솔 조명이라고 부르는데, 바리솔 Barrisol은 프랑스 노르말루 Normalu사의 특허품으로 이런 방식의 제품으로서는 최초였기에 제품의 브랜드명이 조명의 이름처럼 사용되고 있다. 넓은 면에서 은은하게 빛을 퍼뜨리는 방식이라 빛 자체가 부드럽고 그림자가 생기지 않아 편안한 분위기를 연출한다. 무신사 스튜디오도 이 바리솔을 사용했고 한남동에 있는 패션5의 지하 공간인 패션5 테라스는 지하라는 느낌이 들지 않게 하기 위해 이 바리솔 조명을 사용했으며 외부계단 부분을 보이드 공간으로 만들어 1층처럼 보이게 했다.

패션5 테라스 _ 서울
한남동

믿을 수 있는 제조사의 PVC 원단을 사용하면 습기나 직사광선 충격에 강하고 내열성과 난연성을 가지고 있어 화재 등에도 비교적 안전하며 철거 시 재활용도 가능하다. 금속으로 만든 프레임에 탄성 있는 원단을 틀에 맞추어서 설치하는데, 원하는 어떤 디자인이나 크기로 구현할 수 있고 원단에 그림이나 문구를 넣어 인쇄도 가능하다. 수명이 긴 LED 모듈을 많이 사용하지만 등기구 교체가 쉽지 않고 천장이 너무 낮은 경우에는 효과를 보기 어렵다. 야외에서는 먼지나 벌레가 들어갈 수 있어서 사용할 때 신경을 써야 하는 재료이다.

간접 조명은 조명 기구를 직접적으로 노출시키지 않고 공간을 전체적으로 은은하게 비춰 주는 조명으로서, 분위기를 부드럽게 만들어 주는 역할을 한다.

부분 조명은 강조하고 싶은 아이템이나 진열 부분의 디스플레이, 매장 입구의 사인 등 연출 부분의 상승효과를 위해 스포트라이팅을 하는 것인데 너무 밝으면 전체적으로 조화가 안 되고 상품에 흠을 낼 수 있고 전력을 많이 소비하게 되므로 주의해야 한다.

장식 조명은 공간의 분위기나 장식성의 연출을 위해 시각적으로 사용하는 조명이다. 공간의 콘셉트와 직접적으로 관련이 있는데, 장식 조명을 어떻게 사용하느냐에 따라 공간이 차별화되고 달라 보여 공간의 분위기를 결정하는 데 중요한 역할을 한다.

뉴욕 맨해튼 첼시 부근에 있는 알에이치 루프 탑 레스토랑RH Rooftop Restaurant은 건물 전체가 RH 가구 매장인데, 맨 위층에 루프 탑 레스토랑을 오픈해 인기가 있다. 식물과 샹들리에를 많이 설치해 고급스러운 느낌이 들도록 연출되어 있는데 장식적으로 큰 효과를 주고 있다. 내부 공간도 아름답지만 루프 탑에도 큰 나무들을 설치하고 야외 공간을 만들었는데, 그곳에서 바라보는 허드슨강과 첼시 지역의 전망, 그리고 맛있는 음식으로 입소문이 나면서 핫 플레이스가 되었다.

이곳은 가구 매장을 구경하면서 올라가거나 식사 후 내려가면서 매장을 구경하도록 만들어져 있는데, 가구 매장은 공간이 많이 필요하고 필요에 의해서 방문하는 곳이라 공간 활용도가 떨어질 수 있다. 그런데 여기에 레스토랑을 접목하여 사람들이 자연스럽게 많이 방문하는 곳으로 만들어 홍보를 위한 공간으로도 사용되고 있다.

상품 조명은 집기나 쇼케이스의 선반 하부, 프레임 하부, 박스 등의 기기에 부착하여 상품을 연출하기 위해 사용되는데, 오로지 상품이 스포트라이트를 받도록 주인공을 비추는 역할을 하는 조명이라고 할 수 있다.

요즘에는 장식 조명과 레일 조명이 많이 사용되는데, 장식 조명은 콘셉트를 드러내는 데 유리하고 레일 조명은 공간이나 좌석 배치, 연출의 변화에 따라 조명 기구를 이동시킬 수 있기에 갤러리에서 많이 사용된다. 이런 식의 조명은 카페는 물론이고 패션 매장이나 일반 상품 매장에서도 많이 사용되는데, 최근에는 주거 공간에서도 액자를 비추는 등 포인트 조명으로 많이 사용된다. 또 마그네틱 레일 조명을 사용하여 조명 기구를 타입별로 사용할 수도 있다. 레일 조명을 사용할 경우 노출 천장에는 레일을 노출시켜 사용할 수밖에 없지만, 천장을 마감해야 하는 경우에는 미리 계획을 해서 레일을 안으로 들어가게 설치하면 깔끔한 천장을 연출할 수 있다.

RH Rooftop
Restaurant _ 뉴욕

그래픽

우리가 거의 매일 사용하고 있는 카카오톡의 경우 마음을 자연스럽게 표현하기 위해 문자에다 이모티콘까지 담아 함께 사용하는 경우가 많다. 음식점에 갔을 때도 메뉴판에 글씨만 있는 경우보다 그림이나 사진으로 보여줄 때 더 잘 이해될 때가 많다. 최근에는 테이블에서 태블릿을 이용해서 직접 주문하는 경우가 많은데, 이 때문에 사진을 잘 찍어서 알아보기 쉽고 이해하기 쉽게 보여주는 것이 중요해지고 있다.

그래픽은 그 공간의 분위기나 콘셉트를 보여주는 데 매우 효과적이다. 현재 그래픽 디자인의 의미는 점차 확대되어 평면적인 디자인의 시각적 효과뿐만 아니라, 영상이나 환경, 뉴미디어 등 커뮤니케이션을 위한 다양한 시청각 매체로 확장되어 가고 있다. 공간에서 그래픽 디자인이란 사인을 포함한 시각적 이미지를 전달하는 것이라고 이해하면 된다.

공간에서 그래픽을 어떻게 사용하는지 목적별로 구분해서 살펴보면, 제품이나 브랜드를 돋보이기 위한 목적, 공간의 성격이나 콘셉트를 부각시키기 위한 목적, 장식을 위한 목적, 행사나 이벤트 등 안내를 위한 목적으로 많이 사용된다. 앞에서도 언급한 적이 있지만 제품이 작은 경우 사진이나 일러스트를 활용하거나 영상으로 크게 확대해서 보여주면 제품을 부각시키는 데 효과적이고 소비자가 이해하기 쉽다.

카페의 경우 원하는 분위기를 만들어내기 위해 벽면이나 천장에 직접 그림을 그리거나 그림액자를 걸어두곤 하는데, 이때 그 공간의 콘셉트와 성격에 어울리는 이미지를 사용해야 효과적이다.

스타벅스 _
라스베이거스

지인에게 선물 받은 그림을 아무 생각 없이 공간에 걸어두는 경우가 종종 있는데, 어떤 경우 그 공간의 이미지에 도움이 되지 않고 오히려 분위기를 깨뜨리는 경우가 있기 때문에 주의해서 사용하는 것이 좋다.

그래픽은 대부분 벽면에 많이 사용하지만 공간 여기저기에 다양하게 사용할 수 있다.

예를 들어 천장 공간은 넓은 면적을 차지하고 있지만 단조롭게 마감되는 경우가 많은데 여기에도 부분적으로 그래픽을 사용해서 콘셉트를 부각시킬 수 있다. 기둥이나 계단 같은 곳도 시각적으로 많이 노출되는 공간에 놓여 있다면 단순한 컬러만이 아니라 그래픽을 사용하면 훨씬 효과적일 수 있다. 앞에서 소개한 런던 베이글 뮤지엄의 경우 그래픽을 효과적으로 사용해서 그 공간의 이미지를 완성시켰다.

안내나 유도를 위한 그래픽의 경우 부드러운 개입으로 사람들이 더 좋은 선택을 할 수 있도록 유도할 수 있다. 이를 '넛지 효과 Nudge effect'라 하는데, 이처럼 공간에 따라 재미있고 유니크한 그래픽을 사용함으로써 이미지를 간접적으로 인식시키거나 필요한 안내를 할 수 있다.

스타필드 고양

그래픽을 사용하는 방법으로는 직접 그려 표현할 수도 있겠지만, 사진이나 그림을 프린트해서 사용하거나 디지털 액자나 모니터를 사용해서 영상으로 연출할 수도 있다.

2024년 CES에서 삼성전자와 LG전자는 투명 스크린을 선보였는데, 삼성전자는 투명 마이크로 LED 기술을, LG전자는 그동안 사이니지 형태로 선보여온 투명 OLED를 상용화 TV제품으로 공개했다. 전원을 껐을 때 투명한 유리처럼 스크린 너머를 볼 수 있어 개방감을 줄 수 있고 주변공간과 조화를 이룰 수 있어 앞으로 상업 공간에 많이 활용될 수 있을 것 같다.

사인

사인간판은 상업 공간에서는 매장을 알아보기 쉽게 하고 브랜드 아이덴티티를 쉽게 인식할 수 있게 하며 무엇을 취급하는지 쉽게 알 수 있도록 도와주는 역할을 한다. 하지만 최근에는 유명하거나 독특한 공간은 사인을 아예 사용하지 않거나 아주 작게 사용하거나 간단한 심볼만을 사용하기도 한다.

블루보틀Blue Bottle의 경우 기존의 방식과는 다른 방법으로 마케팅을 전개하였는데, 심플한 미니멀리즘과 건물 외부에 아무런 이름 없이 청색 병 하나만을 그려 넣어 시선을 끌었다. 카페 내부에도 그래픽으로 블루보틀을 그려 넣고 전체 공간은 심플하게 연출하였는데, 이런 의외성 사인을 활용함으로써 이 브랜드는 커피계의 애플이라고 불렸다.

❶ 블루보틀 _ 서울
   삼청동
❷ 블루보틀 _ LA
   Westfield
   Century City

블루보틀은 제임스 프리먼James Freeman이 설립했는데 원래 그는 오케스트라에서 클라리넷을 연주하던 연주자였다. 커피를 좋아했던 그는 지방을 순회할 때 원두와 핸드

드립 도구를 가지고 다니면서 주변 친구들에게 직접 커피를 내려주곤 했다. 그러다가 2002년 샌프란시스코의 한 식당 귀퉁이를 빌려 로스팅을 하고 주말에는 커피카트를 끌고 마켓에 나가서 핸드드립을 팔며 그 지역의 명물이 되었다고 한다. 실리콘밸리 주변이어서 IT업계에 소문이 나면서 단골들이 투자를 시작했고, 2012년에는 구글벤처스와 트루벤처스에서 투자를 받았으며 2014년에는 모건스탠리에서 투자를 받아 타르틴 베이커리를 인수하면서 지금의 블루보틀이 되었다.

블루보틀은 2017년 9월 네슬레가 4억 2,500만 달러로 지분 68퍼센트를 인수하면서 네슬레의 자회사가 되어 적극적인 해외진출을 시도하고 있다. 일본에는 2015년에 진출했고 우리나라에는 2019년 5월 성수점을 시작으로 현재 13개 정도의 매장을 가지고 있다.[63]

최근에 서울도서관을 방문한 적이 있는데 예전에 서울특별시 청사였던 이 건물은 새 청사가 들어서면서 도서관으로 사용되고 있다. 예전의 흔적들을 여기저기서 볼 수 있었는데 사인이 조금 아쉬웠던 기억이 있다. 정작 가장 중요한 도서관의 내부 사인은 글씨가 작았고, 화장실 사인은 굉장히 큰 데다 한 곳에 여러 개가 부착되어 있었다. 이 때문에 너무 산만하게 보였고 그냥 붙일 장소가 있어서 부착한 듯한 느낌까지 받았다.

우리나라 구도심 같은 곳을 가보면 느낄 수 있는데, 예전에는 상업용 건물들이 디자인적 특징이 없다 보니 간판을 크게 걸어서 이름을 알리는 경향이 많았다. 지리적인 특수성으로 인하여 건물들의 특징이나 번지수로 길을 찾기 어려워 온갖 간판들이 난무했다. 최근에는 상황이 많이 좋아지고 있지만 지역마다 규제가 일관성이 없어 거리를 보면 상업용 간판들이 아직도 어지러운 실정이다. 하지만 정부의 간판 정비사업과 독특하고 차별화된 건축물이 많이 생겨나면서 요즘에는 감각적이고 예쁜 사인들을 많이 찾아볼 수 있다.

사인의 종류에는 여러 가지가 있는데 취급하는 제품이나 특정 테마나 아이템의 형태를 이용한 사인은 시각적으로 알아보기 쉬워 사람들이 많은 곳에서 효과적이다. 예를 들어 디즈니랜드 같은 테마파크나 푸드코트에서 많이 사용되는데, 이는 브랜드보다 아이템을 사인으로 표현함으로써 멀리서도 눈에 띄게 하여 쉽게 찾아가도록 한 것이다.

언어를 사용한 사인은 사인의 패널형이라고 할 수 있는데, 패널 속에 문자 등으로 상품과 매치되는 서체 등을 사용 공간에 어울리도록 통합적으로 구성하는 것을 말한다. 이런 사인은 다양한 형태로 사용되는데, 특히 캘리그라피Calligraphy를 이용한 글씨체와 감성적인 문구로도 많이 사용하고 있다. 최근에는 네온을 이용한 언어 사인이 연출로 많이 사용되고 있다. 장식적인 면을 중요시하는 매장에서 원하는 분위기를 만들기 위해 장식용으로 사용하는 사인의 경우에는 콘셉트와 어울리는 오브제나 독특한 디자인으로 조명을 곁들이면 효과적이다.

공간에서 목적을 가지고 사용되는 사인은 주로 안내하거나 유도하거나 무언가를 표시하거나 어떤 목적으로 지시하는 경우이다. 안내를 위한 사인은 대규모 매장에서 사용되는데, 매장 내의 위치 등을 표시하는 등 도형적인 처리를 하는 경우가 많다. 건물이나 쇼핑몰 등에서도 공간을 안내할 때 이런 사인을 많이 활용하는데, 요즘에는 키오스크를 통해 안내뿐 아니라 다양한 정보도 함께 제공하고 있다.

유도를 하는 사인 역시 대규모 매장에서 많이 사용되는데, 사람이 많이 모이는 장소에 목적별 위치와 방향 등을 알리는 사인을 설치해서 고객들이 원하는 공간으로 쉽게 이동하도록 돕는다. 이런 사인은 그래픽적으로 사용되기도 하는데, 복잡한 코엑스몰 같은 경우 오히려 바닥에 블루 컬러의 매트를 깔아서 고객들의 이동을 돕는다.

코엑스몰 _ 서울

공공적 사인이나 POP처럼 매장에서 구매 시점에 하는 광고 같은 영업용 사인, 그리고 매장의 코너 및 상품 설명용으로 사용하는 사인에는 전체 콘셉트와 어울리는 디자인으로 연출하는 것이 효과적이다.

국립현대미술관 앞 _
서울

　　주차장의 사인들도 차의 주차 위치를 표시하는 사인이고 부분적으로 컬러를 사용한
표시 사인은 기억하기 쉽고 찾기 쉽게 많이 사용하고 있다.

　　비상구 · 위험물 · 출입금지 · 주의 등 의무적인 것을 알려주는 지시용 사인은 특히 소
방이나 비상구, 일반인 출입금지, 공연장의 전화사용 금지 등 안전에 사용되는데, 이런
사인은 디자인에 영향을 주더라도 우리가 꼭 지켜야 하는 사인이다.

집기

　　　　일반적으로 상업 공간에 사용되는 집기는 제품 진열을 위한 집기,
이미지나 콘셉트상 장식성이 강조된 연출용 집기, 고객이 직접 사용하기 위한 집기, 제
품을 만들거나 직원들이 사용하는 집기들로 이루어져 있다. 집기를 선택할 때는 기능 ·
용도 · 규모에 따라, 그리고 콘셉트 및 스타일에 따라 그에 부합한 재료 · 디자인 · 컬러를
선정해야 한다.

　　제품 진열을 위한 집기는 비주얼 머천다이징에 의해 제품 연출 계획을 가지고 집기디
자인을 해야 한다.

상업 공간의 경우에는 정해진 공간에 원하는 규모의 제품을 잘 진열해야 하고 고객에게 어떤 이미지로 보여줘서 효과를 거둘 것인가를 기획해서 디자인을 해야 하는데, 이는 꼭 패션매장 같은 곳에만 해당되는 것이 아니라 소비자와 만나는 접점에 있는 모든 아이템에 해당되는 얘기이다.

진열을 위한 집기는 제품보다 돋보이면 곤란하고 콘셉트를 잘 이해할 수 있는 범위에서 제품을 부각시킬 수 있는 디자인과 재료 마감을 결정하는 것이 좋다. 이러한 집기에는 고정용이 있고 이동식이 있는데, 이동식은 바퀴가 있어서 공간을 이동하거나 연출하는 데 변화를 줄 수 있어서 많이 사용되며 이동이 편하고 연출을 바꾸기에 효과적이다. 또한 바퀴는 없더라도 간단한 소품들이나 상자 같은 것으로 변화를 주면서 진열 집기로 사용하기도 한다.

카페나 레스토랑처럼 사람들이 직접 사용하는 가구의 경우 한 가지 디자인을 사용할 때가 많다. 다시 말해 공간이 넓을 경우 다양한 기능과 형태를 가진 테이블과 의자들을 배치하는 것이 효과적일 경우가 많다. 디자인만 다르게 놓는 것보다 컬러도 다양하게 사용하면 같은 비용으로 공간의 분위기를 더욱 생동감 있게 연출할 수 있다. 카페 할리스 Hollys의 경우에도 다양한 형태와 디자인의 가구를 배치해서 카공족을 위한 공간, 미팅을 위한 공간, 일반적인 공간 등 다양한 제안을 하고 있다.

최근 오피스의 트렌드는 직원들을 위한 서비스 공간이 없으면 안 되는 추세이다. 2021년 작업한 프로젝트로 '라이브 최선' 오피스의 경우를 보면 시각적으로 오픈 공간이 많고 가장 좋은 위치에 직원들이 사용하는 카페 공간을 만들었다. 정형화된 디자인보다 자유로운 분위기를 느낄 수 있도록 천장도 노출천장으로 만들었고, 중앙에 있는 가구들은 움직일 수 있는 가벼운 것으로 배치하였으며 직원들을 위한 파티나 행사 등 다목적으로 사용할 수 있는 공간에 중점을 두어 디자인했다. 가구 컬러나 조명들도 영역에 따라 차별화된 디자인을 선택해서 조금이나마 생동감을 느낄 수 있는 공간이 되도록 했는데, 오피스 공간의 경우에도 직원들의 만족도가 높아야 업무효율성도 높아지기 때문에 직원들을 위한 서비스 공간들이 점점 더 중요해지고 있다.

가구를 배치할 때는 내부 동선을 고려해야 하는데 먼저 고객이 그 공간에서 보고 싶어 하는 것이 어떤 것인지를 파악하고 배치하는 것이 좋다. 최근에는 뷰View가 굉장히 중요해지고 있는데, 바다나 산 등 야외는 물론이고 시티 뷰 등 창밖을 내다볼 수 있도록 가구를 배치하는 곳이 많아지고 있다.

가구 소재를 선택하는 것도 굉장히 중요한데, 예를 들어 패브릭을 사용하고 싶어도 관리하기가 쉽지 않아서 레스토랑에서는 가죽이나 관리가 쉬운 마감 재료를 많이 사용했다. 하지만 최근에는 기능성 소재들이 개발되어 오염에도 강한 패브릭 소재들이 많이 나와 있어 디자인 콘셉트에 따라 사용하기 쉬워졌다. 재료를 선택할 때 고객이 너무 불편하지는 않는지를 고려하여 본래 목적에 부합하게 선정해야 한다. 캐주얼한 레스토랑에서는 메탈, 플라스틱 같은 찍어내는 사출 의자를 많이 사용하고 있는데 차가울 수 있어서 겨울에는 방석 같은 것을 같이 사용하는 것이 좋다. 고객을 배려하는 사소한 디테일이 고객의 마음을 움직여 지속적인 방문으로 이어질 수 있다.

카페나 레스토랑에 설치된 Bar 형태의 테이블에 있는 스툴 Stool은 팔걸이와 등받이

라이브 최선 _ 서울

가 없는 것을 말하는데, 이런 바 스툴 Bar Stool은 좁은 공간에 많이 사용되고 있다. 등받이가 없다 보니 오래 머물지 못하고 잠깐 앉는 용도로 사용되는데, 번잡한 푸드코트나 고객 회전율을 높이려는 매장에 많이 비치되고 있다. 그런데 카페나 레스토랑의 경우 회전율을 높이려고 불편한 가구나 스툴 같은 것을 많이 놓아서 오히려 고객의 발길을 끊어놓는 경우도 있다. 부득이하게 사용할 경우라도 디자인적인 요소로 느낄 수 있게 해야하는데, 작은 카페 같은 경우 이런 가구를 많이 사용함으로써 자칫 고객의 발걸음을 끊어지게 할 수 있기에 주의해야 한다.

최근에는 SNS를 위해 고객이 사용하는 집기가 장식성을 띠는 경우도 많아지고 있다. 단순한 기능만을 위한 것이 아니라 고객에게 즐거움과 오프라인 공간의 경험을 주기 위해 포인트가 되는 공간에는 차별화된 디자인을 해보는 것도 좋을 것 같다.

소품 및 오브제

오프라인 상업 공간에서 소품이나 오브제는 공간의 콘셉트나 스타일을 마무리하는 중요한 디테일 요소이다. 가치가 높은 예술작품을 소품 등으로 사용하면 좋겠지만 그렇게 할 수 있는 사람은 사실상 그리 많지 않다. 이 때문에 사람들은 그림이나 조각 등 예술작품 외에 자연을 대표하는 식물들을 오브제 등으로 많이 이용하고 있다. 쇼핑몰 내부나 밋밋한 공간에 자연을 들여놓아 배치하면 훨씬 더 효과적인데 인천공항에 있는 SPC매장에는 공항이라는 큰 공간에 우드포인트와 식물을 이용해 효과적인 공간을 연출했다.

식물과 함께하게 되면서 사람들은 자연스레 그 공간에 더 머물게 되는데, 이렇게 식물을 이용한 연출은 제품들을 조금 더 신선하게 보이도록 표현해 준다. 진짜 식물을 들여올 경우 공간에 부담이 없는 크기로 선택해야 하며 정기적으로 세심하게 관리해 주는게 좋다. 진짜 식물을 관리하기 힘들다면 진짜처럼 예쁜 인조식물을 적절하게 섞어 사용하는 것도 상업 공간을 살아있게 만드는 방법이 될 수 있다. 아이들이 사용하는 공간의 경우에는 날카로운 잎이 있는 식물보다 잎이 둥글둥글한 형태를 사용하는 것이 훨씬 안정적이다. 만일 소품을 놓을 만한 공간이 없다면 인조식물을 이용해 벽면을 이용하거나 천장에 매다는 행잉 방법도 고려해 볼 수 있다.

스텔라 멕카트니Stella McCartney의 런던 본드 스트리트에 있는 매장의 경우 돌과 이끼로 연출된 중앙을 비롯하여, 재활용 폼과 판지로 독특하게 연출되어 있다. 맥카트니는 디자이너로 활동하면서 지속가능성에 대한 책임감에 대해 꾸준히 목소리를 내고 있는데, 그녀가 디자인한 모든 패션제품에는 환경 친화적인 소재가 쓰였다. 제품 하나하나를 친환경적인 요소로 만들어도 고객이 직접적으로 느끼지 못할 수 있기에, 자연 조형물을 매장 공간 중앙에 연출하여 환경에 대한 메시지를 전달하고 있다.

조명으로 포인트를 주는 경우도 많은데 어떤 조명 기구를 사용하느냐에 따라 공간 이미지에 크고 작은 영향을 미친다. 이때 오브제에 조명을 합쳐서 장식적인 효과와 기능을 함께 살린 연출을 할 수도 있다. 롯데월드몰의 레스토랑 '디-라이프스타일D-Lifestyle' 은 식물과 샹들리에 그리고 장식 조명을 적극적으로 연출한 분위기 있는 레스토랑으로 꼽힌다. 또한 주변에서 쉽게 구할 수 있는 소재를 멋진 장식으로 활용할 수도 있는데, 예를 들어 와인 Bar라면 와인 병을 조명 오브제로 만들 수도 있고 펍 같은 곳에서는 드럼통을 집기로 사용할 수도 있다. 카페의 경우에는 매장에 어울리는 그래픽이나 액자만으로도 콘셉트에 따라 자연스레 연출하면 제법 괜찮은 효과를 거둘 수 있다.

바르셀로나의 해먹 주스 스테이션Hammock Juice Station에서는 해먹을 이용해 공간을 연출했다. 해먹에 매달린 식물과 파인애플, 바나나 등 열대 과일과 해먹이 가지고 있는 자유로움과 휴식이라는 이미지를 콘셉트와 잘 매칭해서 활기찬 공간을 연출했다.

최근에는 비주얼용 음식이라는 말이 나올 정도로 사진을 잘 받는 음식들이 인기가 있고, 사진을 찍어서 올렸을 때 맛있어 보이는 비주얼이 점점 더 중요해지고 있다. 예를 들어 카페나 음식점 등에서는 시그너처 메뉴를 많이 기획하여 고객의 선택을 유도하거나 전략적으로 사용한다. 이럴 경우 매장은 메뉴의 모양이나 담은 그릇 혹은 소도구들에도 신경을 써야 한다.

소품 및 오브제는 공간의 테마나 콘셉트에 맞추어 기획하는 것이 좋은데, 예를 들어 빵을 담은 접시나 트레이, 매트, 포크, 냅킨, 음료를 위한 잔 등 신경 써야 할 부분이 너무 많다. 하지만 이런 디테일이 그 공간의 이미지를 만들기 때문에, 여기에 신경을 쓴다면 매장을 방문하는 사람들이 모두 스스로 홍보맨이 되어줄 것이다.

영종도 을왕리 해수욕장이 있는 바닷가에 '자연도 소금빵'이라는 빵을 판매하는 테이크아웃 매장이 있다. 이곳에서는 소금빵을 가벼운 종이 포장지에 4개씩 담아서 판매하고 있는데, 바로 옆에는 카페가 있다. 내부로 들어서면 전체적으로 심플한데 골조나 천장은 브라운 컬러로 마감되어 있고 조명 디자인도 대나무와 천을 사용해 내추럴한 느낌을 준다. 벽은 아이보리 컬러에 최소한의 낡은 우드로 연출하여 포인트를 잡았고, 고목으로 만들어진 의자와 테이블을 소품으로 활용했으며 비정형의 미끈한 조각돌로 바닥을 마감했다. 조개구이나 횟집, 칼국수집 등이 많은 해수욕장에서는 찾아보기 힘든 콘셉트의 카페이기에 더욱 시선을 끈다.

자연도 소금빵 _
영종도

이 카페의 특징은 디테일이 너무 조화롭다는 것이다. 당시 이곳의 시그너처 메뉴인 한라봉주스를 주문했는데 컵의 맨 위에 한라봉 하나가 담겨 있었다. 스트로로 주스를 마실 수도 있고 한라봉을 통째로 까먹을 수도 있도록 준비된 독특한 콘셉트의 음료는 그 특별한 비주얼과 맛으로 고객의 마음을 사로잡았다. 매장 안쪽에 펼쳐진 정원에는 나무들이 있었는데 거기에는 오렌지들이 매달려 있었다. 정원에서 그 음료를 마시는 것으로 오감을 느낄 수 있게 연출한 것이다.

이처럼 사소한 디테일이 공간을 채워주는 역할을 하고 그곳을 빛나게 하는 요소가 되며 고객에게 감동을 주는 포인트가 된다.

동영상 및 특수계획

앞에서 우리의 시각을 자극하는 그래픽에 대해 살펴보았는데, 그래픽이 멈춰 있는 느낌이라면 동영상은 움직이는 것이 특징이라고 할 수 있다. 최근에는 특별한 콘셉트를 적용한 경우가 아니어도 공간을 연출할 때 동적인 도구를 사용하거나 동영상을 선호하는 경우가 많다. 이러한 동영상은 대형 스크린이나 외관, 벽, 천장, 바닥 등을 통해 상업 공간으로 그 영역을 점차 확대하고 있다.

스타필드 하남 쇼핑몰의 신세계백화점 입구에 있는 구부러진 곡선 모니터는 시원하게 폭포가 흐르는 듯한 느낌을 주고 있고, 천장에 반사되는 미러를 사용해서 다양한 이미지들로 이 공간을 돋보이게 하고 있다. 쇼핑몰 내부에도 대형 스크린을 비롯해 스크린 기둥까지 설치하여 음향과 함께 이 공간에서 여러 내용을 공지하거나 이벤트에 활용하거나 사람들이 많이 모여도 되는 공간에 효과적으로 사용하고 있다.

도쿄에 있는 긴자 거리는 오래전부터 명품이 즐비한 곳으로 거리 전체가 쇼룸처럼 느껴질 정도로 유명하다. 이곳에 가면 건물 외장에 '야마하 Yamaha'라고 쓰인 건물이 있는데, 1950년대부터 이곳에 자리 잡은 야마하 악기와 악보 관련 종합악기전문점인 야마하의 플래그십 스토어이다. 이곳 1층에는 시연 및 홍보 이벤트 공간으로 오픈 바 Open Bar가 있고 대형 모니터가 눈에 띈다. 고객들은 즉석에서 악기를 연주해 볼 수 있고 그 연주 모습은 대형 모니터에 나오며, 공연이 있을 때는 공연 모습이 모니터에 나온다.

2층에는 카페가 있어서 음식과 차를 마실 수 있는데, 한쪽에는 무대가 있어서 세로로 기다란 대형 모니터 및 악기들이 전시되어 있다. 이곳에서는 1시간 간격으로 연주하는 영상을 볼 수 있는데, 직접 라이브를 하는 것은 아니지만 전시된 악기를 사용한 영상과 음향, 연주자들의 표정이 흡사 바로 앞에서 라이브 공연을 하는 듯한 착각을 불러일으킨다. 매번 라이브 공연을 할 수는 없기 때문에 이렇게 영상을 활용한 아이디어로 효과적

YAMAHA _ 도쿄 긴자

인 연출을 하고 있다.

야마하는 고객을 끌어들이고 머물게 하기 위한 전략으로 1, 2층 판매 공간에 Bar와 카페를 만들고 고객이 적극적으로 참여하는 공간까지 만들었다.

도쿄의 긴자식스Ginza Six의 경우에는 두 개 층을 활용해서 영상을 보여주는데, 위층을 뚫어 마치 그곳에 폭포가 있는 듯한 연출을 했다. 영상을 통해 닫혀 있던 내부 공간에 자연을 표현함으로써 시원함을 선사하고 있다.

Ginza Six _ 도쿄

최근에는 미디어의 발달로 매장 전면을 영상으로 처리하는 경우도 있고, 쇼윈도까지도 영상을 활용하여 연출하는 경우가 많아지고 있다. 영상의 시대가 된 지금, 앞으로 판매 공간의 윈도우는 점점 스크린으로 변하지 않을까?

스타필드 하남에 있는 현대 모터 스튜디오의 경우 상품이 자동차이다 보니 부피가 커서 다양한 제품을 전시하기 어렵다. 이에 매장은 총89개의 LED 화면을 이용해서 공간 전체를 연출하는 미디어월을 선보였다. 대형 스크린을 활용하면 배경을 계속 바꿀 수 있고 분위기에 어울리는 적절한 음향을 가미하여 감성을 느끼게 할 수도 있다. 이렇게 특수 영상과 사운드 연출로 마치 외부에 있거나 자연 속을 달리는 듯한 효과를 주었는데, 이렇게 영상과 사운드 처리만으로 고객에게 감성적인 효과를 느끼게 하였다.

스타필드 하남 '현대
모터 스튜디오'

최근에는 특수 영상을 비롯해 가상현실과 VR체험공간들이 상업 공간에 활용되고 있다. 이밖에도 증강현실은 매장에 있는 쇼핑객의 이미지에 옷을 투사하는 것처럼 현실세계에 가상 이미지를 겹쳐서 보여주는 기술인데 현재 패션이나 뷰티 쪽에서 사용되기 시작했다.

이렇게 판매 공간에 응용되어 사용되는 최첨단 테크놀로지를 특수 계획이라고 하는데, 이렇게 특수 계획을 사용할 때는 더욱 신중하게 세부적인 디테일을 고려해 기획해야 한다. 예를 들어 서빙 로봇을 사용할 경우에는 통로의 폭이나 바닥 재질 그리고 단의 높이 등을 고려해야 한다. 통로의 폭은 서빙 로봇이 충분히 돌아다니면서 서빙할 수 있도록 해야 하고 바닥의 높이는 단층으로 하되 로봇이 다니다가 걸리지 않도록 재료와 마감에 신중을 기해야 한다.

미국 라스베이거스 플래닛 할리우드Planet Hollywood에 있는 '팁시 로봇Tipsy Robot'
은 로봇 2대가 100가지 이상의 음료를 만들어주는 로봇 바텐더가 있는 곳이다. 천장에
는 칵테일 재료가 들어 있는 병이 가득 매달려 있고 고객이 앉을 수 있는 2인용 테이블
위에는 2대의 태블릿이 놓여 있다. 이 태블릿으로 각자 메뉴를 골라 주문하고 결제하면
로봇이 음료를 댄스하듯 신나게 만들어주고 음료가 완성된 뒤 픽업하면 되는데, 이곳은
시간당 120잔의 음료를 만들 수 있는 하이테크 로봇 Bar이다.

Tipsy Robot _
라스베이거스

이렇게 요즘은 모든 주문을 키오스크를 활용해 셀프 주문하는 경우가 많아지고 있는
데, 키오스크 간의 간격을 고려해야 하고 사람이 많아서 줄을 섰을 때의 길이도 고려한
공간이 필요하다. 테이블에 설치된 태블릿의 경우에도 고객이 불편하게 느끼지 않고 즐
거움을 느끼거나 새로운 체험이 되도록 콘셉트에 충실한 연출이 되어야 한다.

2023년 9월 미국 라스베이거스에서는 높이 111미터, 너비 172미터, 1만 8,000명
의 관객을 동시 수용할 수 있는 세계에서 가장 큰 구형 건물이 공연장으로 오픈했는데
바로 MSG 스피어MSG Sphere이다. 이 건물은 스포츠시설 전문 설계회사인 파퓰러스
Populous가 디자인했다고 한다.

MSG 스피어는 최첨단 시스템을 갖춘 공연장으로서 16만 개의 스피커가 설치되어
있어 어디에 앉든지 깨끗한 음질로 음악을 들을 수 있고, 모든 좌석에 4D기계가 설치되
어 있어 진동·바람·향기 등 특수효과를 온몸으로 경험할 수 있는 설비
이다. 특히 건물 외벽에는 하키공 크기의 LED 전구 120만 개를 설치해
거대한 돔을 배경으로 실감나는 영상을 감상할 수 있다. 이곳에서는 록

밴드 U2콘서트가 열리고 있고 다양한 공연 및 이벤트가 앞으로도 계속 열릴 예정인데, 라스베이거스의 밤을 밝히며 또 하나의 랜드마크가 되었다.

앞에서 소개한 인스파이어 엔터테인먼트 리조트처럼 이렇게 다양한 테크놀로지를 이용한 특수 계획은 앞으로 다른 분야에도 계속 활용될 것으로 보이는데, 계획의 의도나 목적이 무엇인지 파악해서 공간에 적절하게 활용될 수 있어야 한다.

유니폼

유니폼은 서비스를 하는 사람의 이미지를 표현한다. 브랜드 아이덴티티 편에서 "애플 매장은 애플의 또 하나의 제품이다."라고 했는데 일하는 사람의 태도와 그 사람이 입고 있는 유니폼 역시 하나의 브랜드 아이덴티티이다. 대한항공의 예를 들어보면 예전 유니폼과 현재의 유니폼을 비교해 볼 때 유니폼이 브랜드 이미지에 많은 영향을 끼쳤음을 짐작할 수 있다. 바뀐 유니폼은 지안프랑코 페레 Gianfranco Ferre가 디자인한 것으로 유니폼이 바뀌고 나서 스튜어디스들의 분위기가 무척 달라 보였던 기억이 난다. 또 블루보틀이 주는 블루 유니폼은 블루 컬러의 신선하면서도 시원하고 감성적으로 보이는 이미지를 사용해 블루보틀의 콘셉트와 잘 어울린다.

상업 공간에서는 일하는 사람의 태도가 가장 중요하지만 때로는 유니폼의 스타일이나 디자인이 행동을 제어할 수도 있다. 예를 들어 군인의 경우에는 군복이 그런 역할을 한다고 볼 수 있다.

유니폼에서 중요한 것은 고객의 입장에서 생각하라는 점인데 너무 과해도 안 되고 너무 동떨어져도 안 된다. 예전에 어느 쇼핑몰 매장에서 근무하는 판매직원이 너무 돋보이는 옷을 입고 약간 거만한 태도로 고객에게 제품을 권하는 경우가 있었는데, 이는 제품 판매에 도움이 되지 않는 사례라고 할 수 있다. 유니폼은 일하기 편한 복장이어야 하지만 너무 편리함만 생각해서는 안 되고, 기능성과 이미지를 동시에 생각해야 하며 청결함을 유지해야 한다.

1994년경 프랑스 라데팡스에 있는 세포라 매장을 처음 방문했는데 당시 세포라 직원들은 검정 티셔츠와 바지를 입고 제품을 만질 때 장갑을 끼고 고객 응대를 하였다. 그만큼 제품에 격이 느껴졌기에 당시 세포라 열성팬이 되어 세포라 박스에 들어있는 제품들을 많이 사다 날랐던 기억이 난다. 그때만 해도 한국의 판매 공간에서는 그런 모습을 볼 수 없었는데, 세포라는 아직도 브랜드 컬러로 블랙과 화이트를 사용하고 있다.

앞에서 소개한 글로시에의 경우 오프라인 매장의 직원 유니폼으로 아주 은은한 핑크를 적용한 점프 수트를 사용하고 있다. 마치 매장에서 직접 만들어주는 것 같은 유니폼은 글로시에의 이미지를 잘 살려주었는데, 이렇게 유니폼은 브랜드의 전체적인 이미지 상승에 한몫하고 있다.

국내의 어느 태국 레스토랑을 간 적이 있는데 공간 디자인은 물론이고 음식의 맛과 플레이팅에 이르기까지 모든 것이 완벽해 보이는 공간이었다. 하지만 하나 아쉬웠던 것은 그 공간의 콘셉트와 어울리지 않는 유니폼이었다. 태국 음식점인데 직원들 유니폼이 그것과 전혀 어울리지 않아서 안타까웠던 기억이 난다.

공간에서 보여지는 모든 것들이 완벽하다 해도 어떤 브랜드나 판매 공간의 유니폼이 그 브랜드의 이미지와 콘셉트와 맞지 않을 때 고객은 왠지 모르게 불편함을 느낄 수 있다는 점을 알아야 한다.

홍보물 및 포장

포장이나 홍보물이 필요 이상으로 과하게 바뀌는 이유는 그것이 주는 홍보 효과가 매우 크기 때문이다. 포장을 하려면 예전에는 포장지나 쇼핑백을 많이 사용했지만, 최근에는 포장 방법도 다양하게 바뀌었고 재생지나 특수한 소재가 사용되기도 한다.

우리는 오렌지 박스에서 에르메스를 떠올리고 블랙 앤 화이트 줄무늬 상자를 보면 세포라를 연상하는데, 세포라의 경우는 매장 연출도 패키지와 같은 콘셉트를 유지하고 있다. 또 이영애 씨가 만든 순식물성 뷰티 브랜드 리아네이처Lyanature의 경우에는 한국적인 콘셉트로 전개되었는데, 우리나라 자연에서 따온 돌 모양의 패키지와 보자기를 제품이나 선물 포장용으로 활용하기도 했다. 이 브랜드는 전체 매장과 순 식물성이라는 제품과 패키지까지 하나로 통일된 브랜드 아이덴티티를 만들어냈다. 이렇게 브랜드 아이덴티티는 공간 속에 있는 모든 것들이 하나의 목소리를 내야 효과적이라고 할 수 있다. 디자인은 다양할지 모르지만 그 콘셉트가 가지고 있는 것을 강력하게 표현하려면 모든 요소들을 활용해야 한다는 것이다.

별 생각 없이 사용한 포장지가 엄청난 효과를 거둔 사례가 있는데, 대표적인 것으로는 일본의 풍속화인 우키요에 浮世絵이다. 1865년 프랑스 화가 브라크몽 Félix-Joseph-Auguste Bracquemond이 일본에서 받은 도자기의 포장지에서 호쿠사이 北斎의 작품을 발견한 뒤 마네·드가 등의 친구에게 돌렸는데, 이것이 인상파 탄생의 발단이 되었다는 에피소드는 유명하다.

이렇게 포장지에 적용된 작품 이미지가 전 세계 예술계에 영향을 미쳐 자포니즘이라는 양식을 탄생시켰는데, 이것은 일본의 이미지 제고에 큰 도움이 되었다고 한다. 만일 그때 우리의 풍속화들이 유럽에 건너가게 되었다면 그들은 어떤 작품을 탄생시켰을까?

최근에는 전 세계적으로 환경에 대한 관심이 높아지면서 많은 사람들이 포장지 줄이기를 넘어 없애기까지 시도하고 있다. 과대 포장이라는 얘기를 듣지 않고 지속적으로 사용할 수 있게 하는 에코백이나 리사이클링 디자인들이 나오고 있는데, 이는 모두 똑똑하고 현명한 소비자들을 위한 것이라 할 수 있다.

룰루레몬은 소비자들의 브랜드 인식을 돕기 위해 회사 홈페이지에 주기적으로 매니페스토 Manifesto, 즉 일종의 공약을 게시하고 있다. 또한 건강한 삶을 위한 정보를 제공하면서 소비자들이 자발적으로 긍정적인 메시지를 전달하고 제품을 소개하도록 하여 브랜드 가치를 높이고 있는데, 이때 재사용할 수 있는 에코백으로 브랜드의 메시지를 전달하고 있다.

룰루레몬
쇼핑백[왼쪽] &
나이키 쇼핑백

2021년 유난히 눈에 띄는 쇼핑백이 있었는데 '무브 투 제로' 프로젝트로 언론에 회자된 나이키의 쇼핑백으로서, 너무 인기가 많아서 온라인상에 쇼핑백만 별도로 비싸게 판매되기도 한 리유저블 에코백이었다. 나이키 제품을 사야 주는 쇼핑백이었는데, 신발 한 켤레가 들어가는 작은 사이즈의 경우 구매한 사람에게 한 개에 1,000원 정도에 판매되었다. 그런데 당시 너무 인기가 많았고 아직도 사용할 정도로 튼튼하게 만들어졌는데, 돌아보면 나이키는 이 에코백으로 확실한 홍보효과를 거두었다고 볼 수 있다.

쇼핑백은 사실 고객들이 자발적으로 홍보를 하고 다니는 홍보용품이라고 볼 수 있는데, 전시장에 가면 쇼핑백을 공짜로 나눠주는 것도 그 이유라고 할 수 있다. 이처럼 고객들이 쇼핑백을 단순한 포장용이 아니라 친환경적으로 재사용하게 되었으니, 브랜드는 홍보 효과를 거두고 브랜드 아이덴티티를 유지하는 데까지 활용할 수 있도록 쇼핑백을 다양한 방식으로 기획하는 것이 좋다.

서비스 공간

일반적인 판매 공간에서 고객에게 서비스하는 중요한 곳들을 들자면 어디를 꼽을 수 있을까? 우선 화장실과 주차장을 들 수 있는데, 예전과는 달리 사람들의 인식이 많이 바뀌어 작은 규모의 공간도 고객을 위해 이런 시설들을 깔끔하고 세련되게 제공하고 있다. 한마디로 판매를 위한 공간보다 고객들을 위한 공간이 넓어지고 있다는 얘기다.

정보나 물건이 차고 넘치는 요즘 같은 시대에 상업 공간은 단순히 물건을 진열해 돈을 받고 판매하는 공간만이 아니라, 구매자나 지역 주민에게 소통의 장을 제공하거나 집객을 위한 서비스 기능까지 갖추게 되었다. 특히 쇼핑몰 같은 판매 공간에는 볼거리들이 필요한데, 고객들이 그 공간에 머무를 이유를 만들어내야만 목적하는 바를 효과적으로 이룰 수 있다.

삼성동 코엑스몰에 있는 별마당 도서관의 경우 신세계가 코엑스몰의 일부를 스타필드로 임대해서 사용하게 되면서 이런 서비스 공간을 마련한 것인데, 2개 층을 활용한 대형 책꽂이와 편하게 책과 접할 수 있는 공간을 제공하며 작가설명회를 비롯해 다양한 이벤트가 열리고 있다. 이 공간이 입소문을 타면서 우리나라 사람들은 물론이고 해외에서 방문한 여행객들도 많이 찾고 있는데, 판매 위주의 공간일 뿐이었던 코엑스몰에 이런 서비스 공간을 기획함으로서 신세계의 이미지는 더 좋아졌고 사람들은 이곳을 더 많이 찾게 되었다.

코엑스몰 '별마당
도서관' _ 서울

최근 오픈한 수원 스타필드는 코엑스몰에서 선보였던 별마당 도서관을 4층부터 7층까지 위아래로 뚫린 공간에 22미터로 만들어 더욱 위엄을 갖춘 모습으로 전개했다. 이 공간은 스테이 필드Stay Field라는 콘셉트 아래 여유롭게 머무르면서 먹고, 둘러보고, 체험하며 일상의 즐거움을 발견하고자 이런 서비스공간을 만들었는데, 앞으로 이 지역의 랜드마크 역할을 할 것으로 보인다.[64]

도쿄의 다이칸야마에 있는 '로그로드Log Road'라는 곳은 상업 시설만이 아니라 자연을 콘셉트로 이곳에 서비스 공간을 만들면서 오히려 판매 공간들의 이미지가 좋아지는 효과를 거두고 있다. 로그로드는 전체 길이가 220미터이고 부지 면적은 970평정도로서 이전에 '도요코선'이 달리던 전철 선로의 끝에서 끝까지 잇는 산책로이다. 이렇게 우드로 만들어진 전원주택 같은 매장들이 있는 이곳에서는 계절마다 다양한 꽃과 우거진 녹음을 즐길 수 있다.

직접 수제맥주를 만드는 1호관 스프링밸리 브루어리에서는 다양한 수제맥주와 음식들을 즐길 수 있는데, 이곳의 시그너처 메뉴라 할 수 있는 수제맥주 샘플러를 시키면 테이블에 맥주의 이름과 설명이 적혀 있는 종이매트 위로 6가지 맥주가 나오고 안주도 각각의 맥주에 어울리는 것으로 아주 작게 일본식으로 나온다.

산책로를 걷다 보면 푸드 트럭이 나오는데 음료 같은 것을 사서 이 공간에 앉아서 즐길 수 있고, 돌로 된 오브제 스툴을 지나면 매장이 나오는데 이 공간들은 외관이 전체적으로 하나의 우드 마감재로 되어 있어서 디자인적으로 통일감을 주고 있다.

스니커즈를 위주로 판매하는 '스니커즈 앤드 스터프 Sneakers N Stuff'라는 공간은 제품 판매보다 브랜드 이미지를 보여주는 쇼룸의 성격이 강한데, SNS를 위해 거의 작품 위주의 갤러리처럼 꾸며져 있다.

계절의 신선한 재료로 만든 요리들을 먹고 마시고 즐길 수 있는 공간인 5호관 가든 하우스 크래프츠 Garden House Crafts가 있고 그 옆에는 이벤트나 휴식장소로 사용되는 공간이 마련되어 있는데, 이곳 로그로드는 다양한 장면이 펼쳐지는 새로운 형태의 상업 시설로 '다이칸야마'라는 지역의 이미지를 잘 살린 공간이다.

미국 캘리포니아의 로스엔젤레스에 있는 '웨스트필드 센츄리 시티 Westfield Century City'는 고급 쇼핑몰로서, 이 지역은 비버리힐즈와 가깝고 산타모니카 비치와도 그리 멀지 않은 도심에 위치하고 있다. 이 쇼핑몰은 스타일리스트 및 의상 디자이너를 위한 '홈 베이스' 역할을 하면서 소매점 및 자체 쇼핑 서비스와 협력하여 상품을 제공한다. 뿐만 아니라 구매, VIP 피팅을 위한 친환경 룸, 개인 쇼핑 서비스, 수선, 운송 및 기타 물류 서비스를 제공하고 있는데, 모던한 건물들 사이로 만들어진 자연과 야외용 가구들이 아주 럭셔리하게 연출된 공간이다. 이곳은 영화 촬영은 물론이고 할리우드의 장점을 활용하여 LA의 영화, TV 및 음악 산업을 대상으로 한 패션이나 스타일링 및 쇼핑 요구를 충족시키는 새로운 스튜디오 서비스 제품군을 제공하고 있다.

웨스트 필드는 코스튬 디자이너 길드 어워드와 파트너십을 맺어 그곳 회원들에게 새로운 프로그램도 홍보하기도 하고, 호텔 숙박팀이 쇼핑몰을 왕래할 수 있도록 차량서비스도 한다. 또한 LA의 엔터테인먼트 및 패션 고객을 위한 것 외에도 소매점을 위한 비즈

Log Road _ 도쿄

니스를 주도하고 이곳에서 브랜드를 알리는 쇼룸 역할을 하면서 더 큰 기회를 창출하는 것을 목표로 한다고 알려져 있다.

　이곳에는 고객들의 편의를 위해 그네, 우아한 소파, 디자인 스툴 등이 비치되어 있고 쇼핑몰 곳곳에 야자수와 다양한 식물을 많이 심어서 고급스러운 느낌을 준다. 또한 휴식 공간의 바닥은 타일을 이용하여 카펫처럼 연출함으로써 고객들이 마치 자기 집의 테라스에서 휴식하는 것처럼 느끼도록 리치한 공간을 만들었다.

Westfield Century
City _ LA

특히 넓은 광장에서는 다양한 행사들이 이루어지는데 패션쇼가 열리기도 하고 영화를 감상하는 공간으로 바뀌기도 하는데, 2019년에는 푸드 페스티벌이 열리기도 하였다.

유명한 인기 브랜드를 유치하는 것도 당연히 중요하겠지만, 어쩌면 고객이 머물 수 있게 하는 서비스 공간이 더 중요하다. 이곳은 주변의 부동산이 비싼 곳에 위치하고 있어서인지 쇼핑몰 분위기가 아주 세련된 느낌이었고 그곳에 앉아있거나 지나가는 사람들도 할리우드 스타처럼 보인다. 이곳은 친환경적인 느낌을 주는 편안한 공간으로 자리매김했으며 고객에 대한 서비스 공간들은 그런 느낌을 더해준다.

예전의 백화점이나 쇼핑몰의 경우에는 쇼핑 위주의 공간이 대부분이었고 무료로 쉴 공간이 별로 없어 피곤을 참아내느라 쇼핑을 전투적으로 해야 했다. 그러다가 서비스 공간이 마련되는 등 점차 쇼핑 여건이 개선되었는데 여전히 실내 공간에 있다 보니 조금 더 친환경적인 공간을 만들어주면 좋겠다는 생각이 들곤 했다. 최근에 여의도 더 현대 서울, 현대 프리미엄 아울렛 등 현대백화점이 주도하는 공간들과 신세계가 진행하는 스타필드와 롯데월드몰 같은 쇼핑공간들은 마침내 소비자 지향의 서비스 공간을 연출함으로써 소비자들에게 각광 받고 있다.

현대 프리미엄
아울렛 스페이스원 _
남양주

최근 오픈한 도쿄 시부야의 '미야시타 공원 Miyashita Park'은 큰 인기를 끌고 있는데, 이것은 복잡한 시부야역에서 내려 길을 건너간 뒤 4층 건물 옥상에서 만날 수 있는 긴 정원이다. 이것은 하라주쿠, 아오야마, 오모테산도까지 연결되어 있어 남녀노소 가리지 않고 이곳을 방문하고 있으며, 아래층에 위치한 상가도 다른 곳에 비해 활기차게 움직이고 있다. 이 상가는 미쓰이 부동산과 시부야 구가 손을 잡고 개발한 곳으로 상업시설, 호텔,

주차장이 있는 저층 복합시설이다. 남쪽 옥상에서는 스포츠 시설을 즐길 수 있고 중앙에는 다양한 이벤트를 즐길 수 있는 잔디밭 광장과 카페가 있고 북쪽에는 호텔이 있다.

Miyashita Park _
도쿄

1, 2, 3층에 있는 상업 시설을 살펴보면 북쪽에는 아트갤러리, 루이비통 등 명품매장, 카페, 뮤직 Bar 등이 있고, 남쪽에는 다양한 브랜드가 모여 있는 마켓이 있는데 특히 1층에 있는 시부야 요코초로 불리는 곳에서는 각 지방의 소울푸드를 맛볼 수 있다. 예전의 에비스에 있었던 상점가 골목이 이곳에서 부활하여 제2의 전성기를 향해 달려가는 셈이다.

최근 해를 거듭할수록 1인 가구가 증가하고 있는 가운데 국내 반려동물 관련 시장도 높은 성장률을 보이고 있다. 2027년에는 약 6조 원대로 커질 것으로 전망되고 있는데, 반려동물 시장은 용품시장뿐만 아니라 뷰티 쪽이나 보험 상품까지도 확대되고 있다.[65]

현대 프리미엄 아울렛 스페이스원의 B관 3층 옥상 정원에는 1,322제곱미터약 400평

규모의 펫파크가 있는데 바로 흰디하우스Heendy House이다. 이곳은 국내 유통업계에서 운영하는 펫파크 가운데 가장 큰 규모로, 중형견 및 소형견 전용 놀이터를 비롯해 반려동물과 함께 식사를 즐길 수 있는 테이블과 포토존, 음수대 등 편의시설을 갖추었다. B관 1층에는 프리미엄 토털 펫케어숍 '코코스퀘어'는 물론이고 반려동물 전용 유치원, 수영장, 스파, 호텔 등이 있고 프리미엄 상품을 판매하는 반려동물 용품 매장도 있다.[66]

이곳은 단순한 판매 공간을 넘어서 옥상공간을 활용해 반려동물이 마음껏 뛰어놀 수 있는 공간과 포토존을 제공함으로써 특별한 추억을 만들어 주고, 주변 의자들도 사진 찍어 올리기 좋은 디자인으로 연출했다.

현대 프리미엄
아울렛 스페이스원
'흰디하우스' _
남양주

이렇게 서비스 공간을 잘 기획하는 일은 소비자들이 직접 그 장소를 찾게 하고 소비자로 하여금 오랫동안 머물게 하는 등 그 목적이 무엇이든지 가장 중요한 요소가 되었다고 할 수 있다.

요즘에는 SNS 홍보의 중요성이 커지면서 포토존이 절대적으로 필요한 요소가 되었다. 간단한 소품이나 오브제를 콘셉트와 어울리게 잘 연출하면 매력적인 포토존을 만들 수 있기에 효과적인 공간 활용과 더불어 의미 있는 마케팅 효과도 거둘 수 있다.

어느 순간부터 우리는 레스토랑에서 음식이 나오면 사진을 먼저 찍고 나서야 음식을 먹는 습관이 생겼다. 처음에 여성들이 먼저 시작해 남성들의 불만이 많았지만 이제는 남성들도 사진 찍는 것을 당연하게 여기는 분위기다.

오프라인 공간에서 직접 만나는 방식이 아니더라도 우리는 소통하기 위해 온라인상에서 비주얼로 생각을 주고받고 이야기 주제를 만들어 낸다. 방금 먹은 음식부터 지금 머물고 있는 장소까지 실시간으로 SNS로 주고받는다. 스마트폰으로 카메라 기능이 옮겨가고 SNS가 발달하면서 이제는 서로 소통할 때 비주얼이 더욱 중요해지고 있다. 따라서 공간을 기획할 때 홍보를 위해서만이 아니라 사람들이 많이 모여야 하는 곳이나 기다림이 필요한 공간에는 반드시 포토존을 만들어 주어야 있다. 포토존은 기다리는 시간을 조금이나마 잊게 해주거나 오히려 즐거운 시간으로 바꾸어 준다. 롯데월드몰에서는 레스토랑이 있는 층의 계단을 이용해 포토존을 만들었는데, 시즌에 따라 다양한 소재를 활용해 연출하고 있다. 또한 롯데월드 콘서트홀에서는 로비 한쪽 공간을 이용해 플라워를 이용한 전화박스를 설치했는데, 이 덕분에 관람객들은 콘서트를 기다리는 동안 사진을 찍으며 반드시 거쳐 가야 할 지루함을 조금이나마 해소하게 되었다. 지하 푸드코트에서

❶ 롯데월드몰 _ 서울
❷ 롯데월드몰 콘서트홀 주변 _ 서울

롯데월드몰
지하 푸드코트 _ 서울

도 핑크색 오픈카를 이용한 연출로 차에서 식사하는 느낌의 사진을 올릴 수 있게 서비스
함으로써 고객들에게 즐거움을 주고 있다.

스타필드 수원에 있는 닥스Daks 매장은 쇼핑몰에 있는 매장이지만, 제품을 연출해야
할 시각적 효과가 높은 입구 쪽에 포토 포인트를 만들었다. 커다란 베이지 컬러의 곰인
형으로 시선을 유도하고 그 주변으로 작은 인형들을 벽면에 가득 채워서 지나가던 가족
이 아이들 사진을 찍어주게 되는 공간으로 만들어 매장의 위치를 각인시키고 있다. 매장
내부에도 곳곳에 인형을 소품으로 연출했는데 소비자와 조금이라도 가까워지고 싶어
하는 브랜드의 마음을 느낄 수 있었다. 이제는 사진이나 영상에 자기 경험, 생각, 감성까
지 담아 실시간으로 전달하는 시대가 되었으니, 마케팅 전략에 있어서 포토존은 이야기
를 만들어 내는 화제의 공간으로서 가장 중요한 역할을 하게 되었다.

그렇다면 포토존은 어떻게 전개할 때 더 효과적일까?

여의도 더 현대 서울을 비롯한 현대백화점에서는 2022년 "웨어즈 월리Where's
Wally" 이벤트가 열렸는데, 전국 16개 백화점과 8개 아울렛의 공간 여기저기에는 월리
를 활용한 이벤트와 포토존이 설치되어 시선을 끌었다. 영국의 일러스트레이터 '마틴 핸
드포드Martin Handford'의 《월리를 찾아라》는 수많은 사람들 속에서 주인공 월리를 찾는
내용의 그림책으로 1987년 영국에서 발매된 이후 지금까지 전 세계적으로 6,000만 부

현대백화점 판교점

이상이 팔린 베스트셀러이다. '행복 Happiness'을 주제로 진행되는 마케팅을 위해 현대백화점은 글로벌 콘텐츠 제작사 '유니버설 스튜디오'와 '월리를 찾아라' 콘텐츠 사용 및 저작권에 대한 국내 라이선스 계약을 체결하고 주인공인 월리를 통한 스토리를 화려한 일러스트로 공간 곳곳에 전개했다.[67]

일상 속 행복을 찾아 떠나는 캐릭터인 월리를 통해 전 세대를 아우르는 콘텐츠를 선보여 매장을 매력적인 '해피 플레이스'로 탈바꿈시켰다. 예를 들어, 무역센터점에서는 외부에 대형 월리 조형물이 들어섰고 판교점에서는 층별로 에스컬레이터 공간에 월리 캐릭터 조형물 포토존이 설치되었으며, 무역센터점과 판교점 모두 문화홀을 '월리 스튜디오'로 꾸며 월리 캐릭터를 활용한 이벤트를 펼쳤다.[68]

더 현대 서울은 사운즈 포레스트에 13미터 높이의 초대형 월리 등 다양한 월리 캐릭터 조형물을 설치했는데, '월리와 떠나는 행복 여행' 프로젝트의 일환으로 단순한 볼거리 제공뿐만 아니라 월리 복장 입기, 만보 걷기 챌린지 등 고객 참여도 적극 유도했다. 특히 월리처럼 줄무늬 티셔츠를 입고 더 현대 서울을 방문한 고객에게는 월리 한정판 굿즈 등 기념품을 제공하기도 했다.[69]

이야기가 없는 단순한 인증샷을 위한 포토존보다는 테마나 스토리성이 있는 주제나 당시 핫한 이슈를 응용해서 이벤트와 함께 전개하고, 매장이 여러 곳에 있을 경우에는 하나의 주제로 다양하게 전개하면 마케팅에도 훨씬 효과적이라고 할 수 있다.

소리

소리는 우리의 눈에는 보이지 않지만 청각을 자극하여 분위기를 유도하고 공간의 이미지를 만드는 중요한 요소이다. 예전에 어느 삼겹살구이 식당을 찾았더니 특이하게도 젊은이들이 좋아하는 다양한 소스가 나온 것은 물론이고 그것을 담은 그릇들까지도 색다른 콘셉트로 나왔다. 그런데 그곳을 독특하다고 여기게 했던 가장 큰 특징은 클럽에 온 것처럼 신나는 음악이 흘러나온다는 것이었다. 이런 식당들은 소리가 굉장히 시끄러운 경우가 많은데 오히려 클럽음악으로 젊은 고객들에게 어필했던 게 떠오른다. 주변에서 시끄럽게 떠드는 소리를 듣는 것보다 클럽음악이 훨씬 분위기를 업그레이드시켜 주었다.

어느 카페에 갔을 때 소리 때문에 놀란 적이 있다. 그 카페 공간의 내부 디자인은 너무 훌륭했지만 커피원두를 갈아내는 기계의 소음이 너무 커서 다시는 가지 않는다. 그 공간은 1층에 위치하고 있었는데 천장이 높은 노출 천장으로 흡음처리가 전혀 되어 있지 않았다. 이 때문에 대화할 때 소리가 공간에 울려서 금방 피곤해졌다. 이런 경우 고객의 좌석과 음료를 만드는 카운터 사이에 충분한 거리를 두거나 흡음재료를 사용한 파티션이라도 설치했다면 조금이라도 소음을 줄일 수 있을 텐데 하는 아쉬움이 많았다.

우리가 카페에 가는 이유는 여러 가지가 있다. 사람들을 만나 차를 마실 목적으로 가는 것이 일반적이겠지만 최근에는 일을 하거나 책을 읽거나 공부하러 가는 경우도 많다. 혼자 노트북을 켜놓고 작업하려고 할 때 가장 신경이 쓰이는 부분은 음악이다. 그 카페에서 흘러나오는 음악의 분위기에 따라 집중도가 달라진다. 혹시나 사람이 너무 많아서 고객을 빨리 회전시키고 싶을 경우에는 음악을 바꾸는 것만으로도 가능하다.

아무리 디자인을 멋지게 꾸며 완성했다 하더라도 공간에서 울려 퍼지는 소리는 그 공간의 분위기를 좌우할 수 있기 때문에 신경을 써서 디자인해야 한다. 어쩔 수 없이 음악을 틀어야 할 경우에도 비즈니스 아이템이나 고객층이나 그날의 날씨나 상황에 따라 다르게 선곡해야 한다.

향기

우리가 사람을 만날 때 그 사람만의 향기가 있으면 그 향기로 기억에 저장된다. 이처럼 좋은 향기나 냄새는 소비자의 후각을 자극해 그 공간을 기억하기 쉽게 하고 좋은 이미지를 느끼게 하기에, 공간의 이미지를 결정하는 데 중요한 역할을 한다. 꼬치집이나 숯불구이 같은 음식점의 경우 고기 굽는 냄새는 고객을 매장으로 이끄는 훌륭한 아이템이 될 수 있다. 하지만 향기나 냄새가 너무 과하면 고객이 불편함을 느낄 수 있기 때문에 환기 시스템 등을 잘 체크해야 한다. 음식점의 경우 식사 공간에는 음식냄새로 가득 차겠지만 화장실 같은 공간에는 꽃이나 너무 인위적이지 않은 은은한 향의 디퓨저를 놓아서 그 공간만의 향을 디자인해 보는 것도 필요하다.

베이커리 카페의 경우에도 커피를 마시러 갔다가 빵 굽는 냄새를 맡게 되면 빵을 같이 주문하게 된다. 하지만 커피 로스팅기계가 카페 안에 있는 경우 고객이 있을 때 로스팅을 하게 되면 작은 공간일 경우 그 냄새가 너무 강할 수도 있기 때문에 전체적으로 은은한 커피향이 유지될 수 있도록 하는 것이 좋다.

최근 호텔들은 고객들이 호텔을 방문했을 때 특유의 향을 기억한다는 점에서 앞다투어 자체 향기를 개발하고 있다. 예를 들어 레스케이프 호텔의 경우에는 호텔 내부 곳곳에 배치한 은은하게 물든 로즈 향기가 시그너처 향이라고 할 수 있는데, 호텔 기념품점에서 향수 · 향초 · 실내방향제 등을 판매하고 있다.

롯데호텔의 경우에도 호텔의 시그너처 향을 담은 시그니엘 디퓨저를 판매하고 있는데, 투숙객들이 구매문의를 계속하다 보니 호텔을 위한 조향 개발 업체와 함께 디퓨저를 개발해서 제품으로 출시했다. 또 조선 팰리스 호텔도 그곳에서만 제공되는 향기를 이용한 마케팅을 펼쳤다. 이처럼 각 호텔에서는 자기 호텔과 어울리는 향을 개발해서 공간의 품격을 높이고 있으며 향수 마케팅을 펼쳐 호텔의 이미지 제고뿐만 아니라 매출에도 효과를 보고 있다.[70]

대부분의 여성들이 화장을 하고 마지막에 향수로 마무리하는 것처럼 공간을 연출할 때도 마지막으로 그 공간의 냄새나 향기에 신경을 써야 한다. 이제 막 공간 연출의 끝자락에 섰다고 상상하며 그 공간을 어떤 향으로 채우고 싶은지 생각해보는 것은 어떨까?

Inspire Entertainment Resort _ 영종도

공간이미지 경영을 위한 비밀노트

여기까지 공간이미지 경영에 대한 사례와 공간을 기획할 때 어떤 점들을 생각해야 하는지, 그리고 공간이미지 연출에 필요한 요소에 대해 알아보았다. 비즈니스를 하고자 하는 공간을 성공시키려면 시간과 비용이 들더라도 어떻게 기획하는 것이 효과적일지 사전에 체크해야 실패를 줄일 수 있다.

공간이미지 경영을 완벽하게 했다고 생각했는데 기대에 미치지 못한 결과가 나올 때 무엇을 확인해야 할까? 물론 판매에 있어서 가장 중요한 비중을 차지하는 '제품'부터 소비자가 원하는 것인지 확인하는 것이 좋다. 그 다음에는 제품을 보여주는 방식에 문제가 없는지, 또는 이 책에 나와 있는 여러 가지 요소들을 반복적으로 체크해 보는 것이 좋다.

경영 주체가 스스로 체크하기는 어려울 수도 있으니 주변에서 끊임없이 모니터링을 해야 하고 고객의 소리를 들어야 한다. 하지만 고객들이 산발적으로 얘기할 때마다 이것저것 바꾼다면 나중에는 이상하게 변할 수 있으니 여러 사람들의 공통된 의견부터 수렴하여 고쳐나가는 것이 좋고, 가능하다면 전문가와도 지속적으로 상의하는 것이 바람직하다.

그리고 공간에서 가장 중요한 것은 청결 문제다. 내가 직원들에게 항상 강조하는 것은 일할 때는 인사로 시작하고 청소로 끝내야 한다는 것이다. 아무리 훌륭하게 디자인된 공간이라 해도 제대로 청소가 되어 있지 않으면 멋있게 보이지 않을 것이다. 청결 문제로 인하여 최선을 다해 마련한 공간과 탁월한 아이템을 날려버린다면 얼마나 억울하겠는가? 다시 말하지만 고객들은 이 청결 문제에 상당히 민감하게 반응할 수 있다. 내가 자주 가는 카페는 고객이 나갈 때마다 그 테이블을 정리하며 청소를 하는데, 요즘은 모두가 위생에 신경을 쓰는 상황이니 고객들은 이런 장면 하나에도 그 공간을 신뢰하며 감동할 수 있다.

그리고 이미 공간을 경영하고 있는데 매출이 떨어지기 시작하거나, 주변에 경쟁업체나 비슷한 업종이 생기면 당연히 긴장하고 어떤 전략을 세워서 지속해 나갈지 생각해야 한다. 이미지 전환이 필요한 시기가 따로 있는 게 아니라 사실 매일매일 체크하며 나아가야 할 수도 있다. 고객의 변심은 순식간에 일어나는데, 그만큼 고객은 변덕스럽다.

오래전에 소상공인 지원 프로그램에 참여한 적이 있는데, 당시 시장에서 생선가게를 하고 있던 사장님을 만나 그 공간을 개조하는 것은 물론이고 브랜드까지 만들어 드렸다. 그런데 공교롭게도 이 책을 쓰고 있을 때 그분이 연락을 해온 것이다. 당시 그분의 가게가 시장에서 인기가 많았고 너무 열심히 일하시던 분이라 아직도 잘하고 있을 거라고 생각했는데, 들어보니 가게를 그만두고 대기업에 취직해서 일하고 있다고 했다. 그동안 무슨 일이 있었을까?

그분은 직원을 구하기 힘들어서 혼자서 하루도 쉬지 않고 일을 하셨다고 한다. 그러다가 갑자기 병이 나서 수술하느라 한 달간 자리를 비웠는데 그 사이에 고객들이 옆집이나 다른 가게를 이용하게 되었다는 것이다. 심지어 단골이었던 사람들이 사장님의 눈을 피해 지나다니는 것을 보고 너무 마음에 상처를 받아서 계속 고민하다가 다른 사람에게 가게를 넘겼다고 한다. 너무나 안타까운 상황이지만 이런 일은 우리 주변에서 지금도 수없이 일어나고 있다.

그렇다면 이미지 전환은 어떻게 할 수 있을까? 만일 조그만 공간이라도 경영을 해야 하는 경우라면 일정 시간 운영하고 쉬는 시간을 가지라고 조언하고 싶다. 예를 들어 일주일에 하루 정도는 가게 문을 닫거나 다른 사람에게 맡기는 식으로 매장과 조금 떨어져

서 생각할 시간이 필요하다. 건강을 위해 쉼도 필요하고 쉬는 동안 배울 수 있는 곳을 선택해 필요한 것들을 채우기도 해야 하며 시장조사를 하는 시간도 필요하다. 이렇게 하려면 평소에 쉬는 날도 있다는 것을 고객에게 미리 인지시켜 주어야 한다.

인기가 많고 유명한 곳이나 멋집이나 맛집을 찾아다니는 고객들을 자신이 경영하는 공간으로 불러들이기 위해서는 고객보다 한발 앞서서 그런 곳들을 체험해 봐야 한다. 그런 뒤에 그곳의 장점이나 배울 점, 고칠 점 등을 연구해서 고객을 더욱더 만족시킬 수 있는 방법을 연구해야 한다.

경영자는 아르바이트생이 아니다. 다시 말해 주어진 일만 묵묵히 해내는 사람이 아니라는 얘기다. 어떤 공간이든 한번 디자인해서 잘 만들어 놓으면 계속 유지되는 것이 아니라 변화하는 시대의 흐름을 읽고 소비자 심리와 트렌드를 지속적으로 연구해야 한다. 고객들이 오프라인 공간으로 자연스레 발걸음을 옮기도록 하는 것이 곧 공간 경험을 잘 기획하는 일이고 이는 곧 공간이미지 경영을 잘하는 것이다.

이 글을 작성하며 세상에 더 많은 좋은 사례가 있음에도 불구하고 이곳에 충분히 담지 못해 많이 아쉽다. 다음에 기회가 된다면 더 많은 자료를 통해 도움이 되는 사례들을 발견해서 알리고 싶다. 이미지를 많이 첨부해서 독자들의 이해를 돕고 싶었지만 여러 가지 사정으로 인해 보여줄 수 있는 사진만 첨부하게 되어 안타깝게 생각한다. 공간을 좀 더 보여주고 싶어서 QR코드를 작성했으나 혹시나 내가 설명한 것과 다르게 바뀌었다면 너그러운 마음으로 양해해 주시길 바란다. 마지막으로 사진에 협조해 주신 업체분들께 진심으로 감사드리고 앞으로 더욱 승승장구하시길 기원한다.

참고문헌

1. 박희정·박민희·이은영·전진명, 2023, 《이미지메이킹》, 한올

2. 이-푸 투안, 2020, 《공간과 장소》, 사이

3. 안명숙·남희림·김주희, 2014, 《매너와 이미지메이킹》, 새로미

4. 김양진, 1996, 〈유행의복이미지가 개인의 자아개념과 의복태도에 미치는 영향〉, 연세대학교 대학원 박사학위논문

5. 김경호, 2005, 〈이미지 메이킹의 槪念 定立과 프로그램의 效果性 分析 硏究〉, 명지대학교 대학원 박사학위논문

6. 한국민족문화대백과

7. 필립 코틀러, 2017, 《필립 코틀러의 마켓 4.0》, 더퀘스트

8. 필립 코틀러, 2021, 《필립 코틀러 마켓 5.0》, 더퀘스트

9. 정도성, 2017, 《최고의 서비스기업은 어떻게 가치를 전달하는가》, 갈매나무

10. 이소아 기자, 2022, 〈압구정·부자·40대' 공식 없다…新명품족 키워드는 '페르소나'〉, 《중앙일보》, 2022. 01. 04., https://www.joongang.co.kr/article/25038166#home

11. 배영윤 기자, 2017, 〈루이비통 160년 역사를 한눈에…8일부터 DDP서 전시〉, 《머니투데이》, 2017. 06. 07., https://news.mt.co.kr/mtview.php?no=2017060714353529084

12. Rowan Moore, 2017, "The Bilbao effect: how Frank Gehry's Guggenheim started a global craze", The Guardian, 1 Oct 2017, https://www.theguardian.com/artanddesign/2017/oct/01/bilbao-effect-frank-gehry-guggenheim-global-craze

13. 허인회 기자, 2023, 〈이건희 기증관' 건립 예타 통과…1186억 들여 2028년 완공〉, 《시사저널》, 2023. 07. 20., https://www.sisajournal.com/news/articleView.html?idxno=268429

14. 구찌코리아, 2021, 〈두 번째 플래그십스토어 '구찌가옥' 공개〉, 《뉴스와이어》, 2021. 05. 28., https://www.newswire.co.kr/newsRead.php?no=924244

15. 한효정·김주연, 2006, 〈브랜드 체험수단으로서의 플래그십 스토어에 관한 연구〉, 《한국실내디자인학회 논문집》, 15(3), p. 184~192.

16. 배영윤 기자, 2017, 〈아모레퍼시픽그룹, 3번째 용산 시대 연다〉, 《머니투데이》, 2017. 11. 13., https://news.mt.co.kr/mtview.php?no=2017111310373154916&outlink=1&ref=https%3A%2F%2Fsearch.naver.com

17. 마스다 무네아키, 2015, 《지적자본론》, 민음사

18. 고가혜 기자, 2024, 〈개인 공간 두고 거실·주방 공유 '코리빙' 관심…정부도 지원 예고〉, 《뉴시스》, 2024. 03. 18., https://www.newsis.com/view/?id=NISX20240315_0002662847&cID=10401&pID=10400

19. 장혁진 기자, 2023, 〈커피·음료점 10만 개 육박…커피 수입액 연 10억 달러 첫 돌파〉, 《KBS》, 2023. 01. 09., https://news.kbs.co.kr/news/pc/view/view.do?ncd=6930087

20. 장성윤 기자, 2021, 〈여의도에 서울 최대 '힐링백화점' 개장〉, 《서울파이낸스》, 2021. 02. 27., https://www.seoulfn.com/news/articleView.html?idxno=411953

21. teamLab, 〈물에 들어가는 뮤지엄과, 꽃과 하나가 되는 정원〉, https://www.teamlab.art/ko/e/planets/#featured

22. 윤아영 기자, 2021, 〈유리큐브 속 실내정원…동화 같은 쇼핑몰을 거닐다〉, 《한국경제》, 2021. 03. 18., https://www.hankyung.com/realestate/article/2021031893771

23. 김난도·이향은·최지혜, 2022, 《더현대 서울 인사이트》, 다산북스

24. 이일호 기자, 2020, 〈계산 안 해도 '대시카트' 알아서…美 '아마존프레시' 매장 오픈〉, 《블로터》, 2020. 09. 18., https://www.bloter.net/news/articleView.html?idxno=36097

25. 김성민 기자, 2022, 〈아마존의 세계 첫 오프라인 패션매장 LA 아마존스타일 가보니〉, 《조선일보》, 2022. 06. 04., https://www.chosun.com/economy/tech_it/2022/06/04/KXJU5Z2B3BDSRBXVAA2ZMFIYAQ/

26. 김정은 기자, 2022, 〈아마존, 서점·컨셉스토어 등 오프라인 매장 폐쇄〉, 《데일리포스트》, 2022. 03. 03., https://www.thedailypost.kr/news/articleView.html?idxno=86386

27. 박주연 기자, 2022, 〈아마존, 오프라인 서점 모두 문 닫는다〉, 《한국경제》, 2022. 03. 03., https://www.hankyung.com/finance/article/202203031906i

28. 김윤구 기자, 2018, 〈로봇이 커피 나르고 얼굴인식 체크인…中 알리바바 호텔 개장〉, 《연합뉴스》, 2018. 12. 19., https://www.yna.co.kr/view/AKR20181219052700083

29. 황민규 기자, 2021, 〈일자리 잃은 로봇…日 페퍼, 6년 만에 생산중단 이유〉, 《조선비즈》, 2021. 07. 14., https://biz.chosun.com/international/international_general/2021/07/14/YITQMJ5KLFCIXMQBGFCJTJT33E/

30. 장길수 기자, 2021, 〈명동 헨나호텔의 국산 로봇, '관광한국' 최전선에!〉, 《로봇신문》, 2021. 11. 29., http://www.irobotnews.com/news/articleView.html?idxno=27056

31. NAVER1784, 2023, 〈100대의 로봇과 공존하는 곳〉, 《CH.TECH》, 2023. 09. 03., https://channeltech.naver.com/contentDetail/39

32. 김주연, 2022, 〈스페이스브랜딩의 탄생 Prada Epicenter, New York〉, 《스페이스 브랜딩》, 2022. 03. 25., https://contents.premium.naver.com/spacebranding/knowledge/contents/220325145105728Jr

33. 한윤정 기자, 2009, 〈경희궁, 프라다를 입다…'프라다 트랜스포머'〉, 《경향신문》. 2009. 04. 22., https://www.khan.co.kr/culture/art-architecture/article/200904221740475

34. 〈THE BLOOMBERG BUILDING〉, 《THE SHED》, https://www.theshed.org/about/building

35. 서예림 기자, 2022, 〈CJ CGV, 씨네드쉐프에서 음식과 문화생활 결합한 특별 프로그램 선보여〉, 《뉴스투데이》, 2022. 07. 04., https://www.news2day.co.kr/article/20220704500198

36. 김난도, 2023, 《트랜드 코리아 2024》, 미래의창

37. 강지영, 2020, 〈패션 브랜드 팝업스토어의 특성이 브랜드 효용 및 브랜드 선호도, 구매의도에 미치는 영향〉, 동덕여자대학교 패션전문대학원 박사학위논문

38. 전상희 기자, 2022, 〈시몬스 침대, 메타버스 플랫폼 제페토에 '시몬스 그로서리 스토어' 론칭〉, 《스포츠조선》, 2022. 06. 10., https://sports.chosun.com/life/2022-06-10/202206100100069770004360?t=n1

39. 폴인 기자, 2022, 〈92년생 '50개 브랜드' 대표…잘되는 매장도 2호점 안 내는 이유〉, 《중앙일보》, 2022. 09. 17., https://www.joongang.co.kr/article/25102333

40. 리테일매거진, 2020, 〈뉴요커들의 힙한 매장 4선〉, 《네이버포스트》, 2020. 03. 19., https://post.naver.com/viewer/postView.naver?volumeNo=27775199&memberNo=35694897&vType=VERTICAL

41. 김남이 기자, 2017, 〈현대모터스튜디오 서울, 다니엘 아샴 '침묵 속의 시간' 전시〉, 《머니투데이》, 2017. 05. 24., https://news.mt.co.kr/mtview.php?no=2017052414085459349

42. 심윤희 기자, 2017, 〈강릉을 카페로 만든 남자, 김용덕 테라로사 대표〉, 《매일경제》, 2017. 05. 12., https://www.mk.co.kr/economy/view.php?sc=50000001&year=2017&no=318868

43. 최현정 기자, 2021, 〈[FJK 2021년 2월호 [특집] 화장품의 가치 창조와 과제 4〉, 《코스인》, 2021. 02. 16., https://www.cosinkorea.com/news/article.html?no=38246

44. 이담비 인턴기자, 2017, 〈축구장 절반크기, 증강현실 도입…세계 최대 '스벅' 상하이점 오픈〉, 《국민일보》, 2017. 12. 06., http://news.kmib.co.kr/article/view.asp?arcid=0011958634&code=61131111&cp=nv

45. Starbucks Coffee Company, 2019, 〈스타벅스, 도쿄에 프리미엄 커피 경험을 제공하는 4층 건물 리저브 로스터리 개장〉, 《뉴스와이어》, 2019.02.28 https://www.newswire.co.kr/newsRead.php?no=884194

46. Apple, 2017, 〈Apple, 시카고 강변에 Apple Michigan Avenue 오픈〉, https://www.apple.com/kr/newsroom/2017/10/apple-michigan-avenue-opens-tomorrow-on-chicagos-riverfront/

47. chicagorho@yna.co.kr, 2017, 〈애플, 미국 시카고 번화가에 첫 신개념 매장 오픈〉, 《연합뉴스》, 2017. 10. 24., https://www.yna.co.kr/view/AKR20171024108600009

48. 강일용 기자, 2022, 〈애플스토어 잠실 개점…"플래그십·맥북 선호하는 한국 고객 LOVE"〉, 《아주경제》, 2022. 09. 22., https://www.ajunews.com/view/20220922143032813

49. 김근배, 2018, 《끌리는 컨셉 만들기》, 중앙북스

50. naho jishikyu, 2021, 〈무지 호텔 긴자(MUJI HOTEL GINZA) OPEN! 세계 최대시설로 '의식주'가 전부 모였다! 일본 미디어에서도 앞다투어 보도〉, LIVE JAPAN, 2021. 02. 16., https://livejapan.com/ko/in-tokyo/in-pref-tokyo/in-ginza/article-a0003203

51. 박재규, 2010, 〈기대를 넘어선 자부심과 감동으로 고객이 열광하는 브랜드 만들기〉, 2010. 11. 08., LG경영연구원

52. 김경숙·이연숙, 2004, 〈현대 실내디자인 스타일 유형화에 관한 연구〉, 《한국실내디자인학회 논문집》, 13(4), p. 12~20.

53. 이하린 기자, 2022, 〈'호캉스' 비싸니 침구라도…호텔이불 디퓨저 잘 나간다〉, 《매일경제》, 2022. 10. 02., https://www.mk.co.kr/news/business/10474573

54. 임수정 이코노미조선 기자, 2019, 〈'K패션' 젠틀몬스터, 중국 최고급 백화점 디자인 맡았다〉, 《조선일보》, 2019. 11. 27., https://www.chosun.com/site/data/html_dir/2019/11/22/2019112201359.html

55. GENTLE MONSTER, https://www.gentlemonster.com/kr/stories

56. 김대영, 2004, 《명품마케팅 : 브랜드 신화가 되다》, 미래의창

57. Guy Trebay, 2021, 〈The '21' Club Isn't Dead. Yet.〉, 《The New York Times》, 2021. 03. 13., https://www.nytimes.com/2021/03/13/style/21-club.html

58. 대니얼 카너먼, 2018, 《생각에 관한 생각》, 김영사

59. 박정부, 2022, 《천원을 경영하라》, 쌤앤파커스

60. Zajonc, R. B., 1968, Attitudinal effects of mere exposure, Journal of Personality and Social Psychology, 9, p. 1~27.

61. 어바나이트, 2019, 〈보그(Vogue)인턴이 세운 12억 달러 회사의 초고속 성장비결〉, 《투자저널》, 2019. 03. 24., https://toozajournal.tistory.com/786

62. C3KOREA, 〈파격의 객장 디자인〉, https://www.c3korea.net/flagship-branch-bank-dsk-by-da-architects/

63. 박현영 기자, 2017, 〈'커피계의 애플'로 불리는 '블루 보틀' 이 105조 매출 네슬레에 인수된 까닭은〉, 《중앙일보》, 2017. 09. 18., https://www.joongang.co.kr/article/21944033#home

64. 신세계프라퍼티, 2024, 〈[GO현장] 베일 벗은 스타필드 수원, 스타필드 2.0 시대가 열렸다 上〉, 《신세계그룹 뉴스룸》, 2024. 01. 30., https://www.shinsegaegroupnewsroom.com/122212/

65. 임찬영 기자, 2022, 〈경쟁 치열해진 '반려동물' 사업…6조 시장 공략하라〉, 《머니투데이》, 2022. 03. 04., https://news.mt.co.kr/mtview.php?no=2022030413540233395

66. 서희원 기자, 2020, 〈현대백화점, 스페이스원에 400평 규모 펫파크 '흰디 하우스' 오픈〉, 《넥스트데일리》, 2020. 10. 20., https://www.nextdaily.co.kr/news/articleView.html?idxno=91563

67. 신용준, 2022, 〈현대백화점, '월리를 찾아라' 테마로 대규모 오프라인 마케팅 시작〉, 《뉴스저널리즘》, 2022. 04. 18., https://www.ngetnews.com/news/articleView.html?idxno=407606

68. 현대백화점 공식블로그, 2022, 〈현백 무역점에 월리가 나타났다!〉, 2022. 05. 03., https://thehyundaiblog.com/entry/WALLY-TRADECENTER

69. 정윤서 기자, 2022, 〈더현대 서울, "월리 마을에 줄무늬 입고 오세요"〉, 《이지경제》, 2022. 07. 01., http://www.ezyeconomy.com/news/articleView.html?idxno=119014

70. 유한빛 기자, 2021, 〈"호텔처럼 香테리어 할래요"…자체 향수 개발 나선 호텔〉, 《조선비즈》, 2021. 03. 12., https://biz.chosun.com/site/data/html_dir/2021/03/12/2021031200514.html?utm_source=naver&utm_medium=original&utm_campaign=biz